Politik – Medien – Wähler

Matthias Machnig (Hrsg.)

Politik – Medien – Wähler

Wahlkampf im Medienzeitalter

Leske + Budrich, Opladen 2002

Gedruckt auf säurefreiem und alterungsbeständigem Papier.

Die Deutsche Bibliothek – CIP-Einheitsaufnahme
Ein Titeldatensatz für diese Publikation ist bei Der Deutschen Bibliothek erhältlich.

ISBN 978-3-663-05723-9   ISBN 978-3-663-05722-2 (eBook)
DOI 10.1007/978-3-663-05722-2

© 2002 Leske + Budrich, Opladen

Umschlaggestaltung: KNSK

Inhaltsverzeichnis

5

Werte, Wahlen, Wahlkämpfe

Kampagnen und ihre Berater

Vorwort

2002 findet der erste Bundestagswahlkampf mit dem politischen Zentrum Berlin statt. Vier Jahre zuvor gelang es der SPD, mit einem neuen, innovativen Wahlkampf die Wahl zu gewinnen. Zum ersten Mal interessierte sich die breite Öffentlichkeit für das, was bei Wahlkämpfen hinter den Kulissen abläuft. Außer wenigen Ausnahmen gab es im deutschsprachigen Raum bisher keine Diskussion über das, was man unter dem Management von Wahlkämpfen versteht. In anderen Ländern gibt es Berufsverbände, feste Ausbildungswege und ganze Batterien von Büchern, die sich nur mit Wahlkämpfen auseinandersetzen. Dieser Band will einen Beitrag dazu leisten, Wahlkampf und Wahlkampfmanagement nicht allein von Wissenschaftlern reflektieren zu lassen, sondern vor allen Dingen Wahlkampfplaner, Consultants, PR-Experten und Kreativagenturen, die Wahlkämpfe gemanagt haben, zu Wort kommen zu lassen.

Im ersten Kapitel „Wählermärkte, Strategien, Kampagnen" beschreiben Andreas Dörner und Ludgera Vogt die neuen medialen Bedingungen mit denen Politik zu tun hat. Dörner knüpft in diesem Beitrag an seinen Bucherfolg „Politainment" an; darin verdeutlicht er, wohltuend gegen den publizistischen Mainstream, die Chancen, die in politischer Unterhaltung und unterhaltender Politik liegen: Sie können politisch Uninteressierte in das politische System integrieren. „Do Campaigns matter?": Mit dieser Fragestellung beschäftigt sich Rüdiger Schmitt-Beck in seiner Abhandlung. Der Mannheimer liefert wichtige Erkenntnisse seiner Forschungsarbeit über das Verhalten von Wählern in Wahlkämpfen. Michael Kronacher erläutert im dritten Aufsatz die besonderen Charakteristika politischer Kommunikation. Und argumentiert zu Recht, dass diese sich von klassischer Werbung erheblich unterscheidet. Der Organisator des Willy-Brandt-Wahlkampfs von 1970, Albrecht Müller, war ein Vorreiter der modernen Wahlkämpfe in Deutschland. Aufgrund seiner langjährigen Erfahrung hebt er in einem historischen Kontext die Bedeutung der Meinungsführer in Wahlkämpfen hervor.

Im zweiten Kapitel geht es um die vielen verschiedenen Anforderungen, die an Kampagnenmanagement gestellt werden. In der akademischen Forschung über politische Kommunikation konnte sich David M. Farrell, Politikprofessor aus Manchester, profilieren. Der Wissenschaftler zeigt differenziert den Stand der Amerikanisierungsdebatte in der Politikwissenschaft. Andrea Römmele, Politikwissenschaftlerin aus Mannheim, untersucht in ihrem Aufsatz die Wirkung moderner Wahlkämpfe auf die Strukturen der Parteien in der Vergangenheit, heute und für die Zukunft. Die US-amerikanische Politikberaterin Jennifer Laszlo Mizrahi war in zahlreiche internationale Wahlkämpfe und Themenkampagnen involviert. Letztere werden ihrer Ansicht nach auch in Europa wichtiger werden. Sie gibt in ihrem Beitrag für diese die richtigen Tipps. Mark Penn und Douglas Schoen, Meinungsforscher Bill Clintons, zeigen aus ihren Erfahrungen als Politikberater in autoritären Gesellschaften, wie sie Diktatoren an der Wahlurne besiegen konnten.

Im dritten Kapitel geht es um die Frage, ob die rein technokratisch geführten Diskussionen der politischen Eliten die Lebenswirklichkeit der Wähler überhaupt noch treffen. Wertedebatten könnten dieses Problem lösen – so das einhellige Credo der Autoren. Ulrich Sarcinelli, Politikprofessor aus Landau, Autor zahlreicher Studien über politische Kommunikation, diskutiert zusammen mit Alexander Geisler die Wirkung moderner Wahlkampftechniken auf demokratische Prozesse. Die beiden amerikanischen Politikberater Anna und Stanley Greenberg betonten schon im Superwahljahr 2000 in den USA die Bedeutung von Werten. Donna Brazile, Politstrategin der Demokraten, schreibt über die Präsidentschaftskampagne 2000 der Demokraten und wie sie 2002 versuchen werden, wieder an die politische Macht zu kommen. Der Meinungsforscher der 1997er und 2001er Kampagne von Tony Blair, Philip Gould, schreibt in seinem kämpferischen Text, warum gerade jetzt die Linke in Europa und ihre Werte notwendiger denn je sind. Wie wichtig Werte für sozialdemokratische Parteien und politische Kommunikation sind, unterstreicht auch Dick Morris in seinem Beitrag „Die sozialdemokratische Herausforderung: Der Übergang von Wirtschaftsthemen zu Wertvorstellungen".

Wahlkämpfe(r) beraten: In Europa üben diese Tätigkeit im Gegensatz zu den USA weit weniger Menschen aus. Ein Grund mehr, dem Ganzen das vierte Kapitel zu widmen. Der Politikberater Bo Krogvig schildert anschaulich seine Politikkarriere, die für europäische Wahlkampfberater charakteristisch sein könnte: Seine Laufbahn begann in einer Partei, später übernahm der Schwede ein politisches Amt und ist jetzt Kommunikationsberater in einer Agentur. Ähnlich verlief die Karriere von Peter Radunski, der in seiner Zeit, u. a. als Bundesgeschäftsführer der CDU, sich die Fähigkeiten aneignete, mit denen er jetzt in einer Kommunikationsagentur erfolgreich Wahlkämpfe berät. Gerade diese Fertigkeiten ermöglichen einem Berater erst, die langwierigen politischen Entscheidungsprozesse einer Partei zu verstehen. In Deutschland gibt es aber auch Agenturen, die Erfahrungen mit politischen Kunden haben. Drei kundige Vertreter dieser Zunft stehen für erfolgreiche Kampagnen: Detmar Karpinski und Olaf Uthmann von KNSK. Die Hamburger Werbeagentur sorgte 1998 für die werbliche Umsetzung der SPD-Kampagne. Und Frank Stauss von der Werbeagentur Butter, die den Wahlkampf von Klaus Wowereit in Berlin begleitete.

Es freut mich als Herausgeber, dass so viele kompetente Autoren in diesem Buch schreiben: Wissenschaftler und Praktiker aus Deutschland, dem europäischen und außereuropäischen Ausland. Zum ersten Mal diskutieren US-amerikanische Wahlkampfberater in einer deutschen Ausgabe ihr Handwerk: Wahlen gewinnen.

Mein besonderer Dank gilt Dirk Vogel, ohne dessen unermüdliche Arbeit und nie nachlassende Begeisterung für dieses Projekt das Buch nicht möglich gewesen wäre.

Matthias Machnig
Berlin, im Juni 2002

Wählermärkte, Strategien, Kampagnen

Andreas Dörner, Ludgera Vogt

Wahlkampf im Unterhaltungszeitalter

1. Einleitung

Der Auftakt war symptomatisch. Eingeläutet nämlich wurde der Bundestagswahlkampf für den Urnengang 2002 mit einem virtuellen Shoot-out zwischen
Kanzler und Kandidat. Das Fernduell im Talk-Format wurde in der zweiten
Januarhälfte des Wahljahrs veranstaltet. Am Donnerstag, den 17. Januar, fand
sich zunächst Amtsinhaber Gerhard Schröder bei Maybrit Illner in *Berlin Mitte*
ein, um über Privates und Politisches zu plaudern. Der „Gute-Laune-Kanzler"[1]
sprach in der Sendung, die an diesem Tag erstmals mit dem Soloauftritt eines
Politikers gestaltet wurde, über Kino, Malerei und Hildegard Knef ebenso wie
über Finanzpolitik und das weitere Schicksal des krisengeschüttelten Verteidi-
gungsministers Scharping. Mit einem dezidierten Bekenntnis – „so monogam
wie ich kann kaum ein anderer sein" – wurde der Blick auf den medial inszenierten Privatmann Schröder schließlich abgerundet. Der Kanzler hatte hier wieder
einmal bewiesen, dass er sich mühelos den verschiedensten Sendeformaten in der
medialen Erlebnisgesellschaft anpassen kann.[2]
 Nur drei Tage später bekam der frisch gekürte Kanzlerkandidat Edmund
Stoiber bei *Sabine Christiansen*, der zuschauerstärksten Polit-Talkshow im deutschen Fernsehen, die Gelegenheit zum Gegenschlag. Hier ging es weniger um
Privates und mehr um Politisches, da der Herausforderer vor allem zu seinen programmatischen Alternativen befragt wurde. Stoiber konnte seine Positionen darstellen, wirkte allerdings nach Meinung der meisten Beobachter nervös. Er ver-
heddterte sich mitunter, redete Gastgeberin Christiansen versehentlich mit „Frau
Merkel" an und hatte Schwierigkeiten, einen dem Format angemessenen Kom-
munikationsstil zu finden. Nur zwei Tage nach dieser Sendung wurde der Öffentlichkeit mit Michael H. Spreng, einem parteilosen ehemaligen Springer-Journa-

---

1 Spiegel-Online, 17. Januar 2002.
2 Vgl. dazu die Analysen von Ronald Kurt (1998).

listen und freien Medienberater, der neue Wahlkampf-Chef der Union präsentiert. Mit dem Medienprofi wurde ein klares Zeichen gesetzt, in welcher Richtung künftig die Schwerpunkte der Unions-Kampagne gesetzt werden würden.

In dieser Einstiegssequenz wird deutlich, dass Wahlkampf in der Gegenwartsgesellschaft ohne Berücksichtigung der einschlägigen Politainment-Formate und der entsprechenden Inszenierungserfordernisse nicht erfolgreich sein kann. Auch ein Stil der Nicht-Inszenierung, der Natürlichkeit und Authentizität (etwa als Gegenstrategie zum „Medienkanzler" Schröder) muss, dies wurde klar erkennbar, sorgsam in Szene gesetzt werden, damit die Distanz zur Show beim Publikum nicht als Ausweis eines Mangels rezipiert wird. Die Verhältnisse in der deutschen Medienkultur haben sich mittlerweile so weit „amerikanisiert", dass die Zuschauer von politischen Akteuren heute beides erwarten: eine gute Sachpolitik und eine gute Präsentation.[3]

2. Mediale Erlebnisgesellschaft

Wenn Spitzenpolitiker und ihre professionellen Berater den Weg in die Unterhaltungsformate als ratsam ansehen, dann stellt sich die Frage, warum dies so ist. Haben sie Spaß an der Spaßgesellschaft? Wollen sie die „Kulturindustrie" verschwörerisch als Verblendungsinstrument nutzen, um auf der Vorderbühne eine Show zu bieten, die den Wählern den Blick auf die „üblen Machenschaften" im Bereich der Hinterbühne verdeckt, wie es die ideologiekritischen Interpreten vermuten?[4] Oder stellt der Trend zum Politainment zunächst einmal eine Reaktion des politischen Systems auf Veränderungen in der Gesellschaft wie in der Medienkultur dar, die kaum Alternativen offen lässt?

Zumindest legen die Entwicklungen, die man mit dem Stichwort „mediale Erlebnisgesellschaft" beschreiben kann, eine Antwort in der letztgenannten Richtung nahe.[5]

Im Jahr 1997 verfügten nicht weniger als 98,7 % der Haushalte in Deutschland über ein Fernsehgerät, gut ein Drittel davon über zwei oder mehr Geräte. Zusätzlich steht in 62,5 % der Wohnungen ein Videorecorder, mit dem nicht nur Fernsehsendungen aufgezeichnet, sondern auch Leihkassetten mit Kinofilmen abgespielt werden können. Mittlerweile sind etwa 45 % der Haushalte mit einem Kabelanschluss der Telekom versorgt, und fast ein Drittel verfügt über Satellitenempfangsanlagen, so dass die meisten Menschen auch tatsächlich einen Zugriff auf die große Vielfalt der Anbieter haben.

---

3 Zum Unterhaltungstrend in der politischen Kommunikation in Deutschland siehe grundlegend Dörner (1999, 2001) sowie Göttlich/Nieland (1999) und Holtz-Bacha (2000a); zu den amerikanischen Verhältnissen vgl. Dörner (2000) und Müller (1997)
4 Siehe dazu schon die in den 60er Jahren formulierte Position von Murray Edelman (Edelman 1976)
5 Die folgenden Daten entstammen der „Media Analyse" und der Langzeitstudie „Massenkommunikation"; vgl. dazu im einzelnen die Angaben bei Dichanz (1998) und Kiefer (1999)

Das Ausmaß der tatsächlichen Mediennutzung zeigt sich dann bei den Daten zum Zeitbudget der Zuschauer. So liegt die durchschnittliche Einschaltdauer der TV-Geräte in Deutschland pro Tag bei 312 Minuten, die tatsächliche Sehdauer beträgt ca. 170 Minuten – einen Teil der Einschaltzeit dient das Fernsehprogramm also eher als Hintergrundrauschen oder als lose gekoppelte Begleitung bei anderen Tätigkeiten. Dennoch bleibt zu konstatieren, dass im Durchschnitt fast drei Stunden täglich konzentriert ferngesehen wird. Bei den sogenannten Vielsehern, immerhin etwa 34 % des gesamten Publikums, sehen die Werte noch ganz anders aus: 14 % schauen dreieinhalb Stunden, 10 % muten sich viereinhalb Stunden zu und der restliche Teil von 10 % verbringt sogar sechseinviertel Stunden täglich vor dem Fernseher. Zieht man die gesamten Nutzungszeiten der audiovisuellen Massenmedien inklusive Hörfunk, Video und Tonträgern zusammen, dann ergibt sich eine durchschnittliche Gesamtdauer von 364 Minuten. Es ist somit ein Quantum von über sechs Stunden massenmedialer Kommunikation beobachtbar, während man mit personaler Kommunikation „von Mensch zu Mensch" im Durchschnitt gerade einmal eineinhalb Stunden verbringt.

Wenn wir heute von Kultur sprechen, meinen wir daher vor allem die Medienkultur.

Mit der Einführung des dualen Rundfunksystems in Deutschland im Jahre 1984, das nach den Vorgaben des Bundesverfassungsgerichts ein geregeltes Nebeneinander von öffentlich-rechtlichen und privaten Anbietern ermöglicht hat, ist die Unterhaltung zum beherrschenden Element der Medienkultur geworden. War das Fernsehen vorher eine quasi-staatliche Angelegenheit, so hat sich in der Folge ein Marktgeschehen herausgebildet, bei dem alle Sender ständig um Quoten und Marktanteile kämpfen müssen. Dieser Populismus des Marktes wiederum hat bewirkt, dass die vom Publikum hauptsächlich nachgefragten Unterhaltungsformate einen großen Anteil in der Programmstruktur der privaten, aber zunehmend auch der öffentlich-rechtlichen Anstalten ausmachen. Der zur Bertelsmann-Gruppe zählende Marktführer RTL sendete beispielsweise Mitte der 90er Jahre nicht weniger als 34 % fiktionale und 16 % nichtfiktionale Unterhaltung, demgegenüber aber nur 17 % Informations- und Bildungssendungen.[6] Bei dem vor allem beim jüngeren Publikum beliebten Konkurrenten Pro 7 (Kirch-Gruppe) fanden sich im gleichen Zeitraum 50 % Filme und Serien sowie 7 % Unterhaltungsshows bei insgesamt knapp 12 % Informationssendungen. Dabei muss zusätzlich noch berücksichtigt werden, dass die Privaten in ihren Informationsformaten vor allem auf Infotainment und „human touch"-Angebote setzen – ein weiteres Indiz für die Allgegenwart der Unterhaltung.

Wie sehr sich auch bei den öffentlich-rechtlichen Anbietern der Unterhaltungsimperativ des Marktes geltend macht, lässt sich vor allem an der Entwicklung der Dritten Programme beobachten. Waren diese früher fast vollständig der

---

6 Die Prozentzahlen sind hier gerundet worden.

Hochkultur und dem Bildungssektor gewidmet, sind dort seit einigen Jahren vermehrt Unterhaltungsformate anzutreffen: zahlreiche Talkshows, Spielfilme aus dem ARD-Verwertungsverbund, Schlagerparaden und „heimatlich" geprägte Musiksendungen.

Hinzu kommt ein in der Mediennutzungsforschung als „Unterhaltungsslalom" beschriebenes Verhaltensmuster vieler Zuschauer, die den Informationsangeboten durch gezieltes Umschalten aus dem Wege gehen. Die Nutzung von Unterhaltungssendungen ist in der Regel höher, als es ihrem Anteil am Angebot entspricht. So lag 1995 der Gesamtanteil der gesendeten Unterhaltung bei 39 %, während der Anteil an den tatsächlich eingeschalteten Sendungen bei 46 % lag. Umgekehrt machten die Informationssendungen im Angebot einen Anteil von 38 % aus, während jedoch der Anteil in den genutzten Angeboten nur 23 % ergab.[7] Das aber bedeutet: Ein großer Teil des Publikums und damit auch der Wählerschaft ist über herkömmliche Kanäle der politischen Kommunikation gar nicht mehr erreichbar. Wer also diese Menschen kontaktieren will, muss sich – ob er will oder nicht – auf die Logik des Entertainment einlassen.

Aus der Sicht der politischen Akteure ist noch ein weiterer Vorteil zu benennen. Sie können sich in den Unterhaltungsformaten nicht nur ausgesprochen „menschlich" präsentieren und somit ein sympathieheischendes Bild jenseits der tradierten Berufsrolle inszenieren, sondern sie haben auch einen Zugang zum Publikum, der nicht – wie in den klassischen Informationsformaten üblich – journalistisch gefiltert und kritisch kommentiert ist. In der Talkshow oder auf Thomas Gottschalks berühmtem *Wetten dass...?*-Sofa können diejenigen Akteure, die sich im Unterhaltungsformat zu bewegen vermögen, ungestört ihre positive Seite hervorkehren, um Wählerstimmen zu akquirieren.

3. Politainment

Politainment ist daher aus der deutschen Medienöffentlichkeit nicht mehr wegzudenken. Der Begriff, gebildet in Analogie zum mittlerweile gebräuchlichen „Infotainment", soll darauf aufmerksam machen, dass sich in den 90er Jahren eine enge Koppelung zwischen Politik und Entertainment, politischer und unterhaltender Kommunikation herausgebildet hat, die es so vorher nicht gab.[8] Politainment bezeichnet eine Form der öffentlichen Kommunikation, in der politische Themen, Akteure, Prozesse, Deutungsmuster, Identitäten und Sinnentwürfe im Modus der Unterhaltung zu einer neuen Realität des Politischen montiert werden. Diese neue Realität konstituiert den Erfahrungsraum, in welchem den Bürgern heutzutage typischerweise Politik zugänglich wird. Das Bild, das die normalen Wähler und Mediennutzer, Publikum und Elektorat sich von

---

7 Siehe dazu die Daten bei Hasebrik (1998: 531)
8 Siehe dazu jetzt auch die Beiträge in Schicha u. a. (2002)

der Politik machen können, ist maßgeblich geprägt durch die Strukturen und Funktionen des Politainment. Politik im Unterhaltungsformat ist daher an der Schwelle vom 20. ins 21. Jahrhundert zu einer zentralen Bestimmungsgröße von politischer Kultur geworden.

Grundsätzlich bildet sich Politainment immer auf zwei Ebenen, die jedoch in der real existierenden Medienwirklichkeit oft eng verzahnt in Erscheinung treten: unterhaltende Politik und politische Unterhaltung. Unterhaltende Politik liegt immer dann vor, wenn politische Akteure auf Instrumente und Stilmittel der Unterhaltungskultur zurückgreifen, um ihre jeweiligen Ziele zu realisieren. Die sichtbarste und prominenteste Variante dieser Handlungsstrategie können wir regelmäßig in Wahlkämpfen beobachten, wo nicht nur Showprominenz zur Gewinnung von Wählergunst in die Dienste von Parteien und Kandidaten gestellt wird, sondern die Polit-Profis selbst in den Fundus der Unterhaltungsbranche greifen, um sich in einem günstigen Licht zu präsentieren.[9] Politische PR-Kampagnen aller Art bedienen sich ebenso zahlreicher Politainment-Methoden wie alle anderen Versuche der symbolischen Politik, durch die einzelne Projekte und Vorstöße öffentlich „verkauft" werden sollen. Unterhaltende Politik dient also dazu, politische Macht zu erwerben und stabil auf Dauer zu stellen.

Politische Unterhaltung wird dagegen von der anderen Seite aus betrieben. Die Unterhaltungsindustrie greift dabei auf politische Figuren, Themen und Geschehnisse zurück, um sie als Materialien bei der Konstruktion ihrer fiktionalen Bildwelten zu verwenden und ihre Produkte somit interessant und attraktiv zu gestalten. Die Aktivitäten sind hier nicht, oder zumindest nicht primär, auf politische Zielsetzungen ausgerichtet, sondern orientieren sich zunächst einmal am Markt und am Erwartungshorizont des zahlenden Publikums. Den Unterhaltungsmachern ist es grundsätzlich gleich, ob nun Polit- oder Showprominenz, ein politischer oder privater Handlungsstrang die Quote steigert – die Hauptsache besteht im Erfolg am massenmedialen Markt.

Häufig kann aus dieser Konstellation eine symbiotische Beziehung erwachsen: Der Auftritt des Bundeskanzlers in der großen Gameshow stellt einerseits die Gewinn bringende Einschaltquote sicher und bietet dem Politiker andererseits eine viel beachtete Bühne, um ein Publikum anzusprechen, das über die konventionellen Kanäle politischer Kommunikation nicht mehr erreichbar wäre. Dabei können natürlich auch Irritationen auftreten: Die Regeln der Unterhaltungswelt entwickeln mitunter einen Eigensinn, der jegliche Strategie der Akteure zunichte macht. Und andererseits kann ein unvorsichtiges Vorgehen der Entertaiment-Profis im politischen Terrain heftige Proteste und damit auch geminderte Absatzchancen bescheren.

---

9 Zur Struktur und Funktion moderner Wahlkämpfe siehe jetzt auch Dörner/Vogt (2002a) sowie die Beiträge in Dörner/Vogt (2002)

4. Wirkungen

Der scheinbar unaufhaltsame Unterhaltungstrend hat, vor allem in der Verkür-
zung des Politischen, durchaus seine dunklen Seiten.[10] Dennoch zeitigt er, auch
aus demokratietheoretischer Perspektive, nicht nur negative Effekte. Bei einer
genaueren Analyse lassen sich zumindest folgende Punkte festhalten, die eine dif-
ferenziertere Bewertung nahelegen:

1. Politik im Unterhaltungsformat stellt immer eine personalisierte und auf einfache Grundkonstellationen reduzierte Wirklichkeit dar. Erzählungen, Anekdoten und pointiert zugespitzte Aussagen bilden hier den Normalmodus des
Politischen. In dieser Reduktion liegen zweifellos Verzerrungen und Verkür-
zungen dessen, was die Komplexität politischer Prozesse in der außermedialen
Realität ausmacht. All das, was sich dem Modus unterhaltender Politikpräsen-
tation nicht fügt, wird in der Regel ausgeblendet. Diesem Manko steht jedoch
eine Veranschaulichung und Verlebendigung der politischen Welt gegenüber.
Politainment bewirkt eine Visualisierung des Politischen. Nicht nur Akteure,
sondern auch Positionen und Konfliktlinien werden etwa in der Talk-Kultur
sichtbar gemacht. Damit ist eine nicht gering zu schätzende Orientierungsleis-
tung für das Publikum verbunden. Die relevanten Akteure wiederum, die gesellschaftlichen und politischen Eliten, stehen gleichsam unter medialer Dau-
erbeobachtung. Dem Publikum als dem „Auge Gottes" entgeht nichts, was in
diesem Panoptikum vor sich geht.[11]

Der Prozess der Privatisierung des Politischen, der im vergangenen Sommer
bis hin zur Badehose des Bundesverteidigungsministers reichte,[12] hat überdies
auch einen oft übersehenen Aspekt. In repräsentativen Demokratien, die dem
responsible government im Sinne eines John Stuart Mill oder Walter Bagehot
entsprechen, wird auch die Person des Mandatsträgers betont. Insofern
scheint es nur konsequent, wenn Wähler sich ein Bild von dem Menschen
machen wollen, dem sie ihr politisches Schicksal anvertrauen. Dass dieses Bild
kein authentisches, sondern ein inszeniertes Bild darstellt, tut dem nur teilweise Abbruch. Sichtbar nämlich wird in jedem Fall, wofür die Person als
öffentliche Person einsteht: Welche Werte, Lebensführungsmuster und
Lebensstile werden in dieser Biografie und in dieser Medienfigur konkret verkörpert? Für Wähler sind dies in Zeiten volatiler politischer Märkte wichtige
Indikatoren.

---

10 Zur kritischen Sichtweise vgl. Meyer (2001); eine abwägende Bilanz insbesondere im Hinblick auf
   Wahlkampfkommunikation bieten jetzt Geisler/Sarcinelli (2001).
11 Siehe dazu Dörner (2001a).
12 Siehe dazu ausführlicher Vogt (2002).

2. Der politische Diskurs wird im Politainment ausgesprochen inklusiv gestaltet, weil er auch unterhaltungsorientierte Mediennutzer einbezieht und ihnen über die Kanäle der Anschlusskommunikation eine Teilnahme an gemeinsamer Problemreflexion ermöglicht. Politainment ist somit ein relevanter Teil des gesellschaftlichen Interdiskurses, der Kommunikationsräume über die Grenzen von Subsystemen, ideologischen Milieus und sozialstrukturellen Formationen hinweg eröffnet. Der Marktmechanismus des Entertainment bewirtschaftet Aufmerksamkeiten, setzt Themen und ermöglicht darüber auch die Herausbildung von Konsensbereichen in der öffentlichen Meinung. Politainment ruht dabei immer auf einer Symbiose, auf einer Symbiose zwischen Medienmachern und politischen Akteuren: Die einen steigern ihre Quoten und Marktanteile, die anderen erreichen einen Teil der Wählerschaft, der über die traditionellen Kommunikationskanäle überhaupt nicht mehr zugänglich wäre. Nur mit einem Blick auf diese Nutzenkalküle ist der gegenwärtige Boom des Politainment plausibel erklärbar.

3. Die emotionale Dimension steht im Unterhaltungsformat ganz im Vordergrund. Die Techniken des Entertainment ermöglichen es, das Politische im Modus des *Feel Good* darzubieten und dadurch eine positive Grundstimmung zu produzieren, die Entfremdungs- und Ablehnungstendenzen im Sinne der weit verbreiteten Politikverdrossenheit durchaus entgegenwirken kann. Politainment kann so auch als ein Stabilisator von politischem Systemvertrauen fungieren. Mediales *Feel Good* ist zwar seinerseits, beispielsweise im Kontext von Wahlkämpfen, instrumentalisierbar. Zudem entsteht die ernsthafte Gefahr einer Unterhaltungsfalle, in die zeitweise auch Gerhard Schröder nach seinem entertainisierten Wahlkampf 1998 hineingetappt ist. Die Fiktionalisierung des Politischen im Modus des *Feel Good* nämlich kann Erwartungshorizonte aufbauen, die später mit der grauen Realität des politischen Alltags heftig kollidieren. Hier muss von den Akteuren zumindest geduldige Übersetzungsarbeit geleistet werden, damit das *Feel Good* nicht in den großen Frust der Bürger übergeht. Grundsätzlich jedoch ist die Gefühlsqualität unterhaltender Politik und politischer Unterhaltung als Integrationsfaktor einer modernen Massendemokratie keineswegs von geringem Wert.

4. Wenn man den Blick auf unterhaltende Politik in Zeiten des Wahlkampfs wirft, sollte man nicht übersehen, dass dies nur die eine Seite des Politainment-Syndroms ist. Mit ihr korrespondiert nämlich die politische Unterhaltung, die von den Medienmachern angeboten wird und sich in Gameshows, Krimis und Vorabendserien niederschlägt. Dieser Bereich der Medienöffentlichkeit, der von der politischen Kommunikationsforschung bislang größtenteils ignoriert wurde, ohne den aber die Entertainisierung der Politik so gar nicht denkbar wäre, prägt den öffentlichen Wahrnehmungsraum der Republik weitgehend mit. In den Unterhaltungsserien werden politische Modellidentitäten angeboten, die Moralität, Engagegementbereitschaft und Zivilcourage

propagieren.[13] Diese Dispositionen erscheinen in der deutschen Serienwelt nicht nur als gut und sinnhaft, sondern auch als spannend und Spaß bringend. Politisches Engagement erfüllt hier also durchaus die Anforderungen der Erlebnisgesellschaft. Die Botschaft lautet: Engagement, Selbstverwirklichung und hedonistische Momente widersprechen sich nicht, sondern sie sind bestens miteinander zu verbinden.

5. Zwischen Events und Unterhaltungsfalle

Wahlkampf muss sich im Unterhaltungszeitalter auf veränderte Rahmenbedingungen politischen Handelns und politischer Kommunikation einstellen. Wo die spezifischen Chancen und wo die Risiken dieser veränderten Situation liegen, das kann nun abschließend noch einmal in einem kurzen Rückblick auf die Schröder-Kampagne von 1998 verdeutlicht werden. Zunächst einmal zeigte die ausgesprochen unterhaltungsorientierte, gerade auch die jüngere Wählerschaft ansprechende Strategie, wie man die Lust der Wähler auf einen Wechsel anspornen kann. Als man jedoch nach der Wahl zunächst im Spaß-Modus weiterregieren wollte, zeigte sich das Risiko der „Unterhaltungsfalle" in aller Deutlichkeit.

Wem es gelingt, einen politischen Event gut zu planen und inszenierungstechnisch so aufzustylen, dass die Medien geradezu gezwungen sind, darüber zu berichten, der spart sich Millionen für seinen Werbeetat. Die Leipziger „Krönungsmesse" der SPD im April 1998 hat hier in Deutschland mit ihren zahlreichen Anleihen bei Hollywood und Las Vegas Maßstäbe gesetzt. Noch Wochen später wurde in der Presse eine ausführliche Diskussion über den neuen, „amerikanisierten" Stil der symbolischen Politik geführt.

Der Leipziger Parteitag zeichnete sich nicht nur durch eine ausgeklügelte Farbgebung und eine präzise, nach dem Vorbild der amerikanischen Conventions geplante Dramaturgie aus. Entscheidend war, dass hier erstmals systematisch auf das Instrumentarium der amerikanischen Unterhaltungsindustrie zurückgegriffen wurde, um beim Publikum eine Stimmung des *Feel Good* zu produzieren und den eigenen Spitzenkandidaten auf dieser Welle des guten Gefühls als die attraktivste Option im Wahlgang erscheinen zu lassen.

Farbgebung, Beleuchtung und sprachliche Gestaltung waren eindeutig auf die Inszenierung von Innovation, Wechsel und Dynamik abgestimmt. Dieses Setting wurde dann vor allem in der Eingangssequenz der Veranstaltung mit einer ausgeklügelten Choreographie gefüllt: Der Saal war weitgehend abgedunkelt, und auf der Videowand erschien ein Wahlwerbespot der SPD, der zunächst Menschen in blühender Natur und harmonischer Zuwendung zueinander zeigte. Nachdem diese musikalisch untermalte Idylle durch eine Stimme aus dem Off („Deutschland braucht einen politischen Wechsel") als Zukunftsvision bestimmt

---

13 Siehe dazu ausführlich Dörner (2001: S. 155ff)

16

wurde, erschien schließlich im Weichzeichner der „Macher" Schröder. In moderner Video-Clip-Ästhetik sah man ihn sein schickes Jackett überstreifen, im Büro umhergehen, eine Unterschrift leisten. Den Abschluss bildete eine Porträtaufnahme des Kandidaten, während die Musik aufwallte und zugleich den Schlusspunkt setzte.

Dieser Sequenz folgte der Einmarsch von Schröder und Lafontaine, gerahmt von der triumphalen Filmmusik des US-Kassenschlagers *Airforce One*. Die beiden Politiker gingen bis zur Mitte der Bühne und blieben dort winkend bis zum Ende der Musik stehen. Die pathetischen Töne rahmten Schröder und Lafontaine als fiktionale Helden mit außeralltäglichen Fähigkeiten, die zum Wohl des Volkes handeln. Der Kanzlerkandidat erhielt in dieser Bedeutungswelt den Status eines lange erwarteten und endlich erschienenen Helden, wie er aus den Erzählmustern der amerikanischen Traumfabrik allen Zuschauern vertraut war. Nicht die wenigen hundert Delegierten in der Halle, sondern das durch eine ausführliche Berichterstattung kopräsente Fernsehpublikum war der eigentliche Adressat dieser Aktion, die über geschicktes Event-Management kostenlos in alle Wohnzimmer hineingetragen wurde.

Ästhetik, Lifestyle und vor allem eine aus der Sinnwelt des Kinos entlehnte *Feel-Good*-Qualität sind hier die Angebote, die dann tatsächlich auch von den Nachfragern goutiert und mit Wählerstimmen bezahlt wurden. Diese Unterhaltungsorientierung wurde von der SPD, vor allem mit dem Blick auf die jüngere Wählerschaft, an vielen weiteren Stellen konsequent fortgesetzt: etwa in Kino-Spots, in denen Helmut Kohl als übergewichtiger Versager im *Star-Treck*-Format präsentiert wurde, in Presseplakaten mit Filmzitaten („Kohl und Waigel: Denn sie wissen nicht, was sie tun") und nicht zuletzt in Unterhaltungsauftritten Gerhard Schröders, der u. a. in der Daily Soap *Gute Zeiten, schlechte Zeiten* zu sehen war.

Gleichsam nach dem Motto des „permanenten Wahlkampfs" versuchte die Schröder-Truppe dann auch nach der Wahl, auf dem Wege der unterhaltenden Medieninszenierung fortzufahren – zunächst durchaus erfolgreich. So besuchte der frisch gewählte Kanzler im Februar 1999 die populäre Gameshow *Wetten dass...?* (ZDF). Die Show zählt in der heutigen Medienlandschaft zu den wenigen Formaten, deren Einschaltquoten von teilweise über 50 % an die alten Zeiten des öffentlich-rechtlichen Rundfunkmonopols gemahnen und die somit ungeachtet der weitgehenden Differenzierung und Segmentierung des Publikums auch in den 90er Jahren dazu in der Lage sind, integrative Medienereignisse zu konstituieren. So wurde auch Schröders Performance von mehr als 18 Millionen Zuschauern verfolgt, und der Kanzler nutzte den Rahmen, um in mehrfacher Hinsicht seine „Volksnähe" unter Beweis zu stellen. Er plauderte nicht nur gekonnt mit Moderator Thomas Gottschalk auf der Couch, sondern „riskierte sich" auch beim beliebten Wettspiel, wo jeder Prominente für den Fall einer verlorenen Wette anbieten muss, öffentlich irgendetwas Lustiges oder im karitativen Sinne „Gutes" zu tun.

Der Kanzler agierte hier besonders geschickt, weil er anbot, bei dem – dann auch real eintretenden – Verlust seiner Wette eine ältere Dame aus dem Publikum im eigenen Dienstwagen nach Hause zu chauffieren. Die Medienfigur Schröder gewann dadurch direkten Kontakt zu einer realen Zuschauerin/Wählerin, die sich wiederum – in Stellvertretung der anderen Zuschauer/Wähler – überglücklich schätzte, dem sonst nur medienvermittelt erfahrbaren Politiker „in echt" zu begegnen. Später wurde das Geschehen jedoch bewusst wieder zum Medienereignis transformiert, da Schröder auf dem Heimweg mit der alten Dame nicht nur öffentlichkeitswirksam in einem italienischen Restaurant speiste, sondern sich dort alsbald auch zahlreiche andere Prominente aus der *Wetten dass...?*-Sendung einfanden.[14] Im Kontext dieser weiteren Medienfiguren erreichte Schröder schnell wieder seinen quasi-fiktionalen Status. Die Zuschauerin wiederum, die in „Bild" über ihre Erlebnisse berichten durfte, fungierte dabei als ausgewählte Repräsentantin des Publikums, die zugleich als ein Authentizitätsgenerator die Anbindung des medienkonstruierten Geschehens an die „reale Wirklichkeit" des Publikums sicherstellte.

Freilich kann es dennoch zu Funktionsstörungen kommen, wenn die Realität des politischen Prozesses in die Als-ob-Welten der Medienunterhaltung eindringt, wenn das in den Medien übliche Happy End ausbleibt und durch die harten Tatsachen realpolitischer Probleme und einer schlechten Leistung des gewählten politischen Personals ersetzt wird. Solche Desillusionierung kann längerfristig auch zu Wut, Protest und politischer Entfremdung führen. So erhob sich im Frühjahr 1999, als die rot-grüne Regierung in Deutschland mit vielen Problemen zu kämpfen hatte und die eigene Handlungsunfähigkeit durch den spektakulären Rücktritt des Finanzministers Lafontaine eine krisenhafte Zuspitzung erfuhr, bald öffentlicher Widerspruch gegen die allzu häufige Präsenz des Kanzlers in den Unterhaltungsmedien – die nun zudem auch dem Status eines Amtsinhabers mit der entsprechenden Seriositätserfordernis entgegenstand. Schröder sagte daraufhin u. a. einen geplanten Auftritt in der *Harald-Schmidt-Show* und seine Rolle als Co-Kommentator eines Fußball-Bundesligaspiels in der Sat1-Sportsendung *ran* ab. Diese Störungen deuten jedoch nicht auf grundsätzliche Probleme, sondern auf die Relevanz der gelungenen Dosierung und der zeitlichen Platzierung hin, die eine perfekte Polit-Show in der Unterhaltungsöffentlichkeit benötigt. Als Schröder Gefahr lief, in die Unterhaltungsfalle einer großen Diskrepanz zwischen *Feel Good* und den mühsamen Ebenen des grauen politischen Alltags zu geraten und dort politisch aufgerieben zu werden, änderte er seinen Inszenierungsstil und versuchte, sich als seriöser und ernsthafter Politiker zu zeigen. Dieser Stilwechsel konnte, in Verbindung mit weiteren Faktoren, den freien Fall des Akteurs in der Publikumsgunst durchaus bremsen.

---

14 Vgl. dazu die Berichterstattung in der Bild-Zeitung vom 22. Februar 1999.

6. Fazit

Wahlkampf im Unterhaltungszeitalter muss sich wohl oder übel auf die Logik der Unterhaltungsmedien einlassen. Auch wenn die sogenannte „Spaßgesellschaft" nach den Ereignissen vom 11. September einen deutlichen Dämpfer erfahren hat, macht schon der Auftakt der Kampagne 2002 in dem virtuellen Talk-Duell von Kanzler und Kandidat deutlich, dass an den Foren des Politainment nicht vorbeikommt, wer erfolgreich Wählermehrheiten organisieren will. Man kann diese Entwicklung beklagen, wobei immer bedacht werden sollte, dass auch früher der Slogan und nicht das Argument die Wahlkampfkommunikation beherrschte.[15] Man kann sie aber auch als eine fast zwingende Reaktion auf gesellschaftliche und medienkulturelle Veränderungen verstehen. Die Aufgabe, die dann sowohl den Medien, vor allem den öffentlich-rechtlichen Anstalten und der anspruchsvollen Tagespresse, als auch der Wissenschaft und der Medienpädagogik zukommt, ist es, dem Publikum und damit der Wählerschaft die Möglichkeit zur kritischen Distanz zu bewahren. Solange dies und damit auch ein kritischer öffentlicher Diskurs zum Politainment stets präsent bleibt, ist für pauschale Verfallsszenarien zur politischen Kultur in diesem Lande kein Bedarf.

---

15 Siehe dazu etwa Holtz-Bacha (2000).

19

Rüdiger Schmitt-Beck

Das Nadelöhr am Ende: Die Aufmerksamkeit der Wähler für die Wahlkampfkommunikation als Voraussetzung wirksamer Kampagnen

Wahlkämpfe bringen zwei Gruppen von Akteuren miteinander in Berührung: die politischen Parteien und ihre Kandidaten auf der einen Seite und die Wähler auf der anderen. Diese Akteure werden von unterschiedlichen Interessen geleitet und versuchen, diese durch instrumentelles Handeln zu realisieren. Das Interesse der Parteien richtet sich auf den Wahlerfolg; zu diesem Zweck planen und implementieren sie ihre Wahlkampagnen. Das Interesse der Wähler richtet sich auf sinnvolle Wahlentscheidungen. Hierfür benötigen sie Informationen über die Politik, die ihnen bei ihrer Entscheidung helfen. Wahlkampagnen zu beobachten, ist ein möglicher Weg, sich solche Informationen zu verschaffen.

Diese unterschiedlichen Orientierungen gegenüber dem Wahlkampf erzeugen wechselseitige Abhängigkeiten: Die Wähler können dem Wahlkampf nur die Informationen entnehmen, die er tatsächlich bietet. Was nicht kommuniziert wird, kann auch niemand zur Kenntnis nehmen. Die Parteien hingegen können sich von ihren Wahlkampagnen nur in dem Maße Wirkungen auf die Wähler erhoffen, wie sie von diesen beachtet werden. Die Aufmerksamkeit, mit der die Wähler den Wahlkampf verfolgen, ist das Nadelöhr der Kampagnenkommunikation: Jeglicher Erfolg einer Wahlkampagne setzt voraus, dass ihr von Seiten des „Endverbrauchers" das notwendige Interesse zuteil wird.

Die Intensität, mit der die Wähler in Deutschland den Wahlkampf verfolgen, ist das Thema dieses Kapitels. Im folgenden Abschnitt wird dieser Gegenstand zunächst in den größeren Rahmen eines Modells der Wahlkampfkommunikation eingebettet. Der Rest des Kapitels widmet sich dann der empirischen Auseinandersetzung mit einigen offenen Fragen. Sie richten sich zunächst auf Ausmaß und Hintergründe der Aufmerksamkeit für den Wahlkampf: Wie intensiv beobachten die deutschen Wähler eigentlich die Wahlkampagnen der Parteien? Welche Medien der Kampagnenkommunikation werden besonders beachtet, welche finden weniger Resonanz? Und wovon hängt es ab, wie viele und welche Informationen die Wähler der Wahlkampfkommunikation entnehmen? Dann geht es um die Aufmerksamkeit der Wähler als Voraussetzung für Wirkungen des Wahlkampfes: Wie viele Wähler sind eigentlich für Einflüsse des Wahlkampfes empfänglich? Und wie hängt die Aufmerksamkeit für den Wahlkampf mit der Wahlbeteiligung und mit verschiedenen Erscheinungsformen des wechselhaften Wahlverhaltens zusammen? Zu diesen Fragen werden Hypothesen formuliert und empirisch getestet.

1. Parteien und Wähler im Wahlkampf

Wahlkampagnen sind organisierte und geplante Kommunikationsaktivitäten, die von Parteien durchgeführt werden, um unter den Wahlberechtigten möglichst viel Unterstützung einzuwerben. Jede Partei ist daran interessiert, dass am Wahltag möglichst viele Stimmen dem eigenen Konto gutgeschrieben werden. Dazu müssen die Bürger zunächst einmal mobilisiert werden, an der Wahl teilzunehmen. Dann kommt es für jede Partei entscheidend darauf an, die mobilisierten Wähler so zu *beeinflussen*, dass diese in möglichst großer Zahl sie und nicht eine der Konkurrenzparteien mit ihrem Votum bedenken. Dieser Einfluss kann zwei Formen haben: Aktivierung und Konversion.[1]

Viele Wähler sind bestimmten Parteien durch eine dauerhafte Identifikation gefühlsmäßig verbunden.[2] Ziel von Wahlkampagnen ist es stets, diese „Stammkunden" zu aktivieren, damit sie am Wahltag ihre angestammten Parteien unterstützen. Durch erfolgreiche Aktivierung von Wählern, die mental schon der eigenen Seite zuneigen, kann sich eine Partei einen Sockel an Wählerunterstützung verschaffen, auf den sie am Wahltag beruhigt zählen kann. Würde sich in Wahlergebnissen stets nur das Verhalten solcherart aktivierter Wähler widerspiegeln, dann würde freilich jede Wahl dasselbe Bild einer völlig erstarrten politischen Landschaft reproduzieren. Es gäbe nie Verschiebungen der Mehrheitsverhältnisse, politischer Wandel wäre ausgeschlossen.

Deswegen bemüht sich jede Partei nicht nur um Aktivierung ihrer Kernanhänger, sondern auch um Konversion von Wählern, die einer eigentlich oder aber gar keiner anderen Partei zuneigen. Nur dadurch kann sie den eigenen Stimmenanteil über den von ihren aktivierten Anhängern garantierten Kernbestand hinaus vergrößern. Zwei Formen der Konversion sind hierbei von Belang. Die erste ist die Änderung der Parteipräferenzen von einer Wahl zur nächsten: Wähler, die bei der Vorwahl eine andere Partei unterstützt haben, sollen so beeinflusst werden, dass sie dieses Mal für die eigene Partei stimmen (Parteiwechsel). Das ist ein anspruchsvolles Ziel. Noch anspruchsvoller ist freilich die zweite

---

1 Vgl. Lazarsfeld, Paul F./Berelson, Bernard/Gaudet, Hazel, (1968): The People's Choice. How the Voter Makes Up his Mind in a Presidential Campaign, 3. Auflage (1. Auflage 1944), New York: Columbia University Press; Schmitt-Beck, Rüdiger/Farrell, David M., (2002): Studying political campaigns and their effects, in: Farrell, David M./Schmitt-Beck, Rüdiger (Hrsg.), Do Political Campaigns Matter? Campaign Effects in Elections and Referendums, London/New York: Routledge, S. 1–21. Schmitt-Beck, Rüdiger, (2002): Laufen, um auf der Stelle zu bleiben: „Postmoderne" Kampagnenpolitik in Deutschland, erscheint in: Nullmeier, Frank/Saretzki, Thomas (Hrsg.), Jenseits des Regierungsalltags. Strategiefähigkeit politischer Parteien, Frankfurt: Campus.

2 Campbell, Angus/Converse, Philip E./Miller, Warren E./Stokes, Donald E., (1960): The American Voter, New York: Wiley; Falter, Jürgen W./Schoen, Harald/Caballero, Claudio, (2000): Dreißig Jahre danach: Zur Validierung des Konzepts „Parteiidentifikation" in der Bundesrepublik, in: Klein, Markus/Jagodzinski, Wolfgang/Mochmann, Ekkehard/Ohr, Dieter (Hrsg.), 50 Jahre Empirische Wahlforschung in Deutschland. Entwicklung, Befunde, Perspektiven, Daten, Wiesbaden: Westdeutscher Verlag, S. 235–271.

Variante der Konversion. Parteigebundene Wähler stellen gleichsam das stabile Rückgrat der Wählerschaft dar. Weil sie in aller Regel für die eigene Partei votieren, sorgen sie dafür, dass die Stimmenanteile der Parteien bei Wahlen stets nur im Rahmen eines relativ engen Schwankungskorridors variieren. Sie tun das aber nicht immer und unter allen Umständen. Manchmal entscheiden sie sich durchaus auch gegen ihre angestammte Partei, und zwar ohne die Identifikation mit ihr aufzugeben. Die zweite Form der Konversion besteht vor diesem Hintergrund darin, parteipolitisch gebundene Wähler zu veranlassen, ihrer Partei am Wahltag abtrünnig zu werden (Abwerbung).

Aus der Perspektive der Wähler können die Wahlkampagnen als eine potentiell nützliche Quelle entscheidungsrelevanter Informationen gesehen werden.[3] Wenn Wahlen anstehen, benötigen die Bürger Entscheidungsgründe, die ihnen helfen festzulegen, wie sie sich am Wahltag verhalten werden. Konfrontiert mit dem Problem, sich eine Informationsbasis zu verschaffen, die für eine sinnvolle Wahlentscheidung ausreicht, treffen die Wähler vor ihrer „Entscheidung in der Hauptsache", d. h. ihrem Votum an der Urne, bereits Vorentscheidungen, welche die Richtung der eigentlichen Wahlentscheidung kanalisieren. Dazu gehört die Entscheidung, welche Informationen sie zur Kenntnis nehmen wollen, um sie in ihre Wahlentscheidung einfließen zu lassen.

Für die Informationssuche steht den Wählern eine Reihe politischer Informationsreservoirs zur Verfügung, angefangen von der eigenen Alltagserfahrung, über Gespräche mit anderen Leuten und Stellungnahmen von Verbänden, bis hin zu den Massenmedien. Die Kampagnenkommunikation der Parteien ist ein weiterer Lieferant von Informationen, an denen sich die Bürger orientieren können. Was sich in diesem Fall aus der Sicht der Parteien als Wirkung des Wahlkampfes auf Wahlentscheidungen darstellt, bedeutet aus dem Blickwinkel der Bürger, dass sie sich dafür entschieden haben, gerade diese Informationen zu berücksichtigen, wenn sie ihre Wahlentscheidungen treffen.[4]

Die Aufmerksamkeit, mit der die Bürger den Wahlkampf verfolgen, wird somit zu einer wichtigen Rahmenbedingung für die Aussichten der Parteien, mit ihren Wahlkampagnen die Ziele zu erreichen, die sie damit verbinden. Wahlkampagnen stellen ohnehin Gewaltmärsche in schwierigem Gelände dar. Die Parteien mögen keine Kosten und Mühen scheuen und immer mehr Ressourcen für ihre Kampagnen aufwenden. Der Erfolg ist dennoch niemals garantiert. In jeder Stufe des Prozesses der Kampagnenkommunikation sind Faktoren wirksam, welche sowohl den Handlungsspielräumen der Kampagnenplaner als auch den Aussich-

---

3 Vgl. Popkin, Samuel L., (1991): The Reasoning Voter. Communication and Persuasion in Presidential Campaigns, Chicago/London: University of Chicago Press.

4 Vgl. Popkin (1991), a. a. O.; Lupia, Arthur/McCubbins, Mathew D., (1998): The Democratic Dilemma. Can Citizens Learn What They Need to Know?, Cambridge/New York: Cambridge University Press; Lupia, Arthur/McCubbins, Mathew D./Popkin, Samuel L. (Hrsg.), (2000): Elements of Reason. Cognition, Choice, and the Bounds of Rationality, Cambridge/New York: Cambridge University Press.

ten, dass das Resultat ihrer Bemühungen ihren Intentionen entsprechen wird, enge Grenzen setzen.[5]

Schaubild 1: Wahlkampagnen und ihr Kontext

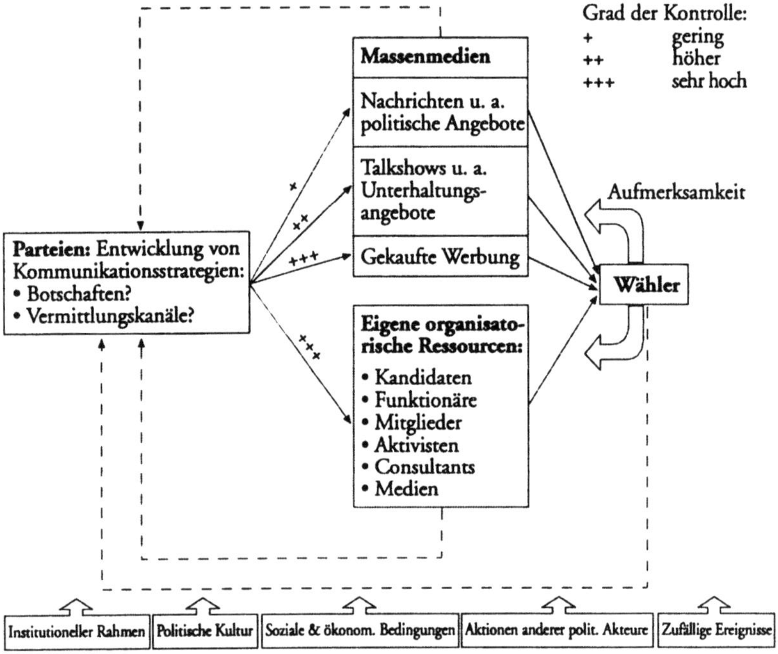

Quelle: Abgewandelt nach Schmitt-Beck/Farrell (2002b).

---

5 Schmitt-Beck, Rüdiger/Farrell, David M., (2002): Do political campaigns matter? Yes, but it depends, in: Farrell, David M./Schmitt-Beck, Rüdiger (Hrsg.), Do Political Campaigns Matter? Campaign Effects in Elections and Referendums, London/New York: Routledge, S. 183–193; Schmitt-Beck/Farrell (2002), a. a. O., Schmitt-Beck (2002) a. a. O.

So sind Wahlkampagnen immer auf Kommunikationskanäle angewiesen, über welche die Parteien selbst nur wenig Kontrolle haben (Schaubild 1). In der politischen Berichterstattung der Massenmedien sehen alle Parteien eine unverzichtbare Vermittlungsinstanz, um mit der Wählerschaft Kontakt herzustellen.[6] Wie die Journalisten mit ihren Kommunikationsangeboten umgehen, können sie aber immer weniger steuern.[7] Etwas günstiger sieht die Lage für die Parteien aus, wenn sie auf Unterhaltungsangebote ausweichen und diese als Bühne benutzen, um sich dem Publikum zu präsentieren.[8] Am meisten Kontrolle haben sie über die Werbung, beispielsweise die Parteienspots im Fernsehen, und über die Informationsangebote, die von den Parteiorganisationen selbst hergestellt und vermittelt werden. Die Palette solcher organisationseigenen Kommunikationsmedien reicht vom klassischen Instrument der Parteiversammlung bis zu den neuen Formen der Kommunikation im Internet, denen die Parteien immer größere Bedeutung beimessen.[9]

Bei der Gestaltung ihrer Kampagnenkommunikation engen „harte" institutionelle Rahmenbedingungen, wie beispielsweise das Parteiengesetz und die Regeln der Wahlkampffinanzierung, aber auch das Format des Parteiensystems und die dadurch notwendig werdenden Koalitionsallianzen, die Gestaltungsspielräume der Parteien ebenso ein wie die politische Kultur, verstanden als System unausgesprochener Normen der politischen Auseinandersetzung. CDU-Generalsekretär Laurenz Meyer kollidierte im letzten Jahr schmerzlich mit dieser „weichen" Grenze des Akzeptierbaren, als er mit seinem Versuch scheiterte, Bundeskanzler Schröder mit Fahndungsfotos als „Rentenbetrüger" zu attackieren.

Wenn die Ökonomie schwächelt, freuen sich regelmäßig die Oppositionsparteien, während Regierungen in die Defensive geraten. Prognosemodelle, die sich ausschließlich auf ökonomische Variablen stützen, zeugen von der Bedeutung, die der wirtschaftlichen Entwicklung für Wahlergebnisse beizumessen ist.[10] Die Wahlkampagnen der Konkurrenzparteien sollten Kampagnenverantwortliche ebenso wenig ignorieren wie zufällige Ereignisse, die ohne jeden inneren Bezug zum Wahlkampf sein mögen, aber dennoch aus heiterem Himmel alle Pla-

---

6 Schmitt-Beck, Rüdiger/Pfetsch, Barbara, (1994): Politische Akteure und die Medien der Massenkommunikation. Zur Generierung von Öffentlichkeit in Wahlkämpfen, in: Neidhardt, Friedhelm (Hrsg.), Öffentlichkeit, öffentliche Meinung, soziale Bewegungen, Opladen: Westdeutscher Verlag, S. 106–138.

7 Jarren, Otfried, (1998): Medien, Mediensystem und politische Öffentlichkeit im Wandel, in: Sarcinelli, Ulrich (Hrsg.), Politikvermittlung und Demokratie in der Mediengesellschaft. Beiträge zur politischen Kommunikationskultur, Wiesbaden: Westdeutscher Verlag, S. 74–94.

8 Vgl. Dörner, Andreas, (2001): Politainment. Politik in der medialen Erlebnisgesellschaft, Frankfurt: Suhrkamp.

9 Clemens, Detlev, (1998): Wahlkampf im Internet, in: Gellner, Winand/von Korff, Fritz (Hrsg.), Demokratie und Internet, Baden-Baden: Nomois, S. 143–156.

10 Bartels, Larry/Zaller, John, (2001): Presidential Vote Models: A Recount, in: PS – Political Science and Politics 34, S. 9–20.

nungen obsolet machen können. Ein neuer Terroranschlag kurz vor dem bevorstehenden Wahltermin würde die Parameter des Wettbewerbs um die Mehrheit sicherlich grundlegend verändern.

Das Interesse der Wähler für den Wahlkampf ist also keineswegs der einzige Faktor, der große Auswirkungen auf die Wahlchancen der Parteien hat, ohne durch sie kontrollierbar zu sein. Er stellt aber so etwas dar wie das entscheidende letzte Nadelöhr der Kampagnenkommunikation: Jegliche Wirkung einer Wahlkampagne setzt voraus, dass diejenigen, an die sie sich letztlich wendet, auch mitbekommen, was die Parteien ihnen mitteilen wollen. Wenn Wähler dem Wahlkampf keinerlei Beachtung schenken, können sie von ihm weder mobilisiert noch beeinflusst werden.

2. Der eigensinnige Wähler: Informationssuche im Wahlkampf

2.1 Wie aufmerksam verfolgen die Wähler den Wahlkampf?

Wahlkampagnen verfolgen das Ziel, Wähler zu mobilisieren und ihre Entscheidungen zu beeinflussen. Das kann keinesfalls gelingen, wenn diese Kampagnen ihre Adressaten gar nicht erreichen. Nur von Wählern, die den Wahlkampf wenigstens mit einem Minimum an Aufmerksamkeit zur Kenntnis nehmen, kann erwartet werden, dass sie in ihren Entscheidungen darauf reagieren. Die Parteien mögen sich allzeit aufmerksame Wähler wünschen, doch ist das realistisch? Wie stark beachten die Wähler vor Wahlen die Informationsangebote, mit denen die Parteien um sie werben?

Geht man davon aus, dass Wahlergebnisse für jeden Wähler gleichermaßen wichtig sind, weil sie über die Zusammensetzung der Regierung entscheiden, und bedenkt man weiterhin, dass Wahlen nach dem Prinzip „one man, one vote" organisiert sind und jedem Bürger dieselbe Einflusschance auf das Endergebnis geben, sollte man erwarten, dass alle Wähler am Wahlkampf interessiert sind und – als gleichermaßen Betroffene – gleich intensiv das Geschehen verfolgen (*Betroffenheits-These*). Andererseits ist der Einfluss des einzelnen Wählers auf das Wahlergebnis unmessbar gering;[11] von daher erscheint es vielleicht plausibler zu erwarten, dass sich die Wähler überhaupt nicht um den Wahlkampf kümmern (*Nichtbetroffenheits-These*).

---

11 Vgl. Downs, Anthony 1968: Ökonomische Theorie der Demokratie. Tübingen: Mohr.

Schaubild 2: Intensität der Aufmerksamkeit für den Wahlkampf (%)

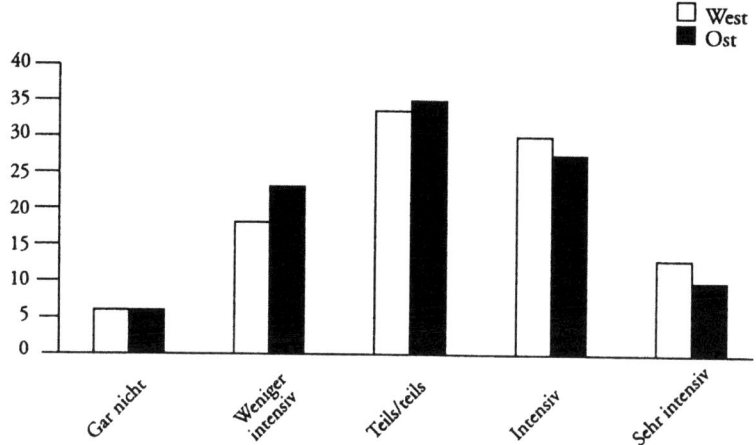

Beide Thesen werden durch die Empirie nicht gedeckt; die Wähler unterscheiden sich erheblich hinsichtlich der Aufmerksamkeit, mit der sie den Wahlkampf beobachten. Einige von ihnen interessieren sich sehr stark dafür, andere überhaupt nicht. Vor der Bundestagswahl 1998, auf die sich Schaubild 2 bezieht, lag der Anteil der völlig Desinteressierten bei 6 %. Aber die große Mehrzahl der Wähler nimmt den Wahlkampf zur Kenntnis. Der Anteil derjenigen, die ihn intensiv oder sogar sehr intensiv verfolgten, lag 1998 in der Größenordnung von 40 % – etwas darüber im Westen, etwas darunter im Osten. Die meisten Bürger beobachten den Wahlkampf mit mittlerem Interesse – sie halten sich über die groben Züge des Geschehens auf dem Laufenden, beachten aber nicht jeden Schachzug der Parteien im Detail.

2.2 Aktive Informationssuche oder passive Informationsexposition?

Da die Parteien für ihre Kampagnenkommunikation verschiedene Medien einsetzen, stehen den Wählern unterschiedliche Möglichkeiten zur Verfügung, um sich über die Parteien zu informieren. Diese differieren hinsichtlich des Aufwandes, den ihre Wahrnehmung für die Wähler bedeutet. Manche Kampagnenmedien erfordern eine erhebliches Maß an Eigeninitiative und aktiver Zuwendung. Mit ihnen kommen vor allem diejenigen Wähler in Kontakt, die sehr interessiert und deswegen bereit sind, spürbare Anstrengungen zu unternehmen, um an Informationen zu kommen, die sie relevant finden. Andere Kommunikationsformen setzen dies in viel geringerem Umfang voraus. Durch ungeplante, beiläufige Exposition werden sie auch von passiven Wählern mit hoher Wahrscheinlichkeit wahrgenommen.

Die Hypothese erscheint plausibel, dass diese Unterschiede Konsequenzen für die Anteile der Wähler haben, die mit jedem dieser Kampagnenmedien in Berührung kommen: Je anspruchsvoller das Medium im Hinblick auf den für einen Kontakt nötigen Grad an Eigeninitiative und Aktivität, desto seltener wird es zu solchen Kontakten kommen; je leichter ein Kampagnenmedium auch für passive Wähler wahrzunehmen ist, desto öfter werden Kontakte zu verzeichnen sein (*Aktivitäts-These*). Das bestätigen Daten aus dem Wahlkampf zur Bundestagswahl 1994 (Schaubild 3).

Schaubild 3: Exposition gegenüber verschiedenen Wahlkampfmedien (%)

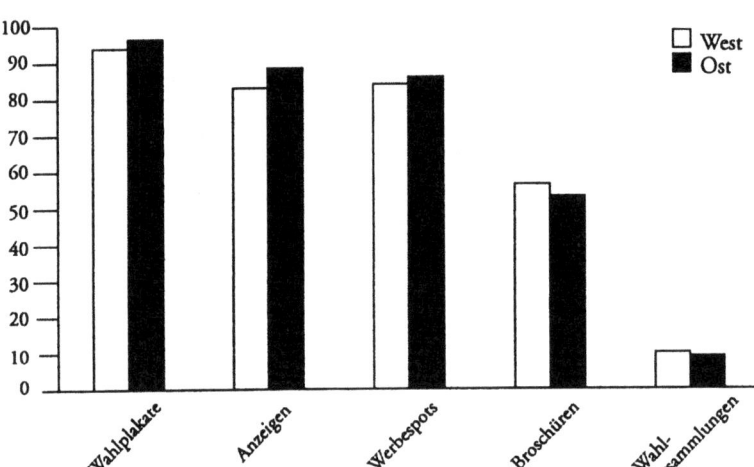

Werbemittel wie Wahlplakate, Anzeigen in der Presse sowie Parteienspots im Fernsehen sind Medien, welche auch passive Wähler mit hoher Wahrscheinlichkeit erreichen. Die große Mehrzahl der Wähler – mit Anteilen deutlich oberhalb der 80 %-Marke – kommt mit ihnen in Berührung, auch wenn dieser Kontakt gar nicht aktiv gesucht wird. Wer zur Arbeit fährt, kommt fast zwangsläufig an Plakatwänden der Parteien vorbei. Zeitungsleser werden beim Durchblättern auf die Anzeigen der Parteien stoßen. Und wer sich abends zur Entspannung vor den Fernsehapparat setzt, kann damit rechnen, irgendwann auch einmal eine Werbesendung einer Partei zu sehen. Das gilt umso mehr, als die Parteien in den letzten Jahren verstärkt Gebrauch von der neuen Möglichkeit gemacht haben, bei privaten Sendern Werbezeit zu buchen.[12]

Andere Kommunikationsmedien der Parteien verlangen von den Wählern einen höheren Grad an aktiver Zuwendung. Das hat zur Folge, dass mit diesen Medien deutlich weniger Bürger in Kontakt kommen. Flugblätter und Broschüren von Parteien, die an Informationsständen verteilt oder auf Anforderung ins Haus geschickt werden, erreichen beispielsweise nur etwa die Hälfte der Wähler. Denn wer an Informationsständen nicht stehen bleibt und niemals Informationsmaterial anfordert, wird auch keine Gelegenheit erhalten, darin zu lesen.

Bei keinem Kommunikationsmedium zeigt sich die Bedeutung der aktiven Informationssuche jedoch so deutlich wie bei den Wahlversammlungen der Parteien. Die Teilnahme an solchen Veranstaltungen erfordert erhebliche Eigenaktivität. Bei gedrucktem Material halten sich hingegen Passivität und Aktivität die Waage. Wer vor einer Wahl einkaufen geht, wird mit großer Wahrscheinlichkeit an Informationsständen von Parteien vorbeikommen. Dann ist der Aufwand, eine Broschüre mitzunehmen, vergleichsweise gering. Anders bei Parteiversammlungen: Eine solche Veranstaltung zu besuchen, erfordert mehr Initiativgeist. Zufällig wird man kaum Zeuge einer Parteiversammlung. Man muss aufmerksam genug sein, um Ankündigungen wahrzunehmen; man muss planen, die Versammlung zu besuchen; und man muss das dann auch tatsächlich tun – ungeachtet von Wetter und Fernsehprogramm. Das ist vergleichsweise aufwendig und hat zur Folge, dass mehr als 90 % der Wähler nie einer Wahlversammlung beiwohnen. Vor jeder Wahl bereist die Parteiprominenz die Marktplätze der Republik, um Reden zu halten, und touren die Politiker durch die Nebenzimmer von Wirtshäusern, um mit den Bürgern über ihre Standpunkte zu diskutieren. Doch beachtet werden sie nur von wenigen – den Angehörigen einer kleinen Schicht von Aktivbürgern, die den Wahlkampf mit großer Aufmerksamkeit verfolgen. Sie begnügen sich nicht mit den Informationen, denen sie beiläufig im Alltag begegnen, sondern sind auch bereit, Aufwand auf sich zu nehmen, um an Informationen zu gelangen.

Ähnliches gilt übrigens auch für das neueste Kampagnenmedium – das Internet: Die Parteien halten eine aufwendige Webpräsenz inzwischen für unverzichtbar. Aber Zugang zum Internet hat bislang nur eine Minderheit der Deutschen, und die Mehrzahl der Surfer klickt nie eine Parteien-Website an. Im Jahr 2000 nutzten gerade 8 % der deutschen Wähler ein Angebot politischer Parteien.[13] Wer sich online politische Informationen verschaffen will, muss einige Hürden überwinden, und das dämpft die Bereitschaft der Wähler, dieses neue Medium der Kampagnenkommunikation in Anspruch zu nehmen.

---

12 Vgl. Holtz-Bacha, Christina, (1999): „Wir sind bereit": Wählen Sie "Weltklasse für Deutschland". Fernsehwerbung der Parteien im Bundestagswahlkampf 1998, in: Holtz-Bacha, Christina (Hrsg.), Wahlkampf in den Medien – Wahlkampf mit den Medien. Ein Reader zum Wahljahr 1998, Wiesbaden: Westdeutscher Verlag, S. 69–85.

13 Vgl. Norris, Pippa, (2001): Digital divide: civic engagement, information poverty, and the Internet worldwide, Cambridge: Cambridge University Press, S. 34.

2.3 Wer ist aufmerksam für den Wahlkampf?

Die Wahlkampagnen der Parteien werden keineswegs von allen Wählern gleichermaßen intensiv verfolgt. Wovon hängt es ab, ob ein Wähler den Wahlkampf mit großer oder mit geringer Aufmerksamkeit beobachtet? Demographische Unterschiede scheinen eine Rolle zu spielen. In Ost wie West findet der Wahlkampf mehr Aufmerksamkeit bei Wählern mit höherer formaler Bildung als bei Wählern mit geringerem Bildungsabschluss, mehr Aufmerksamkeit bei Männern als bei Frauen, und mehr Aufmerksamkeit bei Älteren als bei Jüngeren (Tabelle 1). Doch warum ist das so? Um die Hintergründe des Interesses am Wahlkampf zu verstehen, muss man unter die Oberfläche blicken und Hypothesen entwickeln, welche die Aufmerksamkeit für den Wahlkampf mit anderen politischen Verhaltensmustern und Orientierungen in Verbindung bringen.

Tabelle 1: Hintergründe der Aufmerksamkeit für den Wahlkampf

	West	Ost	West	Ost
Bildung	.18**	.20**	-.04	-.03
Geschlecht	-.14**	-.19**	.01	-.08*
Alter	.10**	.16**	-.02	-.04
Politisches Interesse			.36**	.27**
„Bild"-Zeitung			-.08*	-.08+
Überreg. oder reg. Zeitung			.15**	.21**
Nachrichten ARD/ZDF			.10**	.09*
Nachrichten Private			.08**	.08*
Politische Kompetenz[a]			.09**	.27**
Parteipolitischer Zynismus[a]			-.08**	-.06
Subjektive Parteiendifferenz			.02	.04
Parteiidentifikation			.10**	.13**
Adj. R²	.06	.07	.30	.38
(N)	(1120)	(575)	(971)	(463)

Einträge sind Beta-Gewichte aus multiplen OLS-Regressionen.
Signifikanzniveaus: **P<.01; *P<.05; +P<.10
a Indizes auf Basis der in Tabelle 2 wiedergegebenen Aussagen.

Tabelle 2: Politische Orientierungen und Verhaltensmuster (%)

	West	Ost
Starkes politisches Interesse	30	30
Mediennutzung:		
• „Bild"-Zeitung	27	30
• Überregionale Zeitung	32	18
• Regionalzeitung	83	87
• Nachrichten ARD/ZDF	92	88
• Nachrichten Private	72	85
Politische Kompetenz:		
• Politik nicht zu kompliziert	47	42
• Verstehe politische Fragen gut	64	61
Parteipolitischer Zynismus:		
• Parteien wollen nur Wählerstimmen	57	61
• Parteien betrachten Staat		
als Selbstbedienungsladen	56	61
• Ohne Beziehungen zu Parteien		
nichts zu erreichen	45	46
• Parteien geht es nur um Macht	72	80
Parteien bieten klare Alternativen	36	33
Parteiidentifikation	70	58
(Mindest-N)	(1046)	(495)

- Die Bürger der Bundesrepublik differieren erheblich im Hinblick auf ihr politisches Interesse.[14] Zwar hat das Interesse an der Politik in den vergangenen Jahrzehnten erheblich zugenommen, aber immer noch gibt es viele Wähler, die sich überhaupt nicht für Politik interessieren. Auf der anderen Seite geben knapp 30 % an, sich stark oder sogar sehr stark für Politik zu interessieren (Tabelle 2). Möglicherweise resultiert aus einem generell starken Interesse an der Politik auch ein Motiv, speziell den Wahlkampf mit besonderer Aufmerksamkeit zu verfolgen (*Motivations-These*).
- Wie im letzten Abschnitt diskutiert, sind die Massenmedien ein wichtiger Kanal, über den die Parteien im Wahlkampf den Kontakt mit den Wählern suchen. Vielleicht stellt sich die Wahrnehmung des Wahlkampfes somit gleichsam als Nebenprodukt der Mediennutzung ein: Wer gewohnheitsmäßig die Berichterstattung von Massenmedien verfolgt, wird automatisch auch etwas über die Wahlkampagnen der Parteien erfahren. Aus Unterschieden zwischen Wählern im Hinblick auf die Häufigkeit ihrer Medienzuwendung ergeben sich

---

14 Vgl. Niedermayer, Oskar, (2001): Bürger und Politik. Politische Orientierungen und Verhaltensweisen der Deutschen – eine Einführung, Wiesbaden: Westdeutscher Verlag, S. 19–28.

somit möglicherweise Differenzen im Hinblick auf ihre Aufmerksamkeit für den Wahlkampf (*Nebenprodukt-These*). In Deutschland existiert ein ausdifferenziertes Mediensystem mit vielfältigen Angeboten, und nicht alle müssen dieselbe Bedeutung für die Wahlkampfkommunikation haben. Die Regionalpresse und das Fernsehen versorgen erhebliche Anteile der Wähler mit politischen Informationen. Die überregionale Presse, aber auch die „Bild"-Zeitung wird von substanziellen Minderheiten gelesen (Tabelle 2).

- Die Bürger unterscheiden sich auch im Hinblick auf ihren politischen Sachverstand. Politische Fragen betreffen oft schwierige Materien. Deswegen gibt es sogar unter den Politikern ein erhebliches Maß an politikfeldbezogener Spezialisierung. Wie Tabelle 2 belegt, halten sich viele Bürger für politisch kompetent. Zahlreiche Bürger meinen aber auch, die Politik sei für sie zu kompliziert, und glauben nicht, dass sie politische Fragen gut verstehen. Wer aber das Stück auf der Bühne nicht begreift, wird ihm auch nicht folgen wollen. Daher lautet eine weitere Vermutung, dass Bürger vor allem dann den Wahlkampf aufmerksam beobachten, wenn sie über ausreichenden politischen Sachverstand verfügen (*Kompetenz-These*).
- Die Rede von der „Politik- und Parteienverdrossenheit" gehört in Deutschland zur politischen Folklore. Lange entbehrte sie der empirischen Grundlage, doch im letzten Jahrzehnt hat sich das geändert.[15] Das Ansehen der politischen Parteien hat in den 90er Jahren stark gelitten. Wie aus Tabelle 2 ersichtlich, ist eine zynische Sicht der Parteien heute weit davon entfernt, ein Minderheitenphänomen zu sein. Im Osten noch etwas häufiger als im Westen wird der Auffassung beigepflichtet, dass die Parteien nur auf Stimmenfang aus seien, um Machtpositionen zu besetzen, dass sie den Staat für ihre eigenen Zwecke ausbeuten würden, und dass an ihnen vorbei politisch nichts bewegt werden könne. Wer aber eine so zynische Einschätzung der Parteien hat, dürfte Wahlen im günstigen Falle ambivalent, im ungünstigen Falle sogar ablehnend bewerten. Er wird sich infolgedessen auch kaum dafür interessieren, mit welchen Argumenten die Parteien versuchen, seine Stimme für diese Wahlen einzuwerben (*Zynismus-These*).
- Die Institution der politischen Wahl unterscheidet sich in der Demokratie dadurch von ihrer fassadenhaften Variante in autokratischen politischen Systemen, dass es wirklich etwas zu entscheiden gibt.[16] Der Wähler muss die Möglichkeit haben, zwischen echten Alternativen nach eigenem Gutdünken auswählen zu können. Vor allem in den 60er und 70er Jahren wurde in der deutschen Politikwissenschaft oft argumentiert, dass die Parteien heutzutage im

---

15 Vgl. Rohrschneider, Robert/Schmitt-Beck, Rüdiger, (2002): Trust in Democratic Institutions, paper delivered at the symposium "German Unification: A Decade hence", Department of Political Science, Texas A & M University, February 10–12, 2002.
16 Vgl. Katz, Richard S., (1997): Democracy and Elections, Oxford: Oxford University Press.

Grunde kaum unterscheidbare Varianten ein und desselben Grundmodells seien, so dass keine echte Auswahl mehr bestünde.[17] Neuere parteiensoziologische Überlegungen deuten die etablierten Parteien als ein Kartell zum gegenseitigen Nutzen, in dem widerstreitende Positionen nur noch in der Form symbolisch überhöhter Scheinkonflikte von Relevanz seien.[18] Das scheinen auch die deutschen Wähler mehrheitlich so zu sehen. Der gegenteiligen Vorstellung, dass die Parteien klare Alternativen bieten und deswegen Wahlen sehr wohl eine Richtungsentscheidung im Hinblick auf den künftigen politischen Kurs des Gemeinwesens darstellen, pflichtet nur eine Minderheit von rund einem Drittel der Bürger bei. Es erscheint plausibel anzunehmen, dass der Wahlkampf vor allem für diejenigen Wähler beachtenswert erscheint, die erwarten, dass dabei echte Unterschiede zutage treten und eine wirkliche politische Auseinandersetzung geführt wird (*Parteiendifferenz-These*).

• Unterschiedliche Hypothesen lassen sich in Bezug auf die Wirkung von Parteibindungen auf die Aufmerksamkeit für den Wahlkampf formulieren:[19] Einerseits könnte man sich vorstellen, dass parteigebundene Wähler besonders aufmerksam sind, weil sie danach streben, ihre „stehenden Entscheidungen" mit politischen Gründen zu unterfüttern (*Positive Parteibindungs-These*). Andererseits erscheint aber auch die Überlegung plausibel, dass gerade ungebundene Wähler vor Wahlen einen besonderen Informationsbedarf haben, weil sie nicht die Möglichkeit besitzen, sich einfach an der Leitlinie parteipolitischer Loyalität zu orientieren (*Negative Parteibindungs-These*). Der Anteil der parteigebundenen Wähler in Westdeutschland nimmt seit Jahrzehnten ab. Korrespondierend dazu wächst der Aneil der parteipolitisch Ungebundenen.[20] Dieser Prozess wird in der Wahlsoziologie als „dealignment" bezeichnet: ein säkularer Trend der Erosion affektiver Wählerbindungen an die politischen Parteien.[21] Der Anteil der Ungebundenen liegt im Westen heute bei rund einem Drittel der Wähler. Mit fast 50 % ist der Anteil der ungebundenen Wähler in Ostdeutschland sogar noch deutlich höher als im Westen. Das Parteiensystem hatte dort noch keine ausreichende Zeit, um in der Wählerschaft so tiefe Wurzeln zu schlagen, wie sie im Westen über viele Jahrzehnte ausgebildet wurden.

---

17 Vgl. Narr, Wolf-Dieter, (1977): Auf dem Weg zum Einparteienstaat, Opladen: Westdeutscher Verlag.
18 Katz, Richard S./Mair, Peter, (1995): Changing Models of Party Organization and Party Democracy. The Emergence of the Cartel Party, in: Party Politics 1, S. 5-28.
19 Campbell, u. a., a. a. O.; Dalton, Russell J., (1984): Cognitive Mobilization and Partisan Dealignment in Advanced Industrial Democracies, in: Journal of Politics 46, S. 264–284.
20 Schmitt-Beck, Rüdiger/Weick, Stefan, (2001): Die dauerhafte Parteiidentifikation – nur noch ein Mythos? Eine Längsschnittanalyse zur Identifikation mit politischen Parteien in West- und Ostdeutschland, in: Informationsdienst Soziale Indikatoren 26, S. 1–5.
21 Vgl. Dalton, Russell J./Wattenberg, Martin P. (Hrsg.), (2000): Parties without Partisans. Political Change in Advanced Industrial Democracies, Oxford: Oxford University Press.

Die in Tabelle 1 ausgewiesenen Befunde sprechen dafür, dass in Ost- und Westdeutschland weitgehend dieselben Faktoren dafür verantwortlich sind, mit welcher Intensität die Wähler den Wahlkampf verfolgen. Unverkennbar verbergen sich hinter den demographischen Zusammenhängen komplexere Hintergründe. Wenn wir zusätzlich zu den demographischen Merkmalen auch politische Verhaltensmuster und Orientierungen der Wähler als mögliche Erklärungsfaktoren berücksichtigen, dann zeigt sich, dass die Demographie selbst kaum von Relevanz ist. Die Zusammenhänge verschwinden mit einer Ausnahme: In den neuen Bundesländern erweisen sich Frauen auch dann noch als weniger aufmerksam für den Wahlkampf. Insgesamt entsteht der Eindruck demographisch bedingter Unterschiede des Kampagneninteresses aber nur deswegen, weil sich mit den demographischen Merkmalen Differenzen in den politischen Verhaltensmustern und Orientierungen verbinden, welche die eigentlichen Ursprünge der festgestellten Variationen in der Aufmerksamkeit für den Wahlkampf darstellen.

- Das politische Interesse ragt heraus als stärkste Determinante der Aufmerksamkeit für den Wahlkampf. Sie wird durch ein generell hohes Interesse am politischen Geschehen befördert. Die Motivations-These wird klar bestätigt.
- Das politische Interesse ist auch ein wichtiger Hintergrund der Mediennutzung. Dennoch wird auch die Nebenprodukt-These bestätigt, wenngleich in qualifizierter Weise. Selbst bei gleichem politischem Interesse gilt, dass Personen, welche die Berichterstattung bestimmter Medien verfolgen, auch dem Wahlkampf mehr Aufmerksamkeit schenken. Diese stellt sich gleichsam automatisch als Nebenprodukt der Lektüre einer überregionalen oder regionalen Tageszeitung ein. In geringerem Ausmaß gilt dasselbe für das Sehen der Nachrichten im Fernsehen, insbesondere im öffentlich-rechtlichen Fernsehen. Die „Bild"-Zeitung zu konsumieren, führt demgegenüber nicht zu verstärkter Beobachtung des Wahlkampfes – im Gegenteil: Leser dieser Zeitung verfolgen ihn mit geringerer Intensität als Personen, die sie nicht nutzen.
- Politisch Interessierte informieren sich intensiver über das politische Geschehen, und als Folge hiervon verfügen sie im Schnitt auch über bessere politische Kenntnisse.[22] Dennoch übt auch die politische Kompetenz – unabhängig vom politischen Interesse und unabhängig vom medienbezogenen Informationsverhalten – einen eigenständigen positiven Einfluss auf die Aufmerksamkeit für den Wahlkampf aus. In den neuen Bundesländern ist er ebenso stark wie das Gewicht des politischen Interesses selbst. Auch die Kompetenz-These ist somit empirisch gedeckt.

---

22 Maier, Jürgen, (2000): Politisches Interesse und politisches Wissen in Ost- und Westdeutschland, in: Falter, Jürgen W./Gabriel, Oscar W./Rattinger, Hans (Hrsg.), Wirklich ein Volk? Die politischen Orientierungen von Ost- und Westdeutschen im Vergleich, Opladen: Leske und Budrich, S. 141–171.

- Viele Bürger haben keine hohe Meinung von den Parteien. Dieses Syndrom des politischen Zynismus dämpft erwartungsgemäß die Aufmerksamkeit für den Wahlkampf. Allerdings ist dieser negative Effekt nicht sehr stark und zeigt sich mit hinreichender Deutlichkeit nur im Westen. Dennoch bleibt als Implikation festzuhalten: In dem Maße, wie sich in der Wählerschaft eine zynische Sicht der politischen Parteien ausbreitet, geht die Aufmerksamkeit für die Wahlkampagnen dieser Parteien zurück. Auch die Zynismus-These findet also Bekräftigung.
- Nicht bestätigt wird hingegen die Vermutung, dass diejenigen Wähler den Wahlkampf interessanter finden, die den Parteien unterstellen, dass sie klare politische Alternativen verkörpern, über die man durch die Wahlkampfkommunikation etwas erfahren könnte. Weder in den neuen noch den alten Bundesländern zeigt sich ein Zusammenhang, der im Sinne der Parteiendifferenz-Hypothese interpretierbar ist.
- Wiederum bestätigt wird schließlich eine der beiden Vermutungen hinsichtlich der Wirkung der Parteiidentifikation, und zwar die Positive Parteibindungs-These: Wähler, die sich einer Partei verbunden fühlen, verfolgen die kommunikative Auseinandersetzung der Parteien intensiver als andere. Ein durchaus bemerkenswerter Befund: Er impliziert, dass diejenigen Bürger, die für ihre Wahlentscheidung eigentlich einen besonders großen Informationsbedarf haben sollten, weil sie sich nicht an verinnerlichten Grundloyalitäten orientieren können, dem Wahlkampf eher wenig Beachtung schenken.

Damit ist festzuhalten: Die Aufmerksamkeit der Wähler für den Wahlkampf variiert erheblich. Besonders intensiv wird er von Wählern verfolgt, die sich stark für Politik interessieren, die anspruchsvollere Massenmedien häufiger rezipieren, die über einen hohen politischen Sachverstand verfügen und die sich affektiv einer Partei verbunden fühlen. Für die alten Bundesländer gilt überdies, dass auch Bürger, welche die verbreitete zynische Sicht der Parteien nicht teilen, mehr Interesse für die Wahlkampagnen dieser Parteien aufbringen. Ob die Wähler die konkurrierenden Parteien als klare politische Alternativen wahrnehmen, spielt hingegen keine Rolle.

2.4 Welche Informationen suchen die Wähler im Wahlkampf?

Die Wahlkampfkommunikation ist ein konfliktgeladenes Gemenge von Botschaften unterschiedlicher Parteien. Wie gehen die Wähler mit diesem Angebot um? Welche Informationen suchen sie: Botschaften aller Parteien gleichermaßen? Oder bevorzugt solche einer bestimmten Partei? Das Ideal der demokratischen Deliberation würde von den Wählern verlangen, dass sie den Wahlkampf benutzen, um sich über die Ziele sämtlicher Wettbewerber zu unterrichten und in der Diskussion untereinander fair das Für und Wider aller Standpunkte abzuwägen.[23] Zahlreiche Befunde über die Selektivität der Informationssuche von Wählern in der politischen Kommunikation lassen aber eine andere Erwartung als die wahrscheinlichere erscheinen:[24] Vermutlich benutzen Wähler den Wahlkampf primär als Informationsreservoir, um sich mit Gründen für Voten zu versehen, die ohnehin schon in ihren politischen Neigungen angelegt sind. Sie suchen Bekräftigung für die Richtigkeit „stehender Entscheidungen". Insbesondere die Parteibindungen könnten als Antrieb für einen solchen Stil der Informationssuche fungieren (*Selbstbestätigungs-These*).

Darauf deutet schon die eben getroffene Feststellung hin, dass parteigebundene Wähler den Wahlkampf intensiver verfolgen als ungebundene Wähler. Wir wissen aber nicht, von welchen Parteien die parteigebundenen Wähler Wahlkampfbotschaften wahrnehmen. Das lässt sich am Beispiel ausgewählter Wahlkampfmedien untersuchen. Von Interesse ist dabei, ob sich ein Muster erkennen lässt, das darauf hindeutet, dass Parteianhänger der Kampagnenkommunikation ihrer eigenen Partei den Vorzug geben. Das wäre ein Beleg, dass sie im Wahlkampf primär an Informationen interessiert sind, die ihre latent angelegten Präferenzen bestätigen und mit Argumenten untermauern.

Tabelle 3 bestätigt diese Vermutung, signalisiert aber auch, dass zwei Faktoren die Realisierung des Ziels erschweren, ausschließlich bestätigende Informationen aufzunehmen. Der erste Faktor betrifft den Grad von Passivität bzw. Aktivität, der Voraussetzung des Kontaktes mit den verschiedenen Wahlkampfmedien ist. Wenn die Wahrnehmung eines Kommunikationsangebotes im Wahlkampf erhebliche Aktivität voraussetzt und passiver Kontakt unwahrscheinlich ist, wie bei Wahlversammlungen, dann konzentriert sich dieser Kontakt in der Tat klar auf die Angebote der eigenen Partei. Parteigebundene Wähler besuchen kaum Veranstaltungen anderer Parteien. Einzige Ausnahme: westdeutsche Anhänger der Grünen. Wahlkampfmedien, mit denen die Wähler auch ohne aktive Informationssuche leicht in Kontakt kommen und die deswegen auch kaum gemieden werden können, machen es den Wählern hingegen schwer, sich ausschließlich bestätigender Information auszusetzen, selbst wenn sie dies eigentlich möchten. So gelingt es nur einer kleinen Minderheit der Zuschauer von Wahlwerbespots, ausschließlich Sendungen der eigenen Partei zu sehen. Bei Flugblättern und Broschüren, bei denen sich Passivität und Aktivität die Waage halten, ist es schon etwas eher möglich, Informationen der Konkurrenz zu meiden. Insgesamt zeigt sich: Je mehr Aktivität erforderlich ist, um mit einem bestimmten Wahlkampfmedium in Berührung zu kommen, desto ausgeprägter die Konzentration auf die entsprechenden Angebote der eigenen Partei.

---

23 Gerhards, Jürgen, (1997): Diskursive versus liberale Öffentlichkeit. Eine empirische Auseinandersetzung mit Jürgen Habermas, in: Köner Zeitschrift für Soziologie und Sozialpsychologie 49, S. 1–34.
24 Schmitt-Beck, Rüdiger, (2000): Politische Kommunikation und Wählerverhalten. Ein internationaler Vergleich, Wiesbaden: Westdeutscher Verlag, S. 75–82

Tabelle 3: Exposition parteigebundener Wähler gegenüber Wahlkampfmedien bestimmter Parteien (%)

	Wahlwerbespots		Flugblätter u. Broschüren		Wahlversammlungen	
	West	Ost	West	Ost	West	Ost
Anhänger von Großparteien:						
• nur von eigener Partei	4	5	13	12	5	4
• von eigener und anderen Parteien	80	85	44	39	1	1
• nur von anderen Parteien	3	2	5	6	0	1
(N)	(528)	(459)	(529)	(458)	(522)	(459)
Anhänger von Kleinparteien:						
• nur von eigener Partei	0	0	9	16	7	10
• von eigener und anderen Parteien	62	59	31	40	2	4
• nur von anderen Parteien	18	26	18	17	7	2
(N)	(98)	(155)	(99)	(156)	(98)	(156)

Der zweite Faktor betrifft die Größe der Parteien. Mit jedem Medium der Kampagnenkommunikation erreichen die großen Parteien mehr Wähler als ihre kleineren Konkurrenten. Das hat teilweise mit der Ungleichheit der Ressourcen zu tun, die für Kampagnen verfügbar sind, teilweise aber auch mit rechtlichen Rahmenbedingungen des Wahlkampfes. Die in Deutschland angewandte, an Wahlergebnissen orientierte Proporzregel für die Verteilung der Ansprüche auf Sendezeit für Parteienwerbung stellt eine Gelegenheitsstruktur dar, welche, sofern sie von den Parteien ausgenutzt wird, der Werbung großer Parteien im Fernsehen eine größere Sichtbarkeit verschafft als der Werbung kleiner Parteien. Da SPD und CDU/CSU mehr finanzielle Mittel mobilisieren können, sind sie auch eher als ihre kleinen Konkurrenten in der Lage, die Sendezeit, die sie beanspruchen können, tatsächlich zu füllen.[25] Ebenfalls aufgrund ihrer größeren Etats, aber auch weil sie mehr für Kampagnen aktivierbare Mitglieder haben, können die großen Parteien auch mehr gedrucktes Material produzieren und verteilen sowie Versammlungen in größerer Zahl abhalten.

Tabelle 3 verdeutlicht die Folge dieser Konstellation: Wähler, die sich mit Kleinparteien identifizieren, nehmen seltener als Anhänger von Großparteien ausschließlich Botschaften ihrer eigenen Parteien wahr. Umgekehrt kommt es deutlich öfter vor, dass sie ausschließlich mit Kampagnenbotschaften konkurrierender Parteien konfrontiert werden. Parteigebundene Wähler mögen zwar ver-

---

25 Vgl. Holtz-Bacha (1999), a. a. O.

suchen, der Wahlkampfkommunikation nur Informationen zu entnehmen, die für die eigene Partei sprechen und so die eigene Grundpräferenz untermauern. Es gelingt aber nicht allen von ihnen gleichermaßen gut. Für Anhänger von Großparteien ist es eher möglich als für Anhänger von Kleinparteien, sich exklusiv bestätigenden Informationen auszusetzen und Stellungnahmen anderer Parteien auszuweichen. Dies ist ein Sonderfall eines Mechanismus der Selbstverstärkung parteipolitischer Ungleichgewichte zwischen großen und kleinen Parteien, der immer dann wirksam wird, wenn sich diese Größenunterschiede in differierende Kommunikationschancen übersetzen. Persönliche Gespräche der Parteianhänger mit anderen Personen sind ein weiteres Beispiel dafür.[26]

Festzuhalten bleibt, dass die parteigebundenen Wähler in der Tat im Sinne der Selbstbestätigungs-These bestrebt sind, ihre Aufmerksamkeit nach Möglichkeit nur auf die Kampagnen ihrer eigenen Parteien zu richten. Zwei wichtige Faktoren bewirken jedoch, dass dies nur eingeschränkt gelingt. Dem Bestreben von Wählern, sich ihr Informationsmenü im Wahlkampf nach Maßgabe ihrer politischen Vorlieben zusammenzustellen, werden durch Charakteristika des Informationsangebotes, über die sie keine Kontrolle haben, Grenzen gesetzt:[27]

- Viele Wahlkampfmedien durchdringen den Alltag in einem solchen Maße, dass die Wähler ihnen kaum entgehen können und selbst bei weitgehender Passivität damit konfrontiert werden. Auf diese beiläufige Weise werden ihnen auch Botschaften von Konkurrenzparteien nahegebracht.
- Anhänger von Großparteien haben zwar Chancen, den Kampagnen von Kleinparteien auszuweichen, aber umgekehrt gilt das nicht. Wer sich mit einer Kleinpartei identifiziert, hat wenig Aussichten, im Wahlkampf nur Informationen seiner eigenen Partei wahrzunehmen.

Im Zentrum dieses Abschnitts standen die Hintergründe der Aufmerksamkeit, mit der Wähler den Wahlkampf verfolgen. Die Beobachtung des Wahlkampfes ist eine notwendige, aber keine hinreichende Bedingung dafür, dass er auf die Wähler Wirkungen ausübt. Wer ihn nicht zur Kenntnis nimmt, kann nicht von ihm mobilisiert oder beeinflusst werden. Aber das Interesse am Wahlkampf ist noch keine Garantie für einen Effekt. Wirkungen von Wahlkampagnen auf das politische Verhalten sind außerordentlich schwierig nachzuweisen.[28] Die Analysen des folgenden Abschnitts sollen Anhaltspunkte geben, wie die Aufmerksamkeit für den Wahlkampf mit Wirkungen des Wahlkampfes zusammenhängt.

---

26 Schmitt-Beck (2000), a. a. O., S. 218–226.
27 Schmitt-Beck (2000), a. a. O., S. 75–82.
28 Vgl. Farrell/Schmitt-Beck (2002), a. a. O.

3. Des Eigensinnigen Zähmung:
Wirkungen von Wahlkampagnen auf Wähler

3.1 Können Wahlkampagnen Wähler mobilisieren?

Eine der Wirkungen von Wahlkampagnen, auf die Wahlkämpfer hoffen, ist die Mobilisierung von Wählern. Gehen Bürger, die den Wahlkampf aufmerksam verfolgen, eher zur Wahl als andere? Wenn Wahlkämpfe in dieser Weise effektiv sind, dann ist zu erwarten, dass mit zunehmender Aufmerksamkeit von Wählern für den Wahlkampf auch die Wahrscheinlichkeit wächst, dass sie sich an der Wahl beteiligen (Mobilisierungs-These).

Wie Schaubild 4 zeigt, trifft das zu: Je intensiver Wähler den Wahlkampf beobachten, desto eher machen sie von ihrem Stimmrecht Gebrauch. Der Zusammenhang ist monoton, aber nicht linear. Schon ein geringes Interesse am Wahlkampf steigert die Wahlbeteiligung enorm. Wähler, die keinerlei Aufmerksamkeit für den Wahlkampf aufbringen, gehen auch weitaus seltener als andere wählen. Dieser Zusammenhang ist kein Artefakt des politischen Interesses oder anderer Faktoren, die mit der Aufmerksamkeit für den Wahlkampf zusammenhängen. Das wird erkennbar, wenn wir gleichzeitig auch all diejenigen Faktoren auf ihre Erklärungskraft für die Wahlbeteiligung hin inspizieren, die wir in Tabelle 1 als Hintergründe der Aufmerksamkeit für den Wahlkampf ermittelt haben (Tabelle 4).

Schaubild 4: Wahlbeteiligung nach Intensität der Aufmerksamkeit für den Wahlkampf (%)

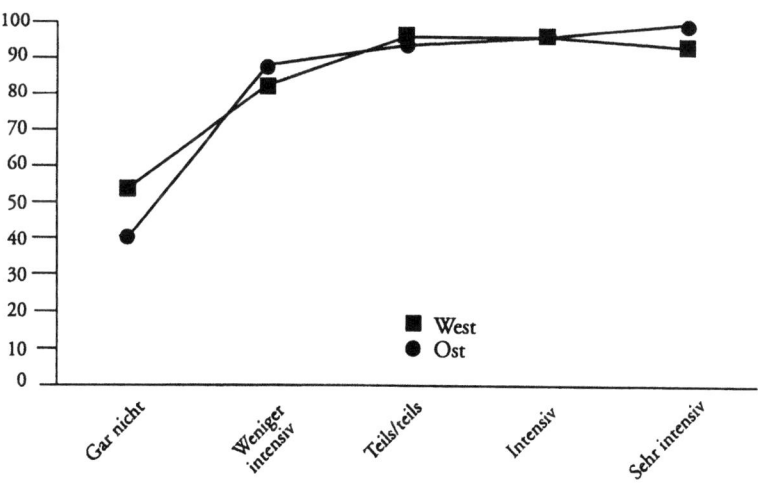

Tabelle 4: Hintergründe der Wahlbeteiligung

	West	Ost
Aufmerksamkeit für Wahlkampf	.51**	1.46**
Bildung	.34	.07
Geschlecht	.36	.15
Alter	.02*	-.00
Politisches Interesse	.45*	-.01
„Bild"-Zeitung	-.14	-.13
Überregionale oder regionale Zeitung	.16*	.18*
Nachrichten ARD/ZDF	.05	.06
Nachrichten Private	-.05	-.28**
Politische Kompetenz*	-.07	-.01
Parteipolitischer Zynismus*	-.12*	-.06
Subjektive Parteiendifferenz	.34*	.31
Parteiidentifikation	.72*	.90+
Konstante	-1.63	.02
Nagelkerke's Pseudo-R²	.32	.39
(N)	(861)	(415)

Einträge sind Logit-Koeffizienten aus multiplen logistischen Regressionen.
Signifikanzniveaus: **P<.01; *P<.05; +P<.10
a Indizes auf Basis der in Tabelle 2 wiedergegebenen Aussagen.

Diese komplexere Analyse deckt besonders in Westdeutschland einige interessante Zusammenhänge auf. Wer ein zynisches Bild der Parteien hat, tendiert dort eher zur Wahlenthaltung. Die oft geäußerte Vermutung, dass eine zunehmende „Politik-" und „Parteienverdrossenheit" in ursächlichem Zusammenhang mit sinkenden Beteiligungszahlen bei Wahlen stünde, findet hier Unterstützung. Hervorhebung verdient auch die Beobachtung, dass diejenigen Wähler mit höherer Wahrscheinlichkeit an Wahlen teilnehmen, die glauben, dass es dabei wirklich etwas zu entscheiden gibt, weil sie zwischen den Parteien substanzielle Differenzen wahrnehmen. Als der für unsere Fragestellung zentrale Befund ist aber festzuhalten: Die Aufmerksamkeit für den Wahlkampf besitzt eine eigenständige Erklärungskraft für die Wahlbeteiligung. Die Mobilisierungs-These wird für Ost- und für Westdeutschland bestätigt.

3.2 Wie beeinflussbar sind die Wähler?

Wenn Wähler sich – mobilisiert durch den Wahlkampf oder aus anderen Gründen – entschlossen haben, an der Wahl teilzunehmen, wie verhalten sie sich dann: Reagieren sie mit ihren Entscheidungen auf den Wahlkampf? Werden sie bei der Festlegung auf eine bestimmte Partei von ihm beeinflusst? Wie leicht einzusehen, kann mit Einflüssen von Wahlkampagnen nur dann gerechnet werden, wenn Wähler sich noch nicht endgültig auf eine Partei festgelegt haben. Personen, für die schon unverrückbar feststeht, welche Partei sie mit ihrer Stimme bedenken wollen, sind für Einflüsse der Kampagnenkommunikation nicht mehr zugänglich.[29]

Schaubild 5 basiert auf den Angaben von Wählern über den Zeitpunkt, zu dem sie ihre Wahlentscheidungen getroffen haben, und zwar für die beiden letzten Bundestagswahlen. Es wird dargestellt, wie groß zu jedem angegebenen Zeitpunkt der Anteil der Wähler war, die bis dahin noch keine Wahlentscheidung getroffen hatten. Das Schaubild macht nachvollziehbar, wie die Zahl der für Einflüsse des Wahlkampfes verfügbaren Wähler mit näher rückendem Wahltermin immer weiter schrumpfte. Durch die Schattierung wird signalisiert, wie sich parallel dazu der Wahlkampf intensivierte.

Schaubild 5: Anteile der für Einflüsse zugänglichen Wähler nach Intensitäts-
zunahme des Wahlkampfes (%)

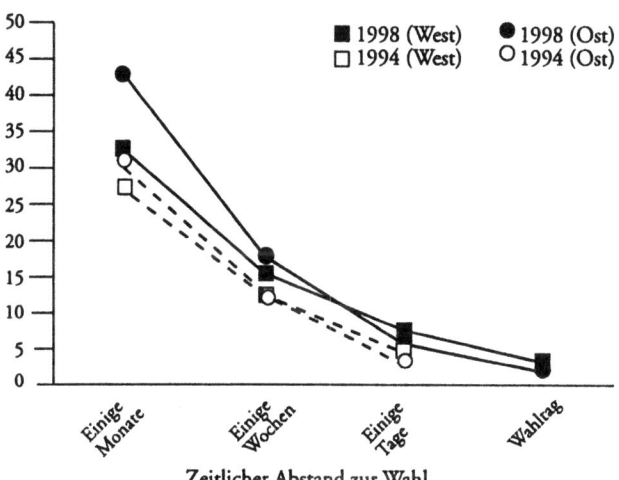

Zeitlicher Abstand zur Wahl

Dabei fällt auf, dass sich weit über die Hälfte der Wähler schon lange vor der Wahl – und damit auch lange bevor der Wahlkampf auf Touren kam – auf eine Partei festgelegt hatte. Rechnet man diejenigen hinzu, die angaben, sich einige Monate vor der Wahl entschieden zu haben, dann muss man schlussfolgern, dass

29 Lachat, Romain/Sciarini, Pascal, (2002): When Do Election Campaigns Matter, and to Whom? Results from the 1999 Swiss Election Panel Study, in: Farrell, David M./Schmitt-Beck, Rüdiger (Hrsg.), Do Political Campaigns Matter? Campaign Effects in Elections and Referendums, London/New York: Routledge, S. 41–57.

in der sogenannten „heißen Phase" des Wahlkampfes – der Periode extrem intensivierter Kampagnenkommunikation in den letzten Wochen vor dem Wahltermin – nur noch ein ziemlich kleiner Teil der Wählerschaft – weniger als ein Fünftel – für Einflüsse des Wahlkampfes verfügbar war. In den letzten Tagen vor dem Urnengang oder gar am Wahltag selber trafen bei der letzten Bundestagswahl deutlich weniger als ein Zehntel aller Wähler ihre Entscheidung.

Die Periode vor der Wahl ist also gekennzeichnet durch zwei gegenläufige Entwicklungen: eine Intensivierung des Ressourceneinsatzes der Parteien und eine gleichzeitige Schrumpfung des Anteils der Wähler, die dadurch im günstigsten Falle noch gewonnen werden können. Der Vergleich zwischen 1994 und 1998 legt allerdings den Schluss nahe, dass diese für die Parteien ungünstige Engpasssituation sich langfristig zu ihren Gunsten abmildert. Ähnlich wie in anderen Ländern ist auch in Deutschland ein Trend in Richtung später getroffener Wahlentscheidungen beobachtbar.[30] Zu jedem Zeitpunkt in der Vorwahlphase waren 1998 noch mehr Wähler unentschieden als 1994. Dieser Trend führt zwar keinesfalls dazu, dass wirklich große Wählersegmente bis zum letzten Tag beweglich bleiben. Aber die Gruppe, die sich die Entscheidung lange offen hält, nimmt doch unverkennbar zu und gewinnt dadurch eine strategische Schlüsselrolle für die Fähigkeit der Parteien zur Mehrheitsbildung.

Hinzu kommt auf Seiten der Parteien eine Entwicklung, welche die Bedeutung des Zeitpunktes der Wahlentscheidung insgesamt verringert: der Trend in Richtung der „permanenten" Kampagne.[31] Wenn sich die Abgrenzung zwischen Routinepolitik und Wahlkampfphasen auflöst, dann ist es auch nicht mehr so relevant, wie lange vor der Wahl die Wähler sich festlegen: Sie können sich gar nicht mehr so früh entscheiden, dass sie nicht vorher von Kampagnenkommunikation erreicht werden.

Aber sind diejenigen, die durch ihre Unentschiedenheit zu potenziell interessanten Adressaten der Wahlkampagnen werden, auch an ihnen interessiert? Wirklich verfügbar für Wahlkampfeinflüsse sind unentschiedene Wähler nur dann, wenn sie den Wahlkampf auch zur Kenntnis nehmen. Umgekehrt sollten sie aber auch ein besonderes Interesse an der Kampagnenkommunikation haben, weil sie ja Anhaltspunkte benötigen, auf die sie ihre Entscheidungen stützen können (*Bedarfs-These*). Schaubild 6 signalisiert jedoch am Beispiel der Bundestagswahl 1998 ein Paradox. Es zeigt sich mit besonderer Deutlichkeit bei den ostdeutschen Wählern. Je später Wähler ihre Wahlentscheidung treffen, desto geringer ist die Aufmerksamkeit, mit der sie den Wahlkampf beobachten. In Westdeutschland findet sich dasselbe Muster. Es wird jedoch von denjenigen Wählern

---

30 McAllister, Ian, (2002): Calculating or capricious? The new politics of late deciding voters, in: Farrell, David M./Schmitt-Beck, Rüdiger (Hrsg.), Do Political Campaigns Matter? Campaign Effects in Elections and Referendums, London/New York: Routledge, S. 22–40.
31 Norris, Pippa, (1997): Political Communications, in: Dunleavy, Patrick/Gamble, Andrew/Holliday, Ian/Peele, Gillian (Hrsg.), Developments in British Politics, Houndsmill: Macmillan, S. 75–88; Schmitt-Beck/Farrell, (2002), a. a. O.

durchbrochen, die ihre Entscheidung bis zum allerletzten Moment aufschieben und sich erst am Wahltag selbst auf eine Partei festlegen. Sie verfolgen die Kampagnenkommunikation genauso interessiert wie diejenigen Wähler, die lange vor der Wahl schon wissen, für wen sie stimmen werden.

Schaubild 6: Intensität der Aufmerksamkeit für den Wahlkampf nach Zeitpunkt der Wahlentscheidung (Mittelwerte)

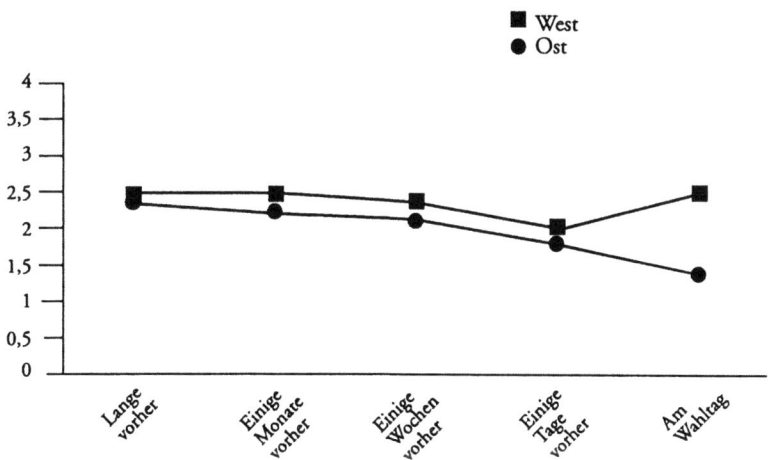

Wähler, die ihre Entscheidung bis zum Schluss offenhalten, scheinen eine Gruppe zu sein, die insbesondere in Westdeutschland weiter beobachtet werden sollte. Sieht man von ihnen ab, legt diese Analyse eine Zuspitzung der oben getroffenen Feststellung nahe, dass zwischen zunehmenden Wahlkampfanstrengungen der Parteien und abnehmender Offenheit der Wählerschaft für Einflüsse des Wahlkampfes ein krasses Spannungsverhältnis besteht: Die Gruppe der für solche Einflüsse verfügbaren Wähler wird ,nicht nur mit näher rückendem Wahltermin, immer kleiner. Sie ändert überdies mit der Zeit auch ihren Charakter: Je weiter sie schrumpft, desto weniger Aufmerksamkeit bringen ihre verbleibenden Mitglieder dem Wahlkampf entgegen, und zwar weil die vergleichsweise stärker Interessierten zu früheren Entscheidungen neigen und dann die Gruppe verlassen.

Das Bild vom „Nadelöhr am Ende" der Wahlkampfkommunikation gewinnt hierdurch eine weitere Bedeutung: Am Ende des Wahlkampfes kämpfen die Parteien mit maximal gesteigertem Aufwand um ein äußerst schmales Wählersegment, das für ihre Anstrengungen zudem auch noch relativ wenig Interesse aufbringt. Große Wählerbewegungen als Folge des Wahlkampfes können unter diesen Bedingungen kaum erwartet werden.

3.3 Können Wahlkampagnen Wähler konvertieren?

Dennoch soll der Zusammenhang zwischen Wahlkampfbeobachtung und Wählerentscheidungen abschließend kurz beleuchtet werden. Im ersten Teil dieses Kapitels wurden zwei grundsätzlich verschiedene Arten möglicher Einflüsse von Wahlkampagnen auf die Entscheidungen der Wähler beschrieben: die Aktivierung latenter politischer Präferenzen und die Konversion, d. h. die Änderung existierender Parteineigungen. Dass Wahlkampagnen aktivierend wirken, legen verschiedene Studien nahe.[32] Doch wie steht es um die Bedeutung von Wahlkampagnen im Hinblick auf die Konversion? Gibt es Anhaltspunkte, dass sie Wähler veranlassen, von einer Wahl zur nächsten die Partei zu wechseln oder gar entgegen der eigenen Parteiidentifikation abzustimmen? Als Ausgangspunkt für die Analyse bietet sich folgende Vermutung an: Mit steigender Aufmerksamkeit für den Wahlkampf wächst die Neigung zum Parteiwechsel und die Häufigkeit von Wahlentscheidungen entgegen der Parteibindung (*Konversions-These*).

Schaubild 7 gibt wieder, wie die Anteile der Parteiwechsler und der „Parteiabtrünnigen" bei der Bundestagswahl 1998 nach der Aufmerksamkeit für den Wahlkampf variierten. Offensichtlich stellen beide Formen der parteipolitischen Beweglichkeit in Ostdeutschland ein häufigeres Phänomen dar als im Westen. Dieser Unterschied hat jedoch nichts mit der Aufmerksamkeit für den Wahlkampf zu tun, die ja zwischen Ost und West kaum variiert (Schaubild 2). Er ist Ausdruck der noch wenig gefestigten politischen Landschaft in den neuen Bundesländern. Für keine der beiden Formen der Konversion und weder für Ost- noch für Westdeutsche kann die Konversions-These in der oben formulierten Form bestätigt werden. Sie ist zu einfach; die Zusammenhänge sind weniger deutlich und offenkundig auch komplexer. So klar wie bei der Mobilisierung ist das Bild im Hinblick auf die Konversion nicht.

---

32 Lazarsfeld u. a. (1968), a. a. O.; Finkel, Steven E., (1993): Reexamining die „Minimal Effects" Model in Recent Presidential Campaigns, in: Journal of Politics 55, S. 1–21; Finkel, Steven E./ Schrott, Peter, (1995): Campaign Effects on Voter Choice in the German Election of 1990, in: British Journal of Political Science 25, S. 349–377.

Schaubild 7: Parteiwechsel und Wählen entgegen der Parteibindung nach Intensität der Aufmerksamkeit für den Wahlkampf (%)

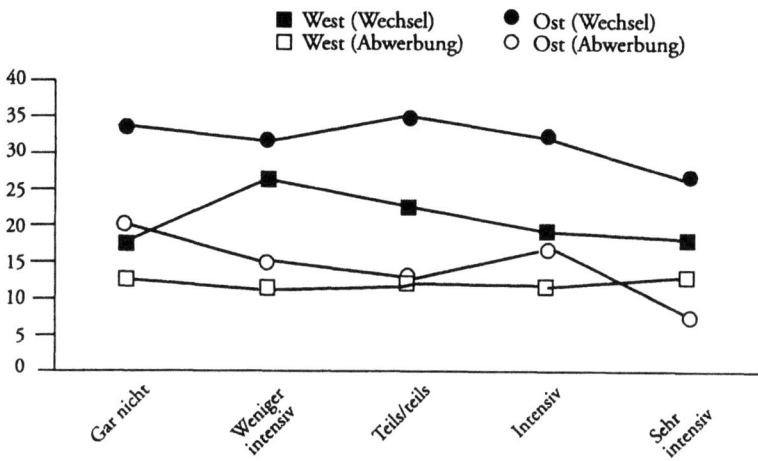

Ganz unvereinbar mit der Konversions-These ist die ausgeprägte Tendenz zum Parteiwechsel bei denjenigen ostdeutschen Wählern, die sich überhaupt nicht für Wahlkampagnen interessieren. Dass von diesen Wählern so viele ihre Parteipräferenzen ändern, kann nichts mit dem Wahlkampf zu tun haben, denn sie nehmen ihn ja gar nicht zur Kenntnis. Das Wählen entgegen der eigenen Parteibindung lässt in den neuen Bundesländern ein ähnliches Muster mit noch größerer Deutlichkeit erkennen. Je weniger aufmerksam ein Wähler den Wahlkampf beobachtet, desto eher wird er seiner Partei abtrünnig. Das deutet darauf hin, dass für Phänomene der parteipolitischen Konversion in Ostdeutschland andere Faktoren als der Wahlkampf zumindest mitverantwortlich sind.

In Westdeutschland gibt es überhaupt keinen Zusammenhang zwischen der Intensität der Wahlkampfbeobachtung und der Abwendung von existierenden Parteibindungen. Hinsichtlich des Parteiwechsels wird dort ein ausgeprägt nichtlineares Grundmuster sichtbar. Es sind nicht die Wähler, die den Wahlkampf mit sehr großer Aufmerksamkeit verfolgen, die besonders oft die Partei zu wechseln. Am häufigsten kommt das vielmehr bei Personen vor, die den Wahlkampf zwar beobachten, aber nach eigenem Bekunden weniger intensiv. Im Osten sind – partiell überlagert von dem erwähnten negativen Zusammenhang – ähnliche nichtlineare Muster erkennbar, und zwar nicht nur bezüglich des Parteiwechsels, sondern auch im Hinblick auf das Wählen entgegen der Parteiidentifikation. Wie beim Parteiwechsel im Westen legen die sehr aufmerksamen Wähler ein besonders stabiles politisches Verhalten an den Tag. Aber der „Gipfel" der größten Beweglichkeit ist stärker in Richtung höherer Aufmerksamkeit verschoben.

Dieses kurvenförmige Muster im Sinne eines umgekehrten U lässt sich folgendermaßen plausibel machen:[33] Wer den Wahlkampf nicht beobachtet, kann nicht von ihm beeinflusst werden – das erscheint trivial und entspricht der Konversions-These. Wer den Wahlkampf hingegen sehr intensiv beobachtet, nimmt zwar in großem Umfang potenziell einflussreiche Informationen auf. Wir haben aber oben festgestellt, dass solche Wähler typischerweise auch über einen großen politischen Sachverstand verfügen (Tabelle 1). Sie sind deswegen durch Kampagnenkommunikation nicht leicht zu beeindrucken. Sie sind immer gut über den Wahlkampf informiert, werden aber kaum von ihm bewegt.

Mit Änderungen von Parteipräferenzen ist am ehesten bei Wählern zu rechnen, die den Wahlkampf zwar durchaus wahrnehmen, aber keine politischen Experten sind und deswegen seinen Botschaften relativ wenig entgegenzusetzen haben. Auch der Unterschied in den Verteilungen zwischen Ost und West lässt sich durch diese Denkfigur plausibilisieren: Mangels langjähriger Erfahrung mit dem politischen System sind Ostdeutsche im Schnitt etwas weniger politisch sachverständig als Westdeutsche (Tabelle 2). Der Bereich der größten Empfänglichkeit für Konversionswirkungen des Wahlkampfes entspricht deswegen bei ihnen einem höheren Niveau des Interesses am Wahlkampf als bei den Westdeutschen.

Diese Deutung impliziert, dass Wahlkampagnen Konversionswirkungen haben können. Die Konversions-These ist insoweit nicht abzuweisen, sie ist aber zu einfach formuliert. Wir können also schließen, dass Konversion im Sinne des Parteiwechsels sowie im Osten überdies auch im Sinne der Entscheidung entgegen der eigenen Parteibindung tatsächlich etwas mit der Aufmerksamkeit für den Wahlkampf zu tun hat. In den neuen Bundesländern haben Konversionsphänomene offenbar aber auch andere Hintergründe, über die hier keine Aussagen gemacht werden können.

4. Fazit

Die Aufmerksamkeit, mit der die Wähler die Wahlkampagnen der Parteien beobachten, kann unter zwei Gesichtspunkten mit der Metapher vom „Nadelöhr am Ende des Wahlkampfes" in Verbindung gebracht werden. Im Prozess der Wahlkampfkommunikation stellt sie die letzte Station eines Parcours mit zahlreichen Hindernissen dar, die außerhalb der Kontrolle der Parteien liegen, aber von ihren

---

33 Converse, Philip E., (1966): Information Flow and the Stability of Partisan Attitudes, in: Campbell, Angus/Converse, Philip E./Miller, Warren E./Stokes, Donald E., Elections and the Political Order, New York: Wiley, S. 136–157; Zaller, John R., (1992): The Nature and Origins of Mass Opinion, Cambridge: Cambridge University Press; Schmitt-Beck, Rüdiger, (2001): Ein Sieg der „Kampa"? Politische Symbolik im Wahlkampf der SPD und ihre Resonanz in der Wählerschaft, in: Klingemann, Hans-Dieter/Kaase, Max (Hrsg.), Wahlen und Wähler. Analysen aus Anlass der Bundestagswahl 1998, Wiesbaden: Westdeutscher Verlag, S. 133–161.

Kampagnen überwunden werden müssen, damit die Möglichkeit einer Wirkung auf das politische Verhalten der Wähler überhaupt entsteht. Jeglicher Erfolg einer Wahlkampagne setzt voraus, dass ihr von Seiten des Wählers die notwendige Aufmerksamkeit zuteil wird. Wenige Wähler ignorieren den Wahlkampf völlig; aber die Mehrzahl verfolgt ihn eher nebenbei und ohne sehr großes inneres Engagement. Allerdings scheinen es aber auch gerade diese Wähler zu sein und nicht diejenigen, die mit größtem Interesse die Kampagnenkommunikation beobachten, die am ehesten vom Wahlkampf dazu veranlasst werden, die Partei zu wechseln oder sogar abweichend von ihrer Parteibindung abzustimmen.

Das hat mit den Merkmalen der besonders intensiv am Wahlkampf Interessierten zu tun; sie verringern teilweise die Beeinflussbarkeit dieser Wähler. Besonders aufmerksam wird er nämlich von Wählern verfolgt, die sich stark für Politik interessieren, die anspruchsvollere Massenmedien häufiger rezipieren und die infolgedessen über einen hohen politischen Sachverstand verfügen. Wichtig ist auch, ob sich Bürger affektiv einer Partei verbunden fühlen; sie suchen nämlich in der Wahlkampfkommunikation vorwiegend Bestätigung ihrer bereits latent angelegten Präferenzen. Allerdings kommt diese Neigung nur im Hinblick auf Wahlkampfmedien voll zum Tragen, deren Inanspruchnahme als Informationsquelle viel Eigenaktivität voraussetzt. Vielen Kampagnenmedien begegnen die Bürger jedoch auch, wenn sie passiv bleiben; dadurch kommen sie dann doch mit Botschaften anderer Parteien in Kontakt.

In einer zweiten Deutung kann die Metapher vom „Nadelöhr am Ende" auf die Endphase des Wahlkampfes bezogen werden. Kurz vor Toresschluss kämpfen die Parteien mit gesteigertem Einsatz um das stetig schrumpfende Segment der noch unentschiedenen Wähler. Wie sich zeigte, bringen diese Wähler überdies für die Kampagnen der Parteien auch noch relativ wenig Interesse auf. Zusätzlich in Rechnung stellend, dass es gerade diese Wähler und nicht die besonders stark am Wahlkampf interessierten Personen sind, die am ehesten durch ihn konvertierbar sind, erscheinen die Anstrengungen der Parteien in der „heißen Phase" des Wahlkampfes allerdings doch nicht aussichtslos. Überdies erscheint unzweifelhaft, dass der Wahlkampf Wähler mobilisiert. Das nutzt allen Parteien gleichermaßen. Unabhängig von den instrumentellen Zielen der einzelnen Parteien kommt die erhöhte Beteiligung der Bürger am politischen Prozess aber auch der Qualität der Demokratie zugute.

Datenquellen

Die in diesem Kapitel vorgestellten Analysen basieren auf der im Rahmen der Bundestagswahlstudie 1998 durchgeführten Nachwahlbefragung von Jürgen Falter, Oscar Gabriel und Hans Rattinger – ZA-Nr. 3066 (Tabellen 1, 2 und 4; Schaubilder 2, 4–7), der Nachwahluntersuchung der Forschungsgruppe Wahlen zur Bundestagswahl 1994 – ZA-Nr. 2601 (Tabelle 3; Schaubilder 3 und 5), und der Trenduntersuchung der Forschungsgruppe Wahlen zur Bundestagswahl 1994 – ZA-Nr. 2599 (Schaubild 3).

Michael Kronacher

Härte mit Stil: Politik inszenieren

Inszenierung oder Spektakel

Grundlage der Demokratie ist die Öffentlichkeit von Politik. Alle Menschen sollen dabei mitwirken, alle sollen zuschauen können, wie Politik gemacht wird. Deshalb sind Zuschauertribünen in Parlamentssälen obligat. Die Zuschauertribüne ist aber auch das Einzige, was Parlamente mit Theatern gemeinsam haben. Denn Gesetze regeln das wirkliche Leben. Sicher, mitunter kommt es zu theatralischen Auftritten. Seit Fernsehkameras den Schlagabtausch zwischen Regierung und Opposition in jedes Wohnzimmer übertragen, weiß jeder Politiker, dass nicht nur wirkt, *was* er sagt, sondern auch, und womöglich stärker, *wie* er etwas sagt und was er dabei für ein Gesicht macht, welche Körperhaltung er dabei einnimmt.

Politiker inszenieren sich. Sie tun das nicht mehr oder weniger als jeder Mensch, der sich mit Neugier und Aufmerksamkeit beobachtet weiß. Sie tun es nicht als Schauspieler, auch wenn die eine oder andere Aktion oder Reaktion spektakulär gerät.

Neue Medien, neue Bedingungen

Der Inszenierung von Politik und Politikern kommt besondere Bedeutung zu, wenn es gilt, die Legitimation für die Regierungsmacht zu erlangen. Man nennt das Wahlkampf. Hier wird um die Stimme der Wählerinnen und Wähler geworben. Die Kandidaten präsentieren sich in höchstem Maße attraktiv, vertrauenswürdig und politisch kompetent. Wer Schwanzfedern hat, richtet sie auf. Manches Balzverhalten gerät da zur Peinlichkeit.

Auch von professionellen Werbeagenturen und Medienberatern gesteuerte Kampagnen rutschen schon mal neben das Gleis. Wer Politik wie ein Produkt, Politiker wie Popstars vermarkten will, stößt schnell an Grenzen. Die werden am deutlichsten, wo das Image eines Politikers und seines Programms deren reale Substanz außer Acht oder weit hinter sich lässt. Beispiele dafür sind zahlreich.

Aber nicht nur daher rührt das schlechte Ansehen politischer Werbung. Wählerinnen und Wähler erwarten von Politikern Glaubwürdigkeit. Oft wird Werbung mit Übertreibung gleichgesetzt, also mit Unwahrhaftigkeit, Täuschung, Lüge. Umfrageergebnissen zufolge halten 80 % der Bürger Wahlwerbung für unglaubwürdig. Wahlwerbung steht generell im Ruf des Unseriösen.

Markenwerbung setzt längst nicht mehr auf Glaubwürdigkeit qualitativer Aussagen. Vielmehr versucht sie, den Konsumenten für ein Ambiente, eine Haltung, ein Klima zu gewinnen, innerhalb dessen das Produkt wie nebenbei auch seine Akzeptanz findet. Die Art der Werbung rangiert vor der Qualität des Produkts. Der Konsument mag die Werbung, in der Folge mag er das Produkt. Eine solche Art der Markenstrategie ist bei politischer Kommunikation ganz unmöglich.

Politik ohne Kommunikation ist undenkbar. Parteien haben den Verfassungsauftrag, die politische Willensbildung der Bürger zu ermöglichen. Politische Kommunikation ist Pflicht. Sie braucht Strategien und Konzepte. Losgelöst von einem Konzept politischer Kommunikation gerät politische Werbung zur bloßen Effekthascherei. Dann allerdings ist die Skepsis berechtigt.

Längst machen die Medien politische Kommunikation allgegenwärtig. Die Akteure politischer Kommunikation und politischen Handelns sind sich dessen bewusst. Aber werden die Konsequenzen gezogen, die Möglichkeiten der Medien für politische Kommunikation adäquat genutzt? Halten die Strategien der Politik den Bedingungen und Strukturen der Medien stand?

Neue Medien formen neue soziale Strukturen und umgekehrt. Das Interesse an Politik ist rückläufig. Stammwähler schwinden. Traditionelle Fronten haben sich aufgelöst. Klassische Zielgruppen oder Milieus verlieren an Bedeutung. Mit dem Internet ist eine völlig neue Form von Öffentlichkeit und Kommunikation entstanden.

Die Inszenierung politischer Kommunikation hat immer stattgefunden. Doch die Medien- und Informationsgesellschaft setzt neue Maßstäbe. Die Inszenierungen geschehen bewusster und erwartet. Man weiß: Wo alles inszeniert ist, verschwindet das nicht Inszenierte aus der Wahrnehmung. Die Alternative ist: Inszenieren oder untergehen. Das kann für die Politik jedoch verschiedene Richtungen beinhalten. Will man mehr Demokratie wagen oder mehr Sensation? Die Inszenierung von Politik verdient dann Ablehnung, wenn sie verrät oder gar verhöhnt, was unsere Gesellschaft ermöglicht: die Würde der Demokratie.

Vernunft und Gefühl

Wenn ein schlechtes Plakat für ein Produkt wirbt, kann das Produkt ein Flop werden. Es verschwindet vom Markt. Was geschieht mit schlecht beworbener Politik? Politik ist kein Produkt. Politik enthält kein Verwöhnaroma, beschleunigt nicht von null auf hundert und macht auch nicht schlank. Warum wird Politik dann aber beworben wie ein Produkt?

Werbung arbeitet mit ästhetischen Mitteln. Werbung ästhetisiert Politik. Ästhetisierung der Politik, so steht es bei Walter Benjamin in seinem Kunstwerk-Aufsatz, ist ein Kennzeichen des Nationalsozialismus. Also hat politische Werbung nicht nur einen schlechten Ruf, sondern sie steht potentiell sogar unter Faschismusverdacht. Aber Benjamin kann man nachlesen. Da heißt es:

„Alle Bemühungen um die Ästhetisierung der Politik gipfeln in einem Punkt. Dieser eine Punkt ist der Krieg." Die Ästhetisierung der Politik diente den Nationalsozialisten zu einem doppelten Zweck: Sakralisierung und Heroisierung. Der Krieg wurde zum gigantischen Opferritual. Davon sind wir mehr als ein halbes Jahrhundert entfernt. Wir haben auch eine andere Verfassung als die von 1933. Und wir haben andere und kritischere Medien.

Dennoch bleibt die Erkenntnis gültig, dass Massenwirksamkeit – in der Politik, aber auch im Sport, in der Kunst – nicht ohne Emotionen auskommt. Emotionalisierung der Massen ist bis heute die politische Strategie totalitärer Systeme. Aus dieser Erkenntnis gilt die Überzeugung jedes praktizierenden Demokraten, dass politische Urteile und Entscheidungen auf rationale Weise zustande kommen müssen.

Niemand wird behaupten, dass politische Urteile und Entscheidungen, etwa die Wahlentscheidung für den einen und gegen den anderen Kandidaten, unter Ausschluss jeder Sinnlichkeit geschieht. Das Erscheinungsbild eines Politikers, einer Partei weckt Sympathie oder Ablehnung nicht nur aus rationalen Erwägungen. Rational, und somit demokratisch akzeptabel, müssen die Inhalte sein, die Politiker und Parteien vertreten. Die Formen, in denen diese Inhalte kommuniziert werden, müssen und können der Ästhetik nicht entbehren. Ästhetik betrifft die Sinne, und mit ihnen nehmen wir wahr, wen und was wir wählen oder nicht. Dennoch bleibt das Dilemma des Manipulationsverdachts. Lieber bietet man eine Partei wie eine Marke unter vielen an, tut so, als sei politische Macht wie ein Power-Drink. Man bedient sich bei ästhetisch vorgefertigten und ökonomisch bewährten Mitteln und nivelliert das gesellschaftlich Herausragende der Politik. So wird der bewusste Einsatz von Emotionalität in politischer Kommunikation getarnt und, wenn überhaupt, höchstens verschämt zugegeben.

Es geht nicht ohne Sinne

Warum aber nicht die verschämte Praxis offensiv handhaben? Wo immer ein Politiker auftritt, ist eine Bühne, eine Szene. Manchmal wird es eine Tragödie, manchmal nur Klamauk. Mit oder ohne Kamera.

Politische Kommunikation findet nicht im abstrakten Raum statt. Heute mehr denn je setzen die Medien ihren jeweiligen Rahmen, in dem politische Maßnahmen verkündet, politische Diskussionen geführt und politische Positionen beworben werden.

Da die politischen Handlungsspielräume kleiner, die politischen Aussagen der Parteien und Institutionen einander immer ähnlicher und die politischen Zusammenhänge immer komplexer werden, achten die Rezipienten von Politik – also die Wählerinnen und Wähler – immer stärker auf das „wie". Die sinnliche Wahrnehmung hat Priorität. Der Anteil persönlicher Sympathie in politischer Zustimmung wächst. Die Alternative ist dann nicht: „konservativ oder sozialdemokratisch", sondern: Erscheint die politische Autorität sympathisch oder nicht.

Wer Sympathie genießt, kann politische Maßnahmen, die auf Skepsis stoßen, mit seiner Person abdecken. So werden prekäre und polarisierende Themen zur Chefsache. So wurde aus einem Bundeskanzler der Einheits- und Eurokanzler.

Politik ist, weil öffentlicher Vorgang, immer inszeniert, gewollt oder nicht. Und die Inszenierung rangiert, bewusst oder unbewusst, in der Wahrnehmung vor dem Inhalt. Wenn die Inszenierung zwangsläufig ist und wir die Wahl haben zwischen gewollt und ungewollt, kann die Antwort nur heißen: gewollt. Und zwar bewusst.

Werben mit Würde

Wahr aber bleibt: Politik ist keine Marke und keine Dienstleistung. Politik ist Handeln zum Wohl der Gemeinschaft. Politik ist überdies ein Prozess. Eine Partei vertritt ihre Auffassung von diesem Handeln und dem Verlauf des Prozesses. Die Partei kann beworben werden. Eine Regierung aber setzt den Prozess in die Praxis um. Diese Praxis muss verstanden und akzeptiert werden.

So gibt es für politische Kommunikation schon mal zwei Varianten, die unterschieden werden müssen: Werbung für eine Partei und Werbung für eine Regierung. Wodurch muss sich die Inszenierung von Politik von der irgendwelcher Produkte unterscheiden?

Politik bedeutet Verantwortung. Wer Verantwortung trägt, zeigt das auch gern – oder obligatorisch – durch sein Äußeres. Der weiße Kittel des Arztes, die Uniform des Polizisten oder Soldaten, der Talar des Juristen. Politiker tragen Anzüge. Das ist eine taugliche Berufskleidung, denn Politiker repräsentieren. Sie repräsentieren und reden, entscheiden und verantworten die Entscheidungen. Dafür werden sie gewählt. Sie werden nicht gewählt, als sogenannte „Promis" den Klatschblättern Stoff für „Homestories" zu liefern. Folglich brauchen sie auch nicht das „Personality PR" von Schlagersängern oder Filmstars.

Politische Kommunikation muss die Würde ihrer Protagonisten bewahren. Denn sie repräsentieren auch die Würde jedes Einzelnen unserer Gesellschaft. Die repräsentieren die Würde des demokratischen Prozesses.

Der Politiker ist kein Held. Aber Protagonist ist er schon. Die Inszenierung politischer Kommunikation muss, gerade in der Härte der politischen Auseinandersetzung, gerade wenn es um die Machtfrage geht, auf das setzen, was demokratischer Entscheidung und demokratischer Praxis angemessen ist. Erfolg bringen weder Zynismus noch Blauäugigkeit. Gefragt sind – hier muss der unmoderne Begriff gebraucht werden – Tugenden. Die Inszenierung politischer Kommunikation setzt auf Maß, Genauigkeit und Moral.

Maß im Einsatz der Mittel. Nicht Wirkung um jeden Preis. Nicht dem Sog des Superlativismus nachgeben. Nicht jeden sich anbietenden Auftritt wahrnehmen. Mut zum Rarmachen.

Genauigkeit in der Wahl der Mittel. Orientierung der Mittel an den Personen und Inhalten. Verzicht auf Vorgefertigtes oder Modelle von der Stange. Sorgfalt bei der Auswahl.

Moral im Umgang mit den Bürgern. Sie nicht nur als potentielle Wählerinnen und Wähler betrachten. Bewusstsein der Repräsentanz. Verantwortung übernehmen. Soziale Probleme nicht für persönliche Machtstrategien missbrauchen. Kommunikation nicht von oben herab, sondern mit Respekt und Verständnis.

Deutlich wird: Rationalität ist keinesfalls ausgegrenzt. Demokratische Tugenden sind vernünftig. Sie müssen es sein, damit die Würde gewahrt wird.

Maß, Genauigkeit, Moral

Natürlich muss Politik sich ernst nehmen. Nur dann kann sie Vertrauen herstellen. Also muss auch die Ästhetik politischer Kommunikation sich ernst nehmen. Diese Ästhetik muss demokratisch sein. Folglich muss sie auf den Humor nicht verzichten.

Natürlich gibt es keine demokratische Ästhetik, es sei denn, man meint die Ästhetik der Mehrheit des Volkes. Dann stürzen wir zwischen Musikantenscheune und Pornographie in den Abgrund. Demokratische Ästhetik kann nur ein Arbeitsbegriff sein. Dieser Arbeitsbegriff schließt ein: Transparenz, Einladung, Phantasie, Dialog. Alle Fragen sind erlaubt. Natürlich können nicht alle beantwortet werden.

Eine Zuspitzung politischer Kommunikation ist das quadriennale Theatertreffen politischer Inszenierungen: der Wahlkampf. Der Wahlkampf ist der Ernstfall. Hier dürfen aber nun nicht alle Tugenden vergessen werden. Im Gegenteil. Gerade im Wahlkampf müssen vor allem Maß, Genauigkeit, Moral und mithin Würde gewahrt werden. Nur ein Wahlsieg mit Niveau ist ein wirklicher, denn die ihm folgende Politik will und muss ja seriös sein. Politische Erfolge unter der Gürtellinie sind kurzfristig und hässlich.

Oft erweist sich gerade in der Brutalität des Wahlkampfes Eleganz als die eigentliche Stärke. Eleganz nicht im Sinne der Kleidung, sondern im Habitus, in der Aufmerksamkeit, in der Gelassenheit. Eleganz in der Politik heißt Toleranz, Klugheit und Glaubwürdigkeit. Wählerinnen und Wähler wollen den Leuten, denen sie ihre Stimme geben, doch gern zuhören. Sie wollen auch nicht wegzappen müssen, wenn das bekannte Gesicht wieder erscheint. Eleganz zeugt stets von Souveränität. Beides hat noch keinem Politiker geschadet. Aber nur ein Demokrat hat die Fähigkeit zur Eleganz.

Es geht nicht nur um den Auftritt einzelner Personen. Auch der Veranstaltungscharakter von Politik muss überdacht werden. Warum wirken Parteitagskulissen wie eine Mischung aus Millionen-Quiz und Elferrat? Die Zeit der Vorsitzenden als frontale Einpeitscher ist Geschichte. Es ist überfällig, bei der Inszenierung von Parteitagen nach neuen Formen und räumlichen Installationen zu suchen.

Politik als transparentes Angebot

Unter demokratischen Bedingungen können falsche Inhalte sich in strahlenden Glanz hüllen. Sie werden nicht reüssieren. Inszenierungen ersetzen keine Inhalte. Keine Inszenierung kann die kritischen Instanzen unserer Gesellschaft – in der Politik oder in den Medien – auf Dauer an der Nase herumführen. Der Wähler ist mündig. Demokratie erledigt die Legende vom „betrogenen Volk". Politische Kommunikation inszenieren heißt, Transparenz zu erhöhen. Pathos zum Beispiel kann angemessen sein, wenn man sich des Pathos' bewusst ist. Zur bewussten Anwendung der Mittel – in der Rhetorik und im Habitus – gehört die Ironie. Ironie ermöglicht Transparenz durch Brechung. Sie verbirgt nicht die Mittel, derer sich etwa die Rhetorik bedient. Ironie lässt die Mittel durchblicken, lässt der Inszenierung in die Kulissen schauen. Ironie ermöglicht Selbstreflexion. Demokratische Inszenierung von Politik sollte auf Ironie nicht verzichten.

Politische Werbung unterstützt die Positionen einer Partei oder eines Politikers durch Veranschaulichung. Darin ist sie durchaus pädagogisch. Es soll ja was gelernt werden. Dem Gelernten kann man dann immer noch zustimmen oder sagen: Die ganze Richtung passt mir nicht. Niemand darf überrumpelt, niemand darf überredet, schon gar keiner verführt werden. Der eine oder andere wird vielleicht überzeugt. Mehr kann – und darf – auch die beste Inszenierung nicht leisten.

Eine Frage des Stils

Zwischen Inszenierung und Spektakel erstreckt sich eine Distanz ähnlich der zwischen Stil und Show. Show und Spektakel haften Krawall und Klamauk an, nicht zuletzt der Verdacht sinnloser Verschwendung von Steuergeldern.

Stil ist eine ästhetische Kategorie, ohne den Makel des Verdachts totalitärer Anmaßung. Stil baut auf Geschmack und Eleganz, ist aber keine Frage des Geldes. Stil ist erkennbar. Stil ist nicht zwingend: Er lässt Entscheidungen und Positionen im Detail offen. Stil ist seriös. Stil ist Sprache im umfassenden Sinn: Bildsprache, Körpersprache, Rhetorik. Kurz: Stil ist Ausdruck.

In der Mediengesellschaft muss – und darf – sich Politik offen zur Inszenierung bekennen. Diese Inszenierung kann – und muss – mehr sein als fernsehgerechtes Arrangement. Sie muss den Mut haben, die Räume politischen Argumentierens und die Schauplätze politischen Handelns in zeitgemäßer Weise sinnlich zu gestalten.

Inszenierung von Politik muss eine eigene, angemessene Sprache finden. Sie darf sich nicht je nach Zielgruppe verschiedener, fremder Jargons bedienen. Politiker reden gern in Metaphern aus der Welt des Sports, des Fußballs besonders. Doch der Bundestag ist nicht die Bundesliga. „Wenn die politische Sprache nicht mehr greift, greifen auch die demokratischen Mechanismen nicht mehr", warnte vor Jahren Erhard Eppler.

Politische Kommunikation bewusst zu inszenieren kann der Politik zu einer neuen, authentischen Sprache verhelfen, die verständlich ist ohne sich anzubiedern, die zeitgemäß ist und doch das Niveau und die Tragweite politischer Urteile und Entscheidungen nicht untergräbt.

Eine solche Sprache umfasst alle Ausdrucksformen. Sie muss in den jeweiligen Medien tauglich sein. Sie muss den Bedürfnissen und Ansprüchen einer Medien- und Informationsgesellschaft gerecht werden. Und sie muss wettbewerbstauglich sein.

Keinesfalls geht es darum, die Konturen politischer Positionen zu entschärfen oder die Kontroversen aufzuweichen. Im Gegenteil. Wo politische Positionen einander immer ähnlicher werden, geht es um konkrete Unterscheidbarkeit. So ist Stil nicht Selbstzweck, sondern dient dazu, den Inhalt zu klären und den Standpunkt zu schärfen. Stil profiliert. Härte mit Stil zeugt von Kompetenz in der Politik und von Zuverlässigkeit in ihrer Umsetzung.

Die demokratische Sprache der Politik darf nicht ohne Attraktivität sein. Sie muss breites öffentliches Interesse wecken und in allen gesellschaftlichen Bereichen den Mut zu eigenem politischen Ausdruck haben. Wo dies gelänge, wäre die Inszenierung politischer Kommunikation ein Weg, die demokratischen Mechanismen in unserer Gesellschaft nachhaltig zu erneuern.

Albrecht Müller

Die strategische Bedeutung der Meinungsführerschaft und der multiplikativen Wirkung von Menschen für Wahlsiege

Als Helmut Kohl noch Oppositionsführer war, forderte er den damaligen Bundeskanzler Helmut Schmidt auf, die geistige Führung im Land zu übernehmen. Das war ein zwar nicht gut gemeinter, aber ein guter Rat. Helmut Schmidt hat ihn aufs Ganze betrachtet nicht befolgt. Er hat sich Strömungen eher angepasst, als sie selbst vorzugeben. Das war, sehr viel mehr als die sonst gängigen Erklärungen,[1] einer der großen Gründe für die Erosion der Wählerbasis der SPD und der politischen Bindekraft für die Koalition, die zwischen 1976 und 1982 stattfand. Die Erosion hatte, was die SPD betrifft, übrigens schon 1973, also zur Regierungszeit Willy Brandts, begonnen.

Die These

Die geistige Führung im Land zu übernehmen, die Meinungsführerschaft zu erkämpfen und zu behalten, die Themen zu bestimmen, d. h. Sachprobleme zu durchdenken und Lösungsmöglichkeiten auch öffentlich zur Diskussion zu stellen, überhaupt programmatisch Speerspitze der politischen Debatte zu sein und so für Menschen interessant und ein Stein des Anstoßes und der Auseinandersetzung zu sein – das waren die Grundvoraussetzungen für Wahlsiege, für gloriose und weniger gloriose Wahlsiege, die ich im Laufe meiner Tätigkeit mitgestaltet oder nur beobachtet habe.

Es mag ja sein, dass Parteien, die einen bürgerlichen Hintergrund haben und schon immer stärker auf Personen ausgerichtet sind, und vor allem solche Parteien, die aufgrund der medialen Besitzverhältnisse oder ideologischer Verwandtschaft besondere Medienunterstützung genießen, problemlos in Wahlkämpfe ziehen können, ohne Menschen als Fürsprecher und Multiplikatoren einsetzen zu müssen. Bei der SPD war dies meist anders. Sie hat in ihren Hochzeiten das Engagement und die werbende Kraft einer starken Mitgliedschaft und vieler Sympathisanten gebraucht. Mit Hilfe dieser Multiplikatoren ist es gelungen, die Medienbarriere zu überwinden, wie wir das früher nannten, oder eine Gegenöffentlichkeit zu schaffen, wie es beispielhaft 1972 geschehen ist. Die SPD stützte sich dabei stark auf Wählergruppen ab, die sich für Politik interessierten, weil sie etwas bewegen, etwas zum Besseren verändern wollten.

---

1 Seine Partei habe ihn im Stich gelassen – das ist das gängige Deutungsmuster.

Die These zusammengefasst:
Ohne attraktives inhaltliches Angebot und ohne Meinungsführung kein ausreichendes Engagement und keine Bewegung von Menschen.
Ohne Bewegung von Menschen und ihre Multiplikatorenwirkung keine maximale Mobilisierung des eigenen Potenzials.

Selbstverständlich gibt es auch andere Konstellationen, die Wahlerfolge zu bringen vermögen: Wenn der eigene Kandidat hervorragend ist und noch dazu telegen, und der Gegenkandidat nicht; wenn die gegnerische Partei massive Fehler macht und wenn die Wirtschaft floriert, dann kommt das der regierenden Partei zugute, wenn sie die Mehrheit der Medien oder die besonders geschickt agitierenden auf ihrer Seite hat, etc. – Auf das Erscheinen solcher Konstellationen sollte man sich aber wohl besser nicht verlassen. In diesem Sinne gehörte – und gehört vielleicht – die hier formulierte These zu den wichtigen Voraussetzungen erfolgreicher Kampagnen.

Beleg der These an einigen Beispielen

1969

In der Bundestagswahl von 1969 hat die SPD mit gleich drei großen Themenkomplexen die Wahlauseinandersetzung bestimmt. Sie beschrieb erstens, was an Reformen notwendig sei; der dafür ausgewählte Slogan: „Wir schaffen das moderne Deutschland". – Sie beschrieb zweitens die Grundlinien der neuen Ostpolitik; die Union verharrte in ängstlicher, teils zustimmender, teils aggressiver Abwehr. – Hinzu kam als Drittes ein eher wirtschaftstheoretisch erscheinendes Thema, die Frage nämlich, ob die D-Mark aufgewertet werden soll oder nicht. Dieses Thema hatte die Vorteile, außerordentlich konfliktträchtig zu sein, Zustimmung bis weit hinein ins konservative Lager zu erreichen und zudem laufend Ereignisse und Aufhänger für Kommunikation und politische Aktionen zu liefern. So war die Aufwertungsdebatte von Währungsspekulationen und Devisenmarktinterventionen begleitet, die die Dringlichkeit der von der SPD propagierten Lösung des Problems immer wieder belegten.

Mit diesen Themen beschäftigte, begeisterte und mobilisierte die SPD ihre Anhänger und viele Menschen weit darüber hinaus, sie machte ihre Multiplikatoren sprachfähig und sie spaltete die Union. Die Wahlauseinandersetzung wurde über weite Strecken von den Themen der SPD bestimmt. Sie war die meinungsführende Kraft.

Das Ergebnis: Ein Plus von 3,4 auf 42,7 % und die Abwahl des CDU/CSU-Kanzlers Kurt Georg Kiesinger.

Der Wahlkampf von 1969 ist ein gutes Demonstrationsobjekt – zum Beleg und zur Erläuterung der hier vertretenen These. Deshalb sind hier vor der Erörterung weiterer Wahlkämpfe einige bemerkenswerte systematische Beobachtungen eingefügt, auch schon mit Bezug auf die folgenden Wahlen:

Bemerkenswert und tröstlich für potenzielle Arrangements in der aktuellen Situation ist Folgendes: Sowohl die Entscheidung über die neue Ostpolitik und die – wenn auch sanfte – wahlpolitische Profilierung über dieses Thema als auch die Entscheidung, die Aufwertung zu wollen und sie zum Wahlkampfthema zu machen, waren ganz und gar nicht selbstverständlich und unumstritten. In der SPD gab es Kräfte, die gegen die Ostpolitik grundsätzliche Bedenken hatten; und es gab solche, die den Konflikt mit der Union über dieses Thema nicht wollten, weil sie die große Koalition fortsetzen wollten, statt nach der Wahl mit der FDP zusammenzugehen. – Auch beim Thema Aufwertung kam die SPD zunächst nicht „zu Potte". Schillers Votum vom 9. Mai 1969, der offizielle Vorschlag an den Kanzler, die D-Mark aufzuwerten, war auch in der SPD-Spitze nicht von allen verstanden worden und führte zunächst zu einer aufreibenden Hängepartie. Erst im Juli konnte das SPD-Präsidium davon überzeugt werden, dass der Aufwertungskonflikt ein vortreffliches Thema ist, fachlich und politisch. Die verbleibenden zwei Monate reichten aus, um den Meinungsführungsanspruch der SPD in der Wirtschaftspolitik und als einer konfliktbereiten, kompetenten Kraft überhaupt zu untermauern.

„Wir schaffen das moderne Deutschland" – dieser Slogan erinnert ja auffallend an das heute und schon 1998 so beliebte Thema „Modernisierung", „Erneuerung" oder „Innovation". Das moderne Deutschland von damals war allerdings definiert durch Reformvorhaben und -ziele, die dem Kern der sozialdemokratischen Wählerschaft dienten und zusätzlich eine Reihe anderer nahestehender Gruppen ansprachen: mehr Durchlässigkeit im Bildungssystem, erste Ansätze beim Umweltschutz, mehr Rechte für die Arbeitnehmer im Betrieb, Reform des Städtebaurechts, usw. Das Wort Reform war sozialdemokratisch definiert und nicht neoliberal. Die Reformpolitik der 60er und 70er Jahre gründete in einer lang angelegten Konzeption und Vorstellung von sozialer Demokratie, die dann in den 60ern auch von einem weiteren Publikum verlangt wurden. Dafür Menschen mit Verstand und Herz zu gewinnen, war möglich. Für neoliberale Reformen sozialdemokratische Multiplikatoren und mit ihnen große Wählermassen zu mobilisieren, das scheint hingegen ziemlich schwierig zu sein. Aber es mag ja gehen.

Bemerkenswert ist die breite Ansprache und der Meinungsführerschaftsanspruch auf einem breiten Terrain: Die Aufsteiger, auch Schiller-Wähler genannt, waren damals schon entdeckt; sie waren nach Meinung mancher Wahlanalytiker die entscheidende Gruppe zum 1969er Sieg der SPD. Sie waren eine wichtige Zielgruppe unter anderen, denn es gibt logischerweise nicht die wahlentscheidende Zielgruppe, wenn man einmal begriffen hat, dass zu einem optimalen Wahlergebnis Scheibchen auf Scheibchen aufeinandergelegt werden muss und erst die Summe den Erfolg ausmacht. Welches „Scheibchen" am Ende wahlentscheidend ist, dürfte schwer festzustellen sein. – Die anderen Zielgruppen, das waren z. B. die Bildungsreform-Interessierten; Das waren jene, die bei Wischnewski und Eppler neue Ansätze der Entwicklungspolitik sahen; oder jene, die von Gustav Heinemann inspiriert ein modernes Recht und einen modernen Strafvollzug erwarteten; oder jene in den Kommunen und Stadtplanungsbüros, denen die SPD neue Wege bei der Modernisierung unserer Städte ebnen wollte. Überall bestimmte die SPD die Diskussion, übernahm – in den Worten Helmut Kohls – die geistige Führung und fügte so Multiplikatorenzirkel auf Multiplikatorenzirkel und davon animierte Wählergruppe auf Wählergruppe. Später nannten wir dies dann das „Scheibchenmodell", was meint, dass man ein maximales Wahlergebnis nur erreicht, wenn man verschiedene und verschieden große Gruppen anspricht, mobilisiert und zur richtigen Wahl bringt.

Bemerkenswert und wahrscheinlich wichtig für die zu erzielende multiplikative und motivierende Wirkung war, dass die ausgesuchten Themen und Konflikte sachlich und rational begründet waren, und dass die SPD einen hohen Grad an Originalität beanspruchen konnte. Karl Schiller als Wirtschaftsminister und Alex Möller als finanzpolitischer Sprecher hatten zur Belebung der darniederliegenden Konjunktur im Winter 1966/67 Konjunkturprogramme durchgesetzt und ein neues Stabilitäts- und Wachstumsgesetz initiiert; das war modern und sachlich richtig; Schiller hat dann zwei Jahre später den boomenden Export mit der (außen-)konjunkturhemmenden Aufwertung zu dämpfen empfohlen; auch diese bremsende Tat war zeitgemäß und sachlich richtig. Dafür konnte man als Fachmann/-frau und Bürger/-innen sprechen, werben, eintreten – auf Betriebs- oder Gewerkschaftsversammlungen genauso wie in Mittelstandskreisen, ohne Gefahr zu laufen, verspottet oder angefeindet zu werden. Wenn heute ein Sozialdemokrat mit der geläufigen Empfehlung zur Wirtschaftspolitik, wir müssten den „Reformstau", vor allem auf dem Arbeitsmarkt, auflösen und ansonsten Kürzungen in den Etats bei Bund, Ländern und Gemeinden vornehmen, um Arbeitsplätze zu schaffen, in eine Gewerkschaftsversammlung oder unter Kommunalvertreter geht, dann erntet er bestenfalls müdes Lächeln; in einer Mittelstandsgemeinde erhält er vielleicht freundlichen Beifall, aber nur weil dort die gängigen Parolen des Neoliberalismus geglaubt werden, nicht weil sie verstanden werden. Parolen, die man nur glauben kann, ohne sie zu verstehen, eignen sich für einen Wahlkampf, der auf die argumentierende und mobilisierende Kraft von Menschen setzt, nicht.

Auch für die neue Ost- und Vertragspolitik konnte die SPD den Respekt für große konzeptionelle Vorarbeit und hohe Originalität beanspruchen. Sozialdemokraten wie Willy Brandt und Egon Bahr hatten nach dem Mauerbau die konzeptionelle Arbeit zur Ablösung der Konfrontationspolitik der Stärke geleistet. Das war die Basis der dann errungenen Meinungsführerschaft. – Ähnliches gilt für wichtige Teile der Reformarbeit: Städtebau, Bodenrecht, Steuerreform, Strafvollzug, Bildungsreform, Kindergeld statt Kinderfreibeträge – dass sich die SPD damals an Vordenker der CDU um Rat gewendet hätte, wie das jetzt zum Beispiel mit Warnfried Dettling zum Ritual zu werden scheint, oder an Zeitgeist-

Sozialwissenschaftler vom Schlage eines Anthony Giddens war nicht so recht denkbar.

1972

Schon im Vorfeld der Wahlen von 1972 bestimmte die SPD über weite Strecken die Debatte: nun mit faktischen Reformen und mit schwierigen Auseinandersetzungen im Parlament, aber auch mit neuen Reformvorschlägen wie jenen zur Steuerreform und zur Bodenrechtsreform sowie mit der Umsetzung der Ostpolitik in Verträge.

Die Koalition hatte zwischen 1969 und 1972 mit der praktischen Arbeit beim Umweltschutz begonnen; ein zentraler Punkt im Wahlprogramm für 1972 war der Begriff „Lebensqualität". Die SPD sammelte in dieser Phase die über Umweltschutz Nachdenkenden und Aktiven in ihren Reihen. Diese Meinungsführerschaft hat sie später aufgegeben – zum Nachteil ihrer Breite und ihrer Mobilisierungsfähigkeit und zum Vorteil der Grünen, deren Geburtshelfer diese SPD war.

Wo sich abzeichnete, die Union und die mit ihr verbundenen Multiplikatoren in Wissenschaft und Publizistik könnten die Themen und die öffentliche Meinung bestimmen, nahm die SPD den Faden vorweg auf und konterte. Das galt etwa für den Versuch der Union und ihrer Helfer, die SPD mit dem Odium des Begriffs Sozialismus (= Kommunismus) zu belasten, einem Begriff, der im gültigen Grundsatzprogramm der SPD und in der variierenden Namensbenennung als „demokratischer Sozialismus" vorkam. Willy Brandt besetzte damals diesen Begriff; auf Plakaten und in Anzeigen wurde nachgezogen; so behielten die Sozialdemokraten damals noch die Definitionshoheit über ihren eigenen Namen.

Ähnlich offensiv war der Umgang mit den über 100 Anzeigen, die von Hintergrundorganisationen des konservativen Lagers geschaltet und bezahlt worden waren. Daraus machte die SPD ihr eigenes Thema. Sie fragte, welchen politischen Preis der damalige Spitzenkandidat der Union, Rainer Barzel, für diese finanzielle Unterstützung zu zahlen hätte. Die Einmischung des großen Geldes in die Politik wurde so zum großen Wahl- und Mobilisierungsthema.

Entgegen landläufiger, auch von Zeitgeschichtlern verbreiteten Vorstellungen war die Wahl 1972 auf Seiten der SPD kein Selbstlauf. Das Ergebnis war wesentlich der geistigen Führung Willy Brandts und der SPD im Wahlkampf zu verdanken. Die Multiplikatoren waren sprachfähig, sprechwillig, und sie bekannten sich zu der von ihnen unterstützten Partei. In ihrer bekannten Untersuchung zur „Schweigespirale" hat die Wahlforscherin Elisabeth Noelle-Neumann damals festgestellt, dass 63 % der SPD-Anhänger und nur 35 % der CDU/CSU-Anhänger bereit waren, Plaketten und Aufkleber zu tragen. Niemals später haben sich so viele Menschen in einem Wahlkampf engagiert. Nie zuvor und niemals später ist ein so hoher Anteil an Wählern wählen gegangen: 91,1 %. Das Ergebnis der SPD von 1972: plus 3,1 % auf 45,8 %.

1976

Schon 1973 begann der Erosionsprozess des Anspruchs und der Fähigkeit der SPD zur Meinungsführung. Die Regierungserklärung Willy Brandts zu Beginn der neuen Legislaturperiode vom 18. Januar 1973 verwirrte die inhaltlich enga-gierten Anhänger durch seltsam widersprüchliche Aussagen – im Widerspruch zu den klaren Aussagen des Wahlkampfes 1972. Ein lang anhaltender Erosions-prozess des klaren Profils und der Wahlchancen begann. Die Union tat das ihre dazu. Sie baute eine ideologische Gegenbewegung zur Reformpolitik auf, sprach von Tendenzwende, von Reformismus und Reformklimbim und attackierte die SPD mit dem Slogan „Freiheit statt Sozialismus" als freiheitsfeindlich. Die SPD konterte nicht entschieden und geschlossen und verlor an meinungsführender Kraft – und an Wahlchancen. Aus der Hegemonie der demokratischen Linken in Verbindung mit Intelligenz und linksliberalem, reformorientiertem Bürgertum wurde dann – markiert von Lambsdorff-Papier und Standortdebatte – bis heute die Hegemonie des konservativen Lagers. Der Geist – im Sinne von Weltan-schauung und konzeptioneller Meinungsführerschaft – steht wahrlich nicht mehr links. Die Gegenreformation war sehr erfolgreich. Sie definierte das schö-ne Wort Reform im Sinne der eigenen Interessenlage um und reicht weit hinein in die Eliten der Sozialdemokratie, der Gewerkschaften und der Wissenschaft.

Es ging nicht kontinuierlich bergab. Der ab 1973 beginnende schleichende Erosionsprozess war immer wieder unterbrochen von erfolgreichen Versuchen der SPD, mit einem klaren, auf inhaltliche und sprachliche Kontinuität setzen-den Profil die öffentliche Debatte zu bestimmen und die eigenen Anhänger sprachfähig und wahlwillig zu machen. Im Vorfeld des Bundestagswahlkampfes 1976 führte der sozialdemokratische Bundeskanzler Helmut Schmidt den Begriff „Modell Deutschland" in die Debatte ein. Er war die Klammer für so ziemlich alles, was der SPD-Anhängerschaft im Laufe der letzten Jahre lieb und teuer ge-worden war: Gute Nachbarschaft mit den Völkern um uns herum einschließlich jener im Osten, soziale Gerechtigkeit, soziales Netz, sozialer Friede, Arbeits-plätze, Wirtschaftskompetenz. Helmut Schmidt betonte immer wieder die hohe Bedeutung der sozialen Sicherheit und des sozialen Friedens für die Menschen und auch für das wirtschaftliche Wohlergehen.

Der Anspruch, ein solches Modell geschaffen zu haben und weiter festigen zu wollen – dieses Bekenntnis zum europäischen Wohlfahrtsstaat – führte zum (beabsichtigten) Konflikt und er transportierte ein Stück Stolz und damit Emo-tion. – Weil dennoch in der Schlussphase ein Mobilisierungsdefizit spürbar wurde, griffen Helmut Schmidt und die Wahlkämpfer der SPD auf eine bewähr-te Thematik zurück: auf die Frage von Krieg und Frieden. Schmidt griff eine ver-meintlich kriegstreibende Äußerung des CSU-Abgeordneten Wittman auf und fügte seinen Reden und öffentlichen Erklärungen eine Passage an, die in den Worten gipfelte „Wir haben das Schießen satt bis obenhin". Und die SPD plakatierte: „Den Frieden wählen".

Es reichte gerade noch. Der neue Spitzenkandidat der Union Helmut Kohl – um vieles weniger populär als der populäre Helmut Schmidt – erreichte für seine Partei CDU/CSU 48,6 % gegenüber 42,6 % der SPD. Ein Traumergebnis für die Union, aber es reichte nicht. Es hätte gereicht, so die These, wenn die SPD nicht wenigstens den Meinungsführungsversuch mit dem Rückgriff auf die bewährten Linien Frieden und Sozialstaatlichkeit (Modell Deutschland) gemacht hätte. – Allen startbereiten Kritikern dieser Analyse sei sofort konzediert, dass es selbstverständlich auch nicht ohne die Popularität von Helmut Schmidt gereicht hätte. Personelle Stärke und thematische Meinungsführerschaft (und andersherum) sind neben vielem anderen die Fundamente eines Sieges. Keines alleine. Damals jedenfalls.

1980

Im Dezember 1979, also wenige Monate vor den Landtagswahlen in Nordrhein-Westfalen vom Mai 1980 und der Bundestagswahl im Herbst 1980, war die Sowjetunion in Afghanistan einmarschiert. Strauß, Kohl und Genscher, damals Außenminister der Regierung Schmidt, riefen unisono das Ende der Entspannungspolitik aus. Genscher kungelte mit Kohl über eine neue schwarz-gelbe Koalition. In dieser kritischen Situation entschied sich Helmut Schmidt für eine aus seiner Sicht sachlich richtige und zugleich meinungsführende Position. Er kritisierte zwar den Einmarsch in Afghanistan, setzte aber den Dialog mit der Sowjetunion auf der Linie der Entspannungspolitik und gegen den Willen seines Koalitionspartners FDP fort. Die Wahlentscheidung bei der Landtagswahl in Nordrhein-Westfalen Anfang Mai 1980 wurde von der SPD zur Abstimmung über die Friedenspolitik gemacht. Symbol dieser Entscheidung war eine Anzeige mit 49 abgebildeten Kriegerwitwen und der Headline „Nie wieder Krieg". Die SPD erreichte eine hohe Mobilisierung, ein Plus von 3,3 % und mit 48,8 % die absolute Mehrheit der Mandate in Nordrhein-Westfalen. Die (im Bund) auf dem Sprung zur CDU/CSU befindliche FDP scheiterte mit 4,99 % an der 5-Prozent-Hürde. Sie bekannte umgehend, dass sie zur Entspannungspolitik stehe, womit die Entscheidung der SPD für eine offensive, meinungsführende Strategie auch noch den Vorteil brachte, die Bonner Koalition wieder für ein paar Monate aneinander zu binden. Ausbüchsen lohnt sich nicht, das hatte die FDP gelernt, jedenfalls für so lange, wie die SPD ein eigenes Profil hat und dieses auch behält, schärft und vertritt. Wenig später war dies anders, mit der Folge des Kanzlersturzes vom Oktober 1982.

Im eigentlichen, dann folgenden Bundestagswahlkampf 1980 hat Helmut Schmidt die gewonnene Position nicht genutzt; er war nicht sonderlich offensiv, hat zwischendurch sogar empfohlen, man könne der FDP die Zweitstimme geben, usw. Das Ergebnis für die SPD war mit 42,9 % noch ganz ordentlich, wenn auch als Ergebnis einer für die SPD günstigen Konstellation Schmidt gegen Strauß nicht gerade berückend; das mit 10,6 % hervorragende Ergebnis der FDP bereitete den Weg zum Absprung zwei Jahre später vor.

1990

Im Bundestagswahlkampf 1990 hat die Union die Themen der Auseinandersetzung ganz wesentlich beherrscht. Sie führte einen offensiven Wahlkampf zum Thema *Deutsche Einheit*. Die SPD war gespalten, nicht so sehr in der Sache wie die Methoden und das Tempo betreffend.

1994

1994 hat die SPD darauf vertraut, dass die ein Jahr vor dem Wahltermin gewonnene Popularität ihres Spitzenkandidaten Rudolf Scharping und sein Vorsprung vor Helmut Kohl zu halten wären und dass man deshalb nicht allzu viel inhaltliche Profilierung anzustreben habe. Die Journalisten hatten Rudolf Scharping hochgeschrieben und sie haben ihn aus Anlass eines lächerlichen Fehlers, der Verwechslung von Brutto und Netto bei einer Steuerberechnung, zum Quasi-Trottel heruntergeschrieben. Die SPD hatte keine herausragende Meinungsführerschaft errungen. Der Wechsel ist nicht gelungen.

1998

Nun könnte man die Wahl von 1998 und den vollzogenen Wechsel als einen Beleg dafür werten, dass die hier behauptete These von der strategischen Bedeutung der Meinungsführerschaft nicht zutreffend sei, dass insbesondere eine inhaltliche Meinungsführung nicht wahlentscheidend sei und dass eine herausragende Personalisierung kombiniert mit einem professionellen Wahlkampf schon genüge.

Für eine solche Wertung spricht einiges, aber eben nicht alles. Es gab zunächst einmal durchaus einige inhaltliche Botschaften, so der vorübergehende Hauptslogan „Innovation und Gerechtigkeit", dessen zweiter Teil insbesondere in den letzten drei Wochen mit der Haushaltsdebatte Anfang September 1998 belebt worden war. Die SPD hat auch ansonsten über weite Strecken die Themen bestimmt, aber nicht inhaltlich im eigentlichen Sinne: Der Wettstreit zwischen Oskar Lafontaine und Gerhard Schröder um die Kanzlerkandidatur und der Aufruf an die Wählerinnen und Wähler Niedersachsens, über die Kanzlerkandidatur mitzuentscheiden, indem sie Gerhard Schröder und der SPD ihre Stimme geben, hat zu einem spannenden Match geführt und sowohl die Sympathie für die beiden potentiellen Spitzenkandidaten als auch für die SPD insgesamt auf ein erstaunliches Niveau gehoben. Davon hat die SPD während des gesamten Wahlkampfes gezehrt. Zwischen Dezember 1997 und April 1998, dem Parteitag der SPD mit der Bestätigung der Kandidatur Schröders, bestritt und bestimmte die SPD schon mit diesem Thema die Debatte. Sie ergänzte das dann ab Anfang März mit der durch Events und Aktionen gestützten Botschaft, es würde der modernste, der amerikanisierteste Wahlkampf aller Zeiten geführt. Die Auslagerung der Kampa war ein dies bestätigendes Ereignis. Viel Material für Features und Reportagen der Journalisten und zugleich ein Imageelement, das das Image der Modernisierung verstärkte und das Wechselklima stützte.

Erst in der Schlussphase hat die SPD dann beginnend mit der erwähnten Haushaltsdebatte stärker inhaltliche Elemente, vor allem das Motiv der Gerechtigkeit aufgenommen und damit wohl auch wieder ihre eigene Klientel und wichtige Multiplikatoren erreicht. Da kam dann die ganze Breite der SPD, die Modernisierungspartei und die soziale Gerechtigkeitspartei, zum Tragen. Insgesamt war die SPD im Wahlkampf 1998 wohl meinungsführender als die Union, aber nicht vergleichsweise ähnlich inhaltlich und emotional aufgeladen, wie das in früheren Wahlkämpfen, etwa jenen von 1969 und von 1972, der Fall war. Und doch hat sie die Ablösung Kohls geschafft.

Wie schon erwähnt könnte dies als eine Teil-Widerlegung der These von der strategischen Bedeutung der Meinungsführung und geistigen Führung herangezogen werden. Könnte. Denn man könnte die Konstellation von 1998 auch als ganz besondere, nicht so schnell wiederholbare Konstellation betrachten: mit einem erkennbaren Wechselklima – eine Mehrheit hatte Kohl einfach über, mit einer hohen, positiven Personalisierung, die vor allem vom Match um die Kanzlerkandidatur gefördert wurde, mit einer geschickt inszenierten und nicht leicht wiederholbaren Darstellung der Modernität der Wahlkampfführung, in der Schlussphase mit einer Doppelstrategie und Breite des Angebots, repräsentiert durch den Kanzlerkandidaten und den damaligen Vorsitzenden der SPD. – Mit dieser Konstellation im Rücken konnte man es sich vielleicht leisten, auf eine grundlegendere Art der geistigen Führung zu verzichten. Ob das in der bevorstehenden Wahl wieder möglich ist, wird sich zeigen.

2002 – ein interessanter Test

Im Bundestagswahlkampf 2002 könnte meine These über die große Bedeutung einer Meinungsführerschaft und geistigen Führung auf der Basis eines klaren und die Parteien unterscheidbaren Profils widerlegt oder bestätigt werden. Es kann ja wirklich so sein, dass nichts mehr so ist wie früher. Es kann sein, dass Personalisierung eine so überragende Rolle spielt, dass man die inhaltliche Seite vernachlässigen kann. Es kann sein, dass die multiplikative Bedeutung der Mitglieder und Anhänger einer Partei auch im Falle der SPD so unbedeutend und die Rolle von jenen Medien, die an Inhalten nicht sonderlich interessiert sind, so groß geworden ist, dass Meinungsführung im originären Sinne und die Mobilisierung einer großen Zahl von an Inhalten interessierten Multiplikatoren relativ unwichtig geworden sind.

Der zentrale Punkt: Mit der SPD von 2002 tritt eine Partei an, die sich in wichtigen – nicht in allen – inhaltlichen Fragen verändert hat. Sie hat sich bei zentralen Fragen den konservativen Glaubenssätzen angenähert.

Unter Führung der SPD ist in Deutschland die Bereitschaft zum Militäreinsatz außerhalb des NATO-Bereichs und die Umformung des NATO-Bündnisses von einem Verteidigungsbündnis zu einem Bündnis mit Interventionsfähigkeit außerhalb des eigenen Bereichs vollzogen worden. Das bricht mit wesentlichen Festlegungen programmatischer Art – vor allem mit der Verpflichtung des Berliner Programms, auf die Auflösung beider Bündnisse zu drängen. – Zuvor wurde gezeigt, wie häufig die SPD mit der Friedenspolitik Menschen mobilisierte: 1969, 1972, 1976, 1980.

Die SPD wurde von einer Partei, die eine eigene Vorstellung und Vision von der Gestaltung einer Gesellschaft hat, zu einer, die den Kampf um die geistige Hegemonie zugunsten des Neoliberalismus weitgehend aufgegeben hat. Für Schmidts „Modell Deutschland" oder Willy Brandts Kampf gegen den politischen Machtanspruch des „Großen Geldes" konnten sich Menschen zu Tausenden engagieren; für die bei Tony Blair geliehenen Ideen oder gar für die von Hans Tietmeyer (CDU) repräsentierte „Initiative Neue Soziale Marktwirtschaft" werden nicht allzu viele Anhänger der SPD als Multiplikatoren tätig sein wollen, auch wenn führende Sozialdemokraten sich als Botschafter zur Verfügung stellen; zumal die einschlägigen Texte in jedem zweiten Satz Fußtritte gegen Grundideen der bisherigen Sozialdemokratie enthalten.

Die SPD wandelte sich von einer Partei, die das Optimierungsprinzip „Wettbewerb so weit wie möglich – Planung so weit wie nötig"[2] formuliert hatte, zu einer Partei, die sich Linie und Parolen der Neoliberalen weitgehend zu eigen gemacht hat: Privatisierung, Deregulierung, Liberalisierung. – Mit der Forderung nach Regulierungen sind früher Programme gefüllt und Wahlkämpfe bestritten worden. Die mühsam erkämpften kleinen „Vermögen" der Arbeitnehmerschaft, die sozialen Sicherungssysteme, der 8-Stunden-Tag, das Kindergeld, die flexible Altersgrenze, Mitbestimmung in den Betrieben – das sind Regeln des Zusammenlebens, die man soziale Errungenschaften nannte und auf die man stolz war; heute nennt man sie dem bürgerlichen Sprachgebrauch entsprechend despektierlich „Regulierungen". – Wie soll man Menschen mit dieser Tradition, Menschen, die der politischen Linken oder der linken Mitte nahestehen und sich ein bisschen Wissen in Sozialgeschichte bewahrt haben, für das Prinzip Deregulierung im Allgemeinen und für die Flexiblisierung des Arbeitsmarktes im Besonderen gewinnen und für die Multiplikatorenarbeit zugunsten der SPD begeistern?

---

2 Godesberger Programm

Die SPD hat einmal ein Flugblatt verbreitet mit dem Slogan „Nur Reiche können sich einen armen Staat leisten". Viele fanden das schlüssig und sind dafür „hausieren" gegangen. So zu denken mag ja nicht mehr zeitgemäß sein (obwohl man angesichts der Privatisierungstendenzen bei der inneren Sicherheit auch denken könnte, der Slogan ist sehr modern), zur Rechtfertigung der jetzigen Lage der Gemeindefinanzen und der Ausdünnung öffentlicher Leistungen wird es schwer fallen, viele Menschen zu begeistern. Jedenfalls ist es ein weiter Weg von der Forderung der von Helmut Schmidt geleiteten Langzeitkommission der 70er nach „Erweiterung des öffentlichen Korridors" bis zum heute in Mode gekommenen Misstrauen gegenüber allen öffentlichen Leistungen und den dort tätigen Menschen.

Die SPD wurde in den letzten Jahrzehnten von einer Partei, die im „ständig sich verstärkenden Konzentrationsprozess"[3] eine Gefahr für Wettbewerb und Demokratie sah, zu einer Partei, die wie die anderen Parteien auch mit den großen Einheiten und Konzentrationsprozessen wohlwollend umgeht. „Die Bändigung der Macht der Großwirtschaft ist darum zentrale Aufgabe einer freiheitlichen Wirtschaftspolitik. Staat und Gesellschaft dürfen nicht zur Beute mächtiger Interessengruppen werden" – so aktuell ist das Godesberger Programm von 1959. Für diese profilierte Grundlinie ließen sich vermutlich immer noch einige Engagierte mobilisieren, für die heutige Linie außer den unmittelbar Begünstigten kaum jemand.

Die SPD wurde in den letzten drei Jahrzehnten gewaltig verändert, von einer Partei, die Medienpolitik als eine zentrale Aufgabe zur Sicherung von Demokratie und Freiheitlichkeit betrachtete, weil sie die gefährliche Folge medialer Machtballung für die Weimarer Demokratie in Erinnerung hatte, zu einer Partei, die wenig anders als die CSU Medienpolitik als Wirtschafts- und Standortpolitik betreibt. Im Godesberger Programm hieß es: „Presse, Rundfunk, Fernsehen und Film erfüllen öffentliche Aufgaben". Vom Rundfunk und Fernsehen hieß es: „Sie müssen freiheitlich-demokratisch geleitet und gegen Interessentendruck gesichert sein". Dafür konnte die SPD zumindest den Kreis derer, die sich für Demokratie und Meinungsbildung interessierten, mobilisieren. Dass dies auch nur annähernd vergleichbar ginge, wenn man zur staatlichen Beteiligung an der Sanierung des zusammengebrochenen Kirch-Konzerns mit der Formel aufruft, der von den Kirch-Finanzen abhängige Fußball habe eine „soziale Funktion", ist nicht so recht vorstellbar. Oder vielleicht doch?

Es gibt auch die anderen politischen Entscheidungen, solche, die auf der Linie bisheriger Programmatik liegen: die Ökosteuer, der Ausstieg aus der Kernenergie, der Integrationsteil im Zuwanderungsgesetz, einige Reformen zugunsten der Arbeitnehmerschaft. Aber diese anderen Töne bestimmen nicht die Grundmelodie. Diese wird von der Anpassung an den Zeitgeist geprägt. Das wird auch

---

3 Zitat aus dem Godesberger Programm

so formuliert. Die Anpassung ist Zeichen dessen, was man Politik der Mitte nennt. „In die Mitte rücken", sich programmatisch anpassen, auf eine Mehrheitsmeinung einlassen, wie man meint, ist Teil einer Strategie. Die SPD ist von einer den Zeitgeist prägenden zu einer vom Zeitgeist geprägten Kraft geworden. Dies zu akzeptieren und damit zu arbeiten, ist Teil der neuen Strategie. Es ist eine andere Strategie, ich behaupte nicht, dass sie erfolglos sein muss, man wird das sehen. In Zeiten flacher Profile, warum sollte die SPD dann ein scharfes haben? Die programmatische Diffusion kann ja gerade wichtig sein für den Erfolg?

Hier geht es nicht darum, darüber zu richten, was mit der Programmatik der SPD geschehen ist. Das ist im Kontext unseres Themas nicht relevant. Hier geht es nur darum zu fragen, ob die SPD mit einem Profil, das gerade von den Mitgliedern und den Sympathisanten mit Multiplikatorenfunktion wie Gewerkschaftern, Vertrauensleuten, Betriebsräten und Intellektuellen als eine gravierende Veränderung empfunden wird, die für die Wahlen wichtige Mobilisierungskraft dennoch entwickeln kann.

Es ist ein faszinierendes Experiment: Kann man eine Partei, noch dazu eine linke Volkspartei in relativ kurzer Zeit und in weiten Bereichen programmatisch ummodeln und damit dann noch genügend Menschen mobilisieren, um Wahlen zu gewinnen?

Nun könnte heute fast alles anders sein ...

Kritiker der Hauptthese dieses Beitrags könnten einwenden, die anfangs unterstellte Medienbarriere gebe es für die SPD und speziell für Gerhard Schröder nicht, und deshalb sei die Mobilisierung von Tausenden von Multiplikatoren nicht wahlentscheidend. Ist das wirklich so? Wird z. B. die Spendenaffäre von Köln im Vergleich zu der von Kohl und Koch der Dimension entsprechend abgehandelt? Oder z. B. das Hochschreiben des SPD-Pressebesitzes zu einem Mediengroßkonzern, der die mediale Machtbalance zwischen den beiden großen Parteien bedrohe – ist das noch in irgendeiner Relation zur sanften medialen Begleitung des jahrelangen Zusammenspiels von Kirch, Springer, Banken, Wirtschaft, ZDF und CDU/CSU?

Kritiker könnten einwenden, die personelle Konstellation werde wahlentscheidend. Dieses Argument kann richtig sein. Gerhard Schröder ist souverän, schaut die Zuhörer an, lacht unverkrampft, entspricht dem Kindchenschema um vieles mehr als sein Herausforderer. Dieser sackt schon wieder ab auf der Skala der Meinungsforscher, er hält dem Blick der Menschen nicht stand. Das ist alles richtig. Aber ich verweise auf das Restrisiko, das mit der Erfahrung von 1976 skizziert ist und mit der von Sachsen-Anhalt, wo die Partei des populärsten Bundespolitikers Joschka Fischer gerade mal 2 % holte.

Kritiker könnten darauf verweisen, dass das Abschleifen eines Profils wirklich nicht mehr von Relevanz sei, weil es die nach Profil Ausschau haltenden

Multiplikatoren kaum noch gebe. In einer Mediendemokratie laufe die Meinungsbildung der Parteimitglieder und -funktionäre, wie die der Gewerkschafter und des Bildungsbürgertums, auch über die Medien, ja sogar vornehmlich über das Fernsehen. Die Talkshow ersetze den Ortsverein – so habe ich selbst einmal formuliert.[4] – Das ist so, weil es kein Angebot jenseits der medialen Vermittlung gibt.

Kritiker könnten einwenden, dass es des markanten Profils auf der Basis einer gesellschaftspolitischen Konzeption und damit auch der gesellschaftspolitischen Hegemonie gar nicht bedürfe, um Wahlen zu gewinnen. Zur Mobilisierung reichten – das zeigten ja gerade die von mir beschriebenen Erfahrungen von 1976 oder 1998 – ein paar eindeutige, medial vermittelte Impulse in der Schlussphase. Das mag so sein, zumal die inhaltlich engagierten Anhänger der SPD sehr genügsam geworden sind. Sie haben keine andere Option und sind deshalb schon dankbar für den kleinsten Fingerzeig in Richtung sozialdemokratischen Herzblutes. Auch das mag so sein, obwohl angesichts des Erlahmens der Aktivitäten in den SPD-Ortsvereinen, der kritischen Stimmung in Gewerkschaftskreisen und angesichts der wachsenden Zahl von Wahlenthaltungen Zweifel angebracht sind.

Risikominderung durch Rückeroberung der Hegemonie

Ich will die Kritik an meiner These nicht beiseite schieben, aber im Sinne einer vernünftigen Risikominderung auf eine Chance hinweisen: Noch nie in den letzten 20 Jahren war die Gelegenheit, die Hegemonie der konservativen neoliberalen Ideologie zu brechen, so günstig wie heute. Internationale Finanzkrisen und grassierende Armut in der Welt, das Platzen der spekulativen Blase weltweit und bei uns, das Scheitern der borniertnen neoliberalen Rezepte von Russland über Argentinien bis zu uns, Insolvenzen von Enron bis Kirch, die politische Liebedienerei der Banken im Fall Kirch, die unsäglichen Skandale der Selbstbedienung und Bereicherung durch das Management – bessere Vorlagen dafür, den Konservativen die Vorherrschaft über das gesellschaftspolitische Denken zu entreißen, kann man nicht mehr erwarten. Gerhard Schröder könnte sich den guten, wenn auch schlecht gemeinten Rat von Kohl an Schmidt zu Herzen nehmen und die geistige Führung im Land übernehmen.

---

4 Müller, Albrecht (1999): Von der Parteiendemokratie zur Mediendemokratie, Opladen

Kampagnenmanagement heute

David M. Farrell

Modernisierung westeuropäischer Parteien: Ideenkauf auf dem Markt der US-Politik?*

Der Wahlprozess ist das Herzstück der Demokratie. In seiner neuen umfassenden Studie „Democracy and Elections" stellt Richard Katz die Frage „Wozu dienen Wahlen?"[1] Als Antwort benennt er fünf Funktionen: (1) Sie legitimieren die politische Ordnung; (2) sie bestimmen, welche Personen politische Ämter bekommen; (3) sie bieten den Wählern die Gelegenheit auszuwählen; (4) sie gewährleisten den Prozess der repräsentativen Willensbildung; (5) sie bieten dem Volk die Möglichkeit, sich in die Politik einzumischen. Damit Wahlen diese Funktionen reibungslos erfüllen können, braucht es geeignete Institutionen: eine Verfassung, ein demokratisch legitimiertes Regierungssystem, eine Reihe von Wahlgesetzen und so weiter. Außerdem müssen sich die Schlüsselakteure in ihrem Handeln an die beschlossenen Normen und Regeln halten. Herausragend unter diesen Akteuren sind die Parteien und ihre Kandidaten, die um Stimmen kämpfen, die Interessenverbände, die versuchen das Wahlgeschehen zu beeinflussen, die Medien, die (mehr oder weniger ausgewogen) versuchen, über die Ereignisse zu berichten, und die Wähler, die (häufig ziemlich verwirrt) zu entscheiden versuchen, ob und wem sie ihre Stimme geben werden.

Dies alles kulminiert am Wahltag, wenn der Wähler seine Volksvertreter auswählen soll. In diesem Moment prüft und beurteilt der Wähler seine politischen Repräsentanten – oder lässt sie links liegen. Monate, in jüngerer Zeit sogar häufig Jahre sorgfältiger Vorbereitung sind in diesen Moment investiert worden: Politiker und Parteien geben alles, was sie haben, und unternehmen jede nur erdenkliche Anstrengung mit dem Ziel einer wirksamen Wahlkampagne.

---

* Originalveröffentlichung: David M. Farrell, „Campaign Modernization and the West European Party: Shopping in the US Political Market?, in: Kurt Richard Luther/Ferdinand Müller-Rommel (Hrsg.), Political Parties and Democracy in Western Europe, Oxford: Oxford University Press. Der Herausgeber Kurt Ricard Luther, Ferdinand Müller-Rommel von der Oxford University Press für die Erlaubnis zum übersetzten Nachdruck zu Dank verpflichtet.

1 Katz, Richard (1997), Democracy und Elections, Oxford: Oxford University Press, S. 100.

Der Fokus dieses Kapitels liegt auf eben dieser Anstrengung der Parteien und der Kandidaten, Stimmen zu gewinnen, d. h. auf der Wahlkampagne. Sie kann als Prozess definiert werden, in dem eine Kampagnenorganisation (eine Partei-, Kandidaten- oder Interessenorganisation) versucht, maximalen Wahlerfolg (für gewöhnlich gemessen an der Stimmverteilung) zu erreichen. Die Kampagne besteht aus all den Anstrengungen (werbend oder finanziell), die von der Kampagnenorganisation unternommen werden, um dieses Ziel zu erreichen. Es wäre übertrieben zu unterstellen, dass die Wahlkampagne der alleinige Existenzzweck der heutigen politischen Parteien sei. Aber es besteht wohl kaum ein Zweifel daran, dass Wahlen heute eine der wichtigsten Funktionen der Parteien sind.

1. Die Untersuchung von Kampagnen

In ihrem Mitte der 80er Jahre erschienenen Buch „Elections and Voters" diagnostizierten Harrop und Miller bei „der Untersuchung von Wahlkampagnen im Gegensatz zu Wahlen eine große Lücke" in der Literatur.[2] Heute ist eine solche Position nur noch schwerlich aufrecht zuerhalten, denn die Untersuchung von Wahlkämpfen hat sich in den letzten beiden Jahrzehnten des 20. Jahrhunderts zu einem eigenenen und bedeutsamen Forschungsfeld in der Politikwissenschaft entwickelt. Zwei Hauptfaktoren erklären diesen Wechsel in der Beachtung. Der eine liegt in der Parteienforschung, der andere ist eng verbunden mit der Forschung über das Wahlverhalten.

Was den ersten Punkt betrifft, so hat das Studium der westeuropäischen Parteien eine Art Paradigmenwechsel durchlaufen.[3] Die klassischen Parteienstudien tendierten insgesamt dazu, sich in erster Linie mit der Untersuchung des Parteiensystems zu befassen.[4] Seit den 80er Jahren hat sich der Fokus entscheidend verlagert. Politikwissenschaftler haben begonnen, in die „black box" der Parteien selbst hinein zu schauen. Neue Studien wurden publiziert, welche die Grundzüge der Parteiorganisationen, ihrer Entwicklung oder auch ihres Niedergangs detailliert untersuchten.[5] Die Wahlkampagnen selbst wurden nun zum Gegenstand der Untersuchung.[6] Es ist offensichtlich, dass die klassische Parteienliteratur zu einer Zeit, als die Parteiensysteme selbst keinem Wechsel unterlagen, einen systembezogenen Fokus hatte, der es lohnend erscheinen ließ, den vielfäl-

2 Harrop, Martin/Miller, William (1987), Elections und Voters. London: Macmillan, S. 240.

3 Vgl. Mair, Peter (Hrsg.). (1990), The West European Party System. Oxford: Oxford University Press.

4 Vgl. Duverger, Maurice (1954), Political Parties. London: Methuen; Sartori, Giovanni (1976), Parties und Party Systems: A Framework for Analysis. Cambridge: Cambridge University Press.

5 Vgl. Panebianco, Angelo (1986), Political Parties. Cambridge: Cambridge University Press; Janda, Kenneth (1980), Political Parties: A Cross-National Survey. New York: Free Press; Katz, Richard/ Mair, Peter (Hrsg.) (1992), Party Organizations: A Data Handbook. London: Sage.

6 Vgl. Bowler, Shaun/Farrell, David (Hrsg.) (1992), Electoral Strategies and Political Marketing Houndmills, Basingstoke: Macmillan; Butler, David/A. Ranney (Hrsg. (1992), Electioneering. Oxford: Clarendon.

tigen Variationen in den verschiedenen Systemen nachzugehen[7] und Erklärungen für ihre Stabilität zu erarbeiten.[8] Angesichts des parteienbezogenen Dealignment-Trends und der zunehmenden Wechselhaftigkeit des Wählerverhaltens[9] erschien es weniger sinnvoll, Systeme zu vergleichen, die nun ständiger Veränderung unterworfen waren. Es erschien jetzt auch viel interessanter, die Parteien selbst unter die Lupe zu nehmen. Und das sowohl in Bezug auf die Art und Weise, wie sie auf diese Veränderungen reagierten, wie auch hinsichtlich der Frage, inwieweit sie mit ihrer organisatorischen Entwicklung und ihren neuen Kampagnenstilen möglicherweise sogar hinter einigen dieser Entwicklungen standen.[10]

Einen Vorgeschmack dieser Neuakzentuierung der Literatur haben in den 60er Jahren Wissenschaftler wie Kirchheimer[11] und Epstein[12] gegeben. Viele ihrer Ideen wurden in den 80er und 90er Jahren weiterentwickelt, besonders in den Werken von Panebianco[13] sowie Katz und Mair.[14] Der Fokus eines Großteils dieser Diskussion lag auf dem Ende der Massenpartei und ihrer Ablösung durch neue, „professionellere" Organisationsmodelle, an der sich ein Umschwung des Schwerpunktes der Parteiaktivitäten weg von der Binnenorientierung, der Beschäftigung mit den Parteimitgliedern und Aktivisten, hin zu einer stärkeren Außenorientierung mit wachsender Bedeutung der Wähler ablesen lässt. Ein entscheidendes Merkmal dieser Entwicklung war die wachsende Aufmerksamkeit, die den Wahlkampfzielen zuteil wurde.

Ein zweiter Faktor, mit stärkerem Bezug zur Wahlforschung, war die wachsende Erkenntnis sowohl bei Politikern als auch bei Politikwissenschaftlern, dass Wahlkampagnen „zählen". In einer Zeit stabiler Wählerblöcke, in der Wähler nach sozialer Klassenzugehörigkeit und anderen politischen Prädispositionen abgestimmt haben, gab es wenig Grund für den Versuch, den Einfluss von Kampagnen zu untersuchen, da sie offenkundig nur einen vernachlässigbaren Einfluss auf das Stimmverhalten haben konnten. Und selbst wenn Politikwissenschaftler Wahlkampagnen beurteilen wollten, fehlte es ihnen an geeigneten methodischen

---

7 Vgl. Duverger (1954), a. a. O.; Sartori (1976), a. a. O.

8 Vgl. Lipset, Seymour/Stein, Rokkan (1967), „Cleavage Structures, Party Systems und Voter Alignments", in: Lipset, Seymour/Rokkan, Stein (Hrsg.), Party Systems und Voter Alignments. New York: Free Press.

9 Dalton, Russell/McAllister, Ian/Wattenberg, Martin (2002): Political Parties and their Publics, erscheint in Richard Luther and Ferdinand Müller-Rommel (Hrsg.), Party Change in Europe, Oxford: Oxford University Press. (i. E.)

10 Vgl. Mair, Peter (1983), „Adaptation und Control: Towards und Understanding of Party und Party System Change", in: Hans Daalder/Peter Mair (Hrsg.), Western European Party Systems: Continuity/Change. London: Sage.

11 Vgl. Kirchheimer, Otto (1966), „The Transformation of West European Party Systems", in: Joseph LaPalombara/Myron Weiner (Hrsg.), Political Parties und Political Development. Princeton, NJ: Princeton University Press.

12 Vgl. Epstein, Leon (1967), Political Parties in Western Democracies. New York: Praeger.

13 Panebianco (1986), a. a. O.

14 Katz, Richard/Mair, Peter (1995), „Changing Models of Party Organization und Party Democracy: The Emergence of the Cartel Party" in: Party Politics. 1: S. 5–28.

Instrumenten zur Erforschung des Einflusses von Kampagnen auf das Abstimmungsverhalten. Die Methoden zur Untersuchung des Wahlverhaltens waren zur damaligen Zeit vorwiegend „single-shot"-Querschnittsbefragungen, – wenig geeignet, um Kampagnenwirkungen zu untersuchen.

In den 80er Jahren setzte ein Wandel der Forschungsagenda ein. Fortan lag die Aufmerksamkeit deutlich stärker auf den (nationalen) Kampagnen der Parteien. Ein Grund dafür war offensichtlich der Beginn der Auflösung klassischer Wählermilieus, wodurch nahegelegt wurde, dass Kampagnen vielleicht doch tatsächlich bedeutsam sein könnten. In derselben Zeit veränderten sich auch die Kampagnen selbst. Sie wurden professioneller organisiert und weckten damit ein wachsendes wissenschaftliches Interesse. Und selbstverständlich begannen Politikwissenschaftler nun Forschungsmethoden zu entwickeln, mit denen die Auswirkungen von Kampagnen besser analysiert und gemessen werden konnten: etwa mit Panelbefragungen, rollierenden Querschnittsbefragungen, sowie qualitativen Forschungsmethoden oder Inhaltsanalysen.[15]

Es entstand ein beständig wachsender Korpus an Forschung über nationale Kampagnen (im Unterschied zu deren Auswirkungen), der sich in drei Formen aufgliedern lässt: Erstens historische, beschreibende Studien einzelner Kampagnen, beispielsweise die britischen Nuffield-Studien aus den 50er Jahren.[16] Auch die journalistischen Studien, die nach Theodore White's klassischen Analysen der US-Wahlen in den 60er und 70er Jahre florierten, sind hier zu erwähnen.[17] Von ihrem Wesen her sind diese Arbeiten zwangsläufig Studien einzelner Länder und ihrer Systeme; sie bieten wenig Ansätze für die länderübergreifende Analyse von Parteien und Wahlen.

Zweitens findet die Tradition des politischen Marketing zunehmend in der Forschung Anklang. Hier wurde der logische Schritt vollzogen, die hoch entwickelten Analyseraster des Marketing auch auf die Untersuchung von Wahlkampagnen zu übertragen, die ihrerseits mehr und mehr zu Marketing-Übungen werden.[18] Der Großteil dieser Studien ist ebenfalls eher auf einzelne Länder bezogen; was fehlte, war eine anhaltende, Länder übergreifende Forschung in der Perspektive des politischen Marketing.[19] Überdies muss die Frage nach dem erkennt-

---

15 Vgl. Farrell, David/Schmitt-Beck, Rüdiger (Hrsg.) (2002), Do Political Campaigns Matter? London: Routledge.

16 Vgl. Butler, David/Kavanagh, Dennis (1997), The British General Election of 1997. Houndmills, Basingstoke: Macmillan.

17 Vgl. White, Theodore (1961), The Making of the President 1960. New York: Atheneum.

18 Es ist anzumerken, dass Studien in der Perspektive des politischen Marketing zum Teil auch über den engeren Kampagnenbezug hinausgehen. Es gibt auch Versuche, umfassende Modelle von Parteien als Marketing-Organisationen zu entwickeln; vgl. Butler, Patrick/Collins, Neil (1999), A Conceptual Framework for Political Marketing, in: Newman, Bruce (Hrsg.), Handbook of Political Marketing, London: Sage.

19 Ausnahmen finden sich im European Journal of Marketing 1996 sowie bei Farrell, David/Wortmann, Martin (1987), Party Strategies in the Electoral Market: Political Marketing in West Germany, Britain und Ireland', European Journal of Political Research. 15, und Newman, Bruce (1999), Handbook of Political Marketing. London: Sage.

nisbezogenen Mehrwert dieser Perspektive gestellt werden: Nicht selten entsteht der Eindruck, dass dieser Ansatz mehr Nutzen im Hinblick auf eine Einschätzung der Stärke der Marketing-Perspektive im Hinblick auf ihre Übertragbarkeit bringt als im Hinblick auf neue Einsichten über den Wandel des Wahlprozesses und die Rolle der Parteien darin.

Die dritte Herangehensweise – welche diesem Kapitel zugrunde liegt – konzentriert sich auf die Tradition der eigentlichen Parteienforschung: Das Hauptanliegen liegt hier in dem Versuch, die Rolle der Parteien im neuen Wahlkampfprozess sowie den Einfluss dieses Prozesses auf die Parteien zu ergründen. Vor allem aus westeuropäischer Perspektive tendiert man dazu, den Ausgangspunkt für die Veränderungen in den USA zu sehen. Seit Epstein[20] hat man sich damit beschäftigt, inwieweit die USA den Weg markieren könnten, auf dem die westeuropäischen Länder (ebenso wie andere Länder) eines Tages folgen würden.

2. US-Kampagnen und die „Amerikanisierungsdebatte"

Der Wahlkampf in den USA blickt auf eine lange Entwicklungsgeschichte zurück: vom Zeitalter der Zeitungen im frühen 19. Jahrhundert bis zum digitalen Zeitalter des frühen 21. Jahrhunderts. Die Kampagnen von George W. Bush und Al Gore im Jahr 2000 hatten nur wenig gemein mit denen des Demokraten William Jennings Bryan und des Republikaners William McKinley im Jahr 1900. Dies liegt nicht nur an der Verwendung neuer Wahlkampftechniken wie dem Internet oder am exponentiellen Wachstum der Wahlkampfausgaben. Die Unterschiede werden vor allem an der Rolle der Kandidaten deutlich. 2000 mag sich Bush selbst damit erschöpft haben (von den Wählern ganz zu schweigen), auf der Jagd nach kostbaren Stimmen atemlos kreuz und quer durch das Land zu hetzen. William McKinley hingegen blieb zu seiner Zeit zu Hause und ließ andere für sich kämpfen. Er drückte es so aus: „Die Regeln der Angemessenheit gebieten, dass der Präsident Wahlwerbung für seine eigene Person unterlassen sollte".[21]

---

20 Vgl. Epstein (1967), a. a. O.
21 Zit. in Troy, Gil (1996), See How They Ran: The Changing Role of the Presidential Candidate. Cambridge, MA: Harvard University Press, S.109

Schaubild 1: Die Entwicklung des Kampagnenumfelds in den USA

	1860er 1880er 1900er	1920er 1940er	1960er	1980er 2000er
	Zeitungszeitalter	TV-Zeitalter		digital. Zeitalter
Technische Trends	Zug, Telegramm	Radio, Kino	TV, Flug-zeug	Kabel, Satellit — Internet
Politisches Umfeld	partisan votes (Parteigebundene Wähler)		Wechsel-wähler	Wähler wenden sich ab
Machtverhältnisse	Partei > Kandidat		Partei=Kandidat	Partei < Kandidat
Wahlkampfpersonal	Partei-„Maschinen"	PR, – Männer als Kam-pagnen-macher	Kam-pagnen berater als Insider	Kampagnenberater als Persönlichkeiten im Wahlkampf
Kommunikations-methode	Partei-orientiert mit dem Ziel der Mobilisierung	Kandid.-orientiert mit dem Ziel der Mobilisie-rung	Verkaufs-orientiert mit dem Ziel der Überzeu-gung	Marketing-orientiert mit dem Ziel der „Produktplatzierung"

Schaubild 1 gibt einen Überblick, wie sich der Wahlkampf in den Vereinigten Staaten im letzten Jahrhundert über drei Hauptstadien hinweg entwickelt hat. Sie werden hier benannt als Zeitungszeitalter, TV-Zeitalter und digitales Zeitalter.[22] Die Referenzwahl für das TV-Zeitalter ist die 1960er Wahl, als Herausforderer John F. Kennedy den amtierenden Präsidenten Richard Nixon im ersten TV-Duell dieser Kampagne „geschlagen" hat. Die letzte Präsidentschaftswahl stellt einen ähnlichen Meilenstein für das digitale Zeitalter dar.[23]

Es bedarf keiner allzu großen Vorstellungskraft, um jede andere westliche Demokratie in das in Tabelle 1 präsentierte Schema einzufügen. Die Daten können variieren und unter gewissen Gesichtspunkten können sich bestimmte Umstände verändern, aber die Grundzüge bleiben weitestgehend die gleichen. Dadurch stellt sich die wichtige Frage über das Ausmaß, in dem die USA den Weg in der Entwicklung von Kampagnen markieren, auf dem die anderen folgen,

---

22 Vgl. weitere Ausführungen über diese drei Stadien in Farrell (1996), „Campaign Strategies und Tactics" in: LeDuc, Lawrence/Niemi, Richard/Norris, Piper (Hrsg.), Comparing Democracies. Thousand Oaks, CA: Sage.; Farrell, David/Webb, Paul (2000), „Political Parties as Campaign Organizations", in: Russell Dalton und Martin Wattenberg (Hrsg.), Parties Without Partisans. Oxford: Oxford University Press.; Norris, Pippa (2000), A Virtuous Circle: Political Communications in Postindustrial Societies. Cambridge: Cambridge University Press.

23 Vgl. Cornfield, Michael (2001), „The Week of the Net", Campaigns & Elections. December/-January: 68; Faucheux, Ron (1998), „How Campaigns are Using the Internet: An Exclusive Nationwide Survey" Campaigns & Elections. September, S. 22–25; Weisberg, Jacob. (2000), „The Net's 1960?", Net Election: Slate Archives (slate.msn.com); Schafer, Alison (2001), „2000 Fizzled as The Internet Election", On-Line Journalism Review, February 1 (http://ojr.usc.edu).

d. h. inwieweit wir einen Prozess der „Amerikanisierung" in der Entwicklung des Wahlkampfes erleben.

Es ist in den letzten Jahren viel Papier verbraucht worden bei dem Versuch, diese Frage zu beantworten.[24] Zu den prominenten Befürwortern dieser Sichtweise gehören Mancini und Swanson, die in diesem Zusammenhang die folgende Hypothese aufgestellt haben: „Kampagnen in Demokratien weltweit werden zunehmend amerikanisiert, indem Kandidaten, politische Parteien und Medien sich mehr und mehr an ihrem Pendant in den Vereinigten Staaten orientieren".[25] Dennoch weisen sie vorsichtig darauf hin, dass sie diesen Ausdruck sehr locker und hauptsächlich als Synonym für „Modernisierung" verwenden. Auf ähnliche Weise argumentiert Margaret Scammell, der Begriff der „Amerikanisierung" sei „nützlich als eine Kurzkennung globaler Trends ... Die Vereinigten Staaten sind ein führender Exporteur und Musterbeispiel für Kampagnen".[26] Aus dieser Perspektive ist das Konzept „Amerikanisierung" hilfreich in der Beurteilung der Entwicklungen im Kampagnenprozess, nicht aber als ein Indikator für fundamentale Verschiebungen in der politischen Praxis. Im Gegensatz dazu plädieren Negrine und Papathanassopoulos[27] in ihrer Übersicht der Debatte über die Bedeutung der „Amerikanisierung" für eine komplexere und durchdachtere Sichtweise, inwieweit der Begriff für weitaus bedeutendere Verschiebungen in Wesen und Praxis der Politik weltweit stehen könnte.

Ganz gleich, welche der beiden Sichtweisen man sich zu eigen macht, ist doch auf jeden Fall deutlich, dass die amerikanische Kampagnenpraxis einigen Einfluss auf die Wahlkampfaktivitäten der westeuropäischen Parteien hatte. Die wichtigste und zugleich auch kaum kontroverse Annahme ist die, dass der Weg der Beeinflussung vor allem von West nach Ost verläuft: d. h. westeuropäische Kampagnenmacher kopieren (nolens volens oder in etwas abgewandelter Form) die neuesten Techniken und Praktiken ihrer US-Pendants. Selbstverständlich geht aber auch ein gewisser Strom von Ost nach West: Es gibt bekannte Beispiele dafür, dass europäische Kampagnen amerikanische Wahlkampfberater beeinflusst haben. Es gibt auch Fälle, in denen amerikanische und europäische Kampagnenmodelle als Einflusskonkurrenten auf neuen Kampagnenmärkten in sich entwickelnden Demokratien aufgetreten sind.[28] Aber mit einem speziellen Augen-

---

24 Einen herausragenden Überblick bietet Norris, Pippa (2001), Digital Divide: Civic engagement, information poverty, and the Internet worldwide, Cambridge University Press

25 Swanson, David/Mancini, Paolo (Hrsg.) (1996), Politics, Media, und Modern Democracy. Westport, CT: Praeger, S. 4

26 Scammell, Margaret (1995), Designer Politics: How Elections are Won. Houndmills, Basingstoke: Macmillan, S. 4

27 Negrine, Ralph/Papathanassopoulos, Stylianos (1996), in: „The „Americanization" of Political Communication: A Critique" Press/Politics. 1, S. 45–62.

28 Bowler, Shaun/Farrell, David (2000), „The Internationalization of Campaign Consultancy", in Thurber, James/Nelson, Candice (Hrsg.), Campaign Warriors: Political Consultants in Elections. Washington, DC: Brookings Institution Press; Plasser, Fritz (2000), „American Campaign Techniques Worldwide", Press/Politics. 5, S. 33–54

merk auf den westeuropäischen Kontext, ist es ganz offensichtlich, dass der Löwenanteil des Einflusses eher aus den USA kommt und nicht umgekehrt.

Damit stellt sich die Frage, in welchem Maße wir eine Konvergenz der Kampagnenstile der Parteien und Kandidaten in Westeuropa mit ihren Pendants in den USA erleben. Es geht also darum zu klären, in welchem Maße ganz eindeutige Annäherungen in den Kampagnenstilen in Westeuropa und Amerika zu erkennen sind, und welche Bedeutung dies für die Rolle der Kampagnen der Parteien in Westeuropa hat. Zwei mögliche Antworten bieten sich an: Die erste liegt auf der Linie von Swanson und Mancini und besagt, dass eine selektive oder teilweise Übernahme von US-Kampagnenmethoden stattfindet, die insgesamt zu einer Professionalisierung der Kampagnenpraxis beiträgt, aber nur geringen Einfluss auf das Wesen der Wahlpolitik hat. Die zweite Linie, im Sinne von Negrine und Papathanassopoulos, stellt eine umfassende Übernahme von Praktiken und Stilmitteln fest, die eine Transformation im Wesen der Parteipolitik in Westeuropa mit sich bringt. Die Zusammenfassung in Schaubild 2 zeigt, dass die erste Variante als „shopping"-Modell, die zweite als „adoption"-Modell charakterisiert werden kann.[29]

Schaubild 2: Ein Modell der Verbreitung von US-Wahlkampftechniken

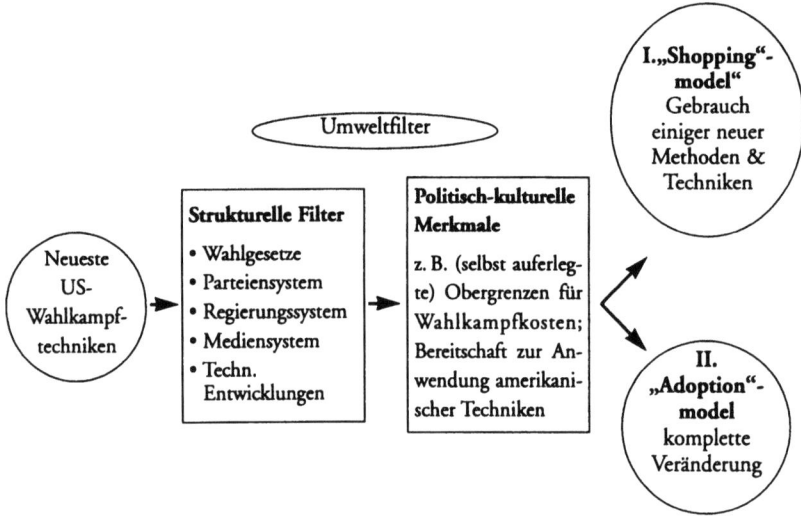

29 Vgl. Plasser, Fritz/Scheucher, Christian/Senft, Christian (1999), „Is There a European Style of Political Marketing? A Survey of Political Managers und Consultants", in: Newman, Bruce (Hrsg.), Handbook of Political Marketing. London: Sage.

3. Umweltfilter und der Wandel von Kampagnen

Schaubild 2 gibt einen vereinfachten Überblick darüber, wie der Verbreitungs-
prozess eine Reihe von Umweltfiltern durchläuft, in der Form struktureller Filter
sowie politisch-kultureller Grundbedingungen. Abhängig von deren Stärke und
Einfluss, können die resultierenden Veränderungen in den Kampagnen relativ
gering sein (gemäß dem „shopping"-Modell) oder verhältnismäßig groß (gemäß
dem „adoption"-Modell). Die jeweilige Bedeutung von „relativ gering" oder
„verhältnismäßig groß" soll weiter unten ausgeführt werden. Zunächst wollen
wir die Aufmerksamkeit auf die Arten der Filter und auf deren Potenzial lenken,
die Verbreitung der US-Kampagnenpraktiken zu moderieren. Zunächst zu den
strukturellen Filtern.

Zu den offensichtlichsten Filtern gehören das Regierungs- und das Parteiensystem. Zunächst einmal ist zu unterscheiden zwischen parlamentarischen und
präsidentiellen Systemen. Diese sind der ausschlaggebende Faktor dafür, inwieweit sich Kampagnen um den Kandidaten oder aber um die Partei drehen.[30] Ein
Hauptgrund dafür, dass US-Kampagnentechniken in Lateinamerika sehr beliebt
sind, ist die Tatsache, dass die meisten der jungen Demokratien in diesem Teil
der Welt präsidentielle Demokratien sind.[31] Es liegt im Wesen präsidentieller
Systeme, dass sie es den Kandidaten ermöglichen, Kampagnen unabhängig von
etablierten Parteistrukturen zu führen, und dadurch den umfangreichen Einsatz
professioneller Kampagnenmanager und Berater erleichtern. Es gibt auch Evi-
denzen aus den beiden semi-präsidentiellen Systemen Westeuropas – Finnland
und speziell Frankreich – welche diese Annahme stützen. Dort neigen Präsidentschaftskandidaten dazu, auf ihre Person konzentrierte Unterstützergruppen und
Berater zu nutzen.[32]

Eine weitere entscheidende Komponente ist die Anzahl der Parteien im
Wettbewerb. Im Zwei-Parteien-System der USA mit seinem „Alles oder nichts"-
Prinzip im Hinblick auf den Wahlerfolg führen die Kandidaten der beiden
großen Parteien einen uneingeschränkte Kampf um die Vormachtstellung über
alle Rivalen. Nur ein Kandidat kann das Rennen gewinnen; es gibt nicht so etwas
wie „Koalitionsregierungen". (Am deutlichsten zeigt sich dies am Scheitern
parteiübergreifender Kooperation in der Politikblockade des „divided government" zwischen Exekutive und Legislative.) Ähnliche Tendenzen zeigen sich im
Zwei-Strömungs-Wettbewerb in Großbritannien sowie in Frankreich im

30 Vgl. Bowler/Farrell (1992), a. a. O.
31 Vgl. Angell, Ala /Kinzo, M. D'Alva/Urbaneja, Diego (1992), „Latin America" in: Butler, David/
   Ranney, Austin (Hrsg.), Electioneering. Oxford: Clarendon.
32 Vgl. Sundberg, Jan/Högnabba, S. (1992), „Finland: the 1991 Campaign" in: Bowler, Shaun/
   Farrell, David (Hrsg.), Electoral Strategies and Political Marketing Houndmills, Basingstoke:
   Macmillan; Pierce, Roy (1998), Choosing the Chief: Presidential Elections in France and the
   United States. Ann Arbor, MI: Michigan University Press.

Hinblick auf die Präsidentschaft. Im Gegensatz dazu tendiert der Rest West-europas, wo Mehrparteiensysteme die Regel sind, eher zu Verständigung und Kooperation als zu ungebremster Konfrontation.[33] Dies setzt dem offenen Kampf und dem Nagativismus im Stil der US-Wahlwerbung Grenzen. Die Parteien müssen in ihren Kampagnen auf mögliche Koalitionsszenarios nach dem Wahl-tag Rücksicht nehmen und dementsprechend für Slogans und Rhetorik ihrer Kampagnen einen angemessen gemäßigten Ton wählen.

Eine dritte Gruppe von Filtern stellen die Wahlgesetze dar. Wenn wir uns zunächst das Wahlsystem selbst (d. h. das System der Stimmabgabe) anschauen, erscheint klar, dass die Art der Kampagne tiefgreifend durch den Typ des ange-wandten Wahlverfahrens beeinflusst sein muss. Plasser und seine Kollegen[34] weisen auf die Unterscheidung zwischen Kandidatenwahlen mit Mehr-heitsprinzip (simple member plurality – SMP) und Listenwahlen hin und ver-muten, dass letztere den Grad der Aufmerksamkeit für die Kandidaten beschrän-ken. Man kann allerdings einwenden, dass sie dabei den wichtigen Aspekt des Status der Spitzenkandidaten der Parteien übersehen, den im allgemeinen der Parteichef innehat. Tatsache ist jedenfalls, dass kandidatenbasierte Wahlsysteme (das britische Mehrheitswahlrecht, das irische System des „single transferable vote" – STV, das System der Stichwahl bei der französischen Präsidentschafts-wahl sowie einige offene Listensysteme, wie sie etwa in Finnland und Dänemark angewandt werden) wahrscheinlich bedeutenden Einfluss darauf haben, inwie-weit eine Kampagne zentralisiert und auf nationale Strategien, die den Parteichef in den Mittelpunkt rücken, fokussiert wird. Zentralisierung und Präsidentialisie-rung sind in parteibasierten, geschlossenen Listensystemen eher zu erwarten.[35]

33 Vgl. Lijphart, Arend (1999), Patterns of Democracy. New Haven: Yale.
34 Vgl. Plasser et al. (1999), a. a. O.
35 Für weitere Diskussion siehe Farrell, David (2001), Electoral Systems. London: Palgrave; Katz, Richard (1980), A Theory of Parties und Electoral Systems, Baltimore, MD: Johns Hopkins University Press.

Tabelle 1: Das westeuropäische Kampagnenumfeld

	Medien			Finanzen		Andere
	Fernseh-Spots	TV-Duelle der Spitzen-kandidaten^a	Auflagen für TV-Zugang^b	Kampagnen-finanzierung	Ausgaben-limit	Umfragen-begrenzung
Österreich*	Ja*	Ja*	Proportional	Ja		
Belgien	Nein	Ja	Proportional	Nein	Ja*	
Dänemark	Nein	Ja	Gleich	Nein		
Finnland	Nein	Ja	Gleich	Nein		
Frankreich	Nein*	Ja	Proportional*	Ja (für Präs.)^c	Ja	7-Tage-Sperre
Deutschland	Ja*	Ja	Proportional	Ja		
Irland	Nein	Ja	Proportional	Ja*	Ja*	
Italien	Ja*	Nein	Nein	Ja*^d		7-Tage-Sperre
Niederlande	Ja*	Ja*	Nein	Nein		
Norwegen	Nein	Ja	Nein	Ja*		
Schweden	Ja*	Ja	Gleich	Nein		
Schweiz	Nein	Nein	Proportional	Nein		
Großbritannien	Nein	Nein	Proportional	Nein	Ja (lokal)	

* Zeigt einen Wechsel an (meistens irgendwann seit den 80er Jahren). Länder, die eine erhebliche Liberalisierung ihres Kampagnenumfeldes erfahren haben, sind fett gedruckt.

a In einigen Fällen (vor allem in Skandinavien), gibt es weniger tatsächliche Debatten zwischen den Kandidaten, als Befragungen durch Journalisten.

b In manchen Fällen per Gesetz, in anderen durch Regeln der Sendeanstalten.

c Seit 1998 gab es auch begrenzte Beihilfen für Kandidaten die bei den Parlamentswahlen >5 % der Wählerstimmen gewannen.

d Im Dunste des *tangentopoli*-Skandals hat das Volk durch ein Referendum beschlossen, allen Parteien die staatliche Finanzierung zu entziehen. Seither haben die Parteien eine neue Gesetzgebung beschlossen, um die Wahlkampfausgaben wieder zu limitieren.

Jenseits des eigentlichen Wahlsystems selbst spielen auch die sonstigen Wahlgesetze eines Landes eine herausragende Rolle im Hinblick auf die Übernahme neuer Kampagnentechniken. Es geht hier um jegliche Gesetzgebung, die Auswirkungen darauf hat, wie eine Wahlkampagne gestaltet werden kann. Die Bandbreite möglicher Gesetze, die Einfluss auf die Wahlkampfpraxis haben, ist nahezu unendlich (wer einen Eindruck von dem, was möglich ist, bekommen will, schaue nach Japan). Aber es ist dennoch möglich, einige der offensichtlicheren Fälle herauszugreifen (siehe Tabelle 1). Wie üblich liefern die USA den Hauptvergleichsmaßstab, gekennzeichnet unter anderem durch uneingeschränkten (auch persönliche Finanzierung einschließenden) Zugang zu (bezahlten) Fernseh-Spots und die Bereitstellung von großzügiger staatlicher Finanzierung für die (Präsidentschafts-)Kandidaten. Einen guten Kontrast gibt Großbritannien ab, wo es Parteien weder gestattet ist, bezahlte TV-Spots auszustrahlen (stattdessen sind sie auf die kostenlosen Sendezeiten angewiesen, die ihnen die Fernsehanstalten nach einem Proporz-Schlüssel offerieren), noch erhalten sie staatliche Gelder zur Finanzierung ihrer Kampagnen.

Bis vor kurzem war die Feststellung angemessen, dass nur wenige europäische Länder im Sinne eines „liberalen" Kampagnen-Regimes an die USA heranreichten.[36] Doch es hat in den letzen zehn Jahren einige bedeutende Entwicklungen gegeben, die in Tabelle 1 mit einem Sternchen markiert sind.[37] Seit den frühen 80er Jahren wurde den Parteien in Österreich, Deutschland, Italien, den Niederlanden und in Schweden die Ausstrahlung bezahlter TV-Spots erlaubt. Staatliche Wahlkampffinanzierung wurde in Norwegen und (vor kurzem) in Irland eingeführt, in Italien wurde sie nach dem Debakel um den *tangentopoli-Skandal* wieder eingeführt, wenn auch in beschränkter Form. Allgemein kann man nun feststellen, dass im Zeitraum von etwa einer Dekade sechs Länder eine Bewegung hin zu einem liberaleren Kampagnenumfeld (zumindest im Sinne des Wahlrechts) durchlaufen haben: Österreich, Deutschland, Irland, die Niederlande, Norwegen und Schweden.[38]

Demgegenüber deutet sich ein Trend an, der wahrscheinlich gewichtigen Einfluss auf die weitere Ausweitung der Professionalisierung von Kampagnen haben wird. Gemeint ist der Schritt einiger Länder, Obergrenzen für Wahlkampfausgaben einzuführen: In Frankreich wird dies bereits praktiziert, jüngst haben auch Belgien und Irland Ausgabenlimits eingeführt[39] und, sofern die Empfehlungen der Neill-Kommission von der Regierung aufgenommen werden, wird möglicherweise auch Großbritannien folgen.[40] Bislang limitieren nur Frankreich und Italien die Verwendung von Meinungsumfragen in den letzten Tagen des Wahlkampfes (irische Politiker haben in den frühen 90ern kurzzeitig mit der Idee geliebäugelt). Der Fetisch weitreichender Restriktionen für Meinungsumfragen, zu dem man in vielen der neueren Demokratien tendiert, hat sich in Westeuropa bisher noch nicht durchgesetzt.[41]

Ein vierter Filter ist das Mediensystem. Jenseits der speziellen Gesetzgebung, welche die Nutzung der Medien im Wahlkampf beschränkt, gibt es zusätzliche Mittel, durch welche die Rolle der Medien tangiert werden kann. Offensichtlich ist hier beispielsweise die Tatsache, dass es in keinem westeuropäischen Land ausschließlich private Rundfunkanstalten wie in den USA gibt: Die Einführung

---

36 Vgl. Smith, Anthony (1981), „Mass Communications", in: David Butler, Howard Penniman und Austin Ranney (Hrsg.), Democracy at the Polls. Washington, DC: American Enterprise Institute.

37 Siehe auch Farrell (1996), a. a. O., Farrell/Webb (2000), a. a. O.

38 Für genauere Einzelheiten bei Veränderungen im Wahlrecht siehe Bowler/Carter/Farrell (2000), a. a. O.

39 Vgl. Murphy, Ronan/Farrell, David (2001), „Party Politics in Ireland: Regularizing a Volatile System", in: Webb, Paul/Farrell, David/Holliday, Ian (Hrsg.), Political Parties in Advanced Industrial Democracies. Oxford: Oxford University Press.

40 Vgl. Webb, Paul (2001), „Political Parties in Britain: Secular Decline or Adaptive Resilience?'" in: Webb, Paul/Farrell, David/Holliday, Ian (Hrsg.), Political Parties in Advanced Industrial Democracies. Oxford: Oxford University Press.

41 Vgl. Bowler, Shaun/Farrell, David (2000), „The Internationalization of Campaign Consultancy", in Thurber, James/Nelson, Candice (Hrsg.), Campaign Warriors: Political Consultants in Elections. Washington, DC: Brookings Institution Press.

von Satelliten- und Kabelübertragung hat in den letzten Jahren viele Veränderungen mit sich gebracht, tatsächlich aber ist und bleibt das europäische Mediensystem ein Mix aus privat und öffentlich-rechtlich.[42] Eine allgemeine Begleiterscheinung hiervon ist die Tendenz zu einer gewissen Regulierung des Zugangs zum Rundfunk (entweder gesetzlich festgeschrieben oder auch als etablierte journalistische Praxis): In Skandinavien geht die Tendenz dahin, allen Parteien unabhängig von ihrer Größe gleichen Zugang zu den elektronischen Medien zu geben. Die üblichere Praxis in den meisten anderen westeuropäischen Ländern ist der Zugang proportional zur Stärke der Parteien. Schließlich sind Fernsehdebatten mittlerweile in nahezu allen westeuropäischen Ländern die Regel. Großbritannien bleibt eine der wenigen bedeutenden Ausnahmen, obwohl die Rundfunkanstalten mit großer Anstrengung versuchen, die Parteichefs dazu zu verführen.

Tabelle 2: Anteile der Internetbenutzer in Westeuropa und den USA in 2000

Schweden	56,4	Irland	27,5
USA	55,8	Belgien	26,4
Norwegen	52,6	Deutschland	24,3
Island	52,1	Italien	23,3
Dänemark	48,4	Luxemburg	21,7
Niederlande	45,8	Frankreich	15,3
Finnland	43,9	Spanien	13,7
Österreich	36,9	Griechenland	12,4[a]
Großbritannien	33,6	Portugal	7,0
Schweiz	33,1	*Durchschnitt weltweit*	6,7

Bemerkungen: Die Länder werden von der höchsten zur geringsten Online-Quote aufgelistet. Die Nua-Webseite sammelt die Daten zahlreicher Studien. Angesichts der Mischung der angewandten Methoden sind diese Ranglisten meist mit einem „Warnhinweis" versehen.
a 1999er Wert
Quelle: www.nua.ie

Ein letzter struktureller Filter könnte grob mit „technische Entwicklungen" bezeichnet werden. Hauptsächlich geht es hierbei um die Ausweitung des Zugangs zum Internet. Oben wurde bereits erläutert, wie das Internet eines der Hauptmerkmale der amerikanischen Wahlkampfkommunikation geworden ist. Dies ist vor allem dem Umstand geschuldet, dass der Zugang zum Internet in der

---

42 Vgl. Humphreys, Peter (1996), Mass Media and Media Policy in Western Europe. Manchester: Manchester University Press.

US-Bevölkerung inzwischen sehr weit verbreitet ist. Es kann keinen Streit über die Frage geben, dass die USA der größte Einzelspieler im Internet sind. Dennoch ist die Vormachtstellung der USA im world wide web mit der rasanten weltweiten Ausbreitung des Netzes stetig zurückgegangen.[43] Nach den neuesten verfügbaren Zahlen (www.nua.ie) zählte die weltweite Internet-Gemeinde im Jahr 2000 etwa 407 Millionen Menschen. Die USA hatten dabei einen Anteil von 38 % (154 Millionen), der Anteil in West-Europa betrug 24 % (99 Millionen; für ganz Europa waren es 28 %, 113 Millionen). Während die USA nach wie vor eindeutig der größte Internet-Nutzer im Sinne der absoluten Bevölkerungszahl sind, sind sie aber nicht mehr die Nummer eins im Hinblick auf die größte Zugangsverbreitung. Tabelle 2 zeigt, dass im Jahr 2000 gemessen auf einer Pro-Kopf-Basis in Schweden mehr Menschen online waren (56,4 %) als in den Vereinigten Staaten US (55,8 %), und einige andere skandinavische Länder folgten dichtauf. Übereinstimmend mit früheren Erkenntnissen gibt es erstaunliche regionale Unterschiede im Zugang zum Internet quer durch Westeuropa,[44] und zwar entlang einer klaren Nord-Süd-Trennungslinie. Insgesamt gibt es sechs westeuropäische Länder, in denen über 40 % der Bevölkerung Zugang zum Internet haben. Bis auf eine Ausnahme sind es ausschließlich skandinavische Länder: Schweden, Norwegen, Island, Dänemark, die Niederlande und Finnland.

---

43 Norris (2001), a. a. O.
44 Vgl. Norris (2001), a. a. O.

Tabelle 3: Strukturelle Filter und das Verbreitungspotential für US-Wahlkampf-techniken in Westeuropa

	Regierungs-system[a]	Parteien-system[b]	Wahl-system[c]	Medien-system[d]	Wahlkampf-finanzierung[e]	Internet-zugang[f]	Keine Wahl-kampf-limits[g]
Österreich			•	•	•		•
Belgien			•				
Dänemark						•	•
Finnland	•					•	•
Frankreich	•	•			•		
Deutschland			•	•	•		•
Irland					•		
Italien			•		•		
Niederlande			•	•		•	•
Norwegen			•		•	•	•
Schweden			•	•		•	•
Schweiz			•				•
Großbritannien	•						

Bemerkungen: Diese Tabelle listet eine Reihe von Umfeldmerkmalen (Filter) auf, anhand derer die Wahrscheinlichkeit sinkt oder steigt, dass ein bestimmtes westeuropäisches Land amerikanische Wahlkampfpraktiken anwendet. Je mehr Punkte, desto größer ist das Potential für die Anwendung von US-Wahlkampftechniken: Länder mit vier Punkten sind fett gedruckt.
a (semi-) präsidentielle Systeme, im Gegensatz zu parlamentarischen Demokratien.
b Zweiparteiensystem oder Vielparteiensysteme
c Verhältniswahlrecht mit geschlossenen Listen (Deutschland eingeschlossen) im Gegensatz zu allen anderen Wahlsystemen.
d Private TV-Spots sind zulässig.
e Zugang zu staatlicher Wahlkampffinanzierung.
f Mehr als 40 % der Bevölkerung online.
g Keine Begrenzung für Wahlkampfausgaben und Umfragen.

Tabelle 3 gibt eine Übersicht der strukturellen Eigenschaften, die zur Vereinfachung der Verbreitung von amerikanischen Kampagnentechniken beitragen können. Jede Gegebenheit in einem Land, die ein „liberaleres" Kampagnen-Umfeld anzeigt, ist durch ein Sternchen markiert. Die fünf Länder mit den liberalsten Kampagnenumfeldern sind fett gedruckt (Österreich, Deutschland, die Niederlande, Norwegen und Schweden). Hier kann fruchtbarer Boden für die mögliche Übernahme neuer Wahlkampftechniken vermutet werden.

Die Rolle politisch-kultureller Grundbedingungen läßt sich weniger leicht messen: In Ermangelung von Befragungen politischer Eliten ist es schwierig, sich vorzustellen, wie man hierfür angemessene Messinstrumente entwickeln könnte. Allerdings gibt es ausreichend anekdotische Anhaltspunkte, um mögliche Entwicklungen aufzuzeigen. Bedeutsam ist hierbei etwa, inwieweit die Parteien bereit sind, unabhängig von den gesetzlichen Höchstgrenzen, die es in einigen Län-

dern gibt und die bereits oben behandelt wurden, bei ihren Ausgaben für Wahlkampagnen bis ans finanzielle Maximum zu gehen. In einigen Ländern mag es
eine kulturell begründete Abneigung geben, zu viel Geld auszugeben oder alle für
den Wahlkampf im Prinzip zur Verfügung stehenden Ressourcen auch wirklich
voll auszuschöpfen. Ein gutes Beispiel hierfür liefern die dänischen Parteien. Sie
sind laut Lars Bille und seinen Kollegen „widerwillig, das ganze Brimborium der
heutigen Wahlkämpfe zu nutzen".[45] Ähnliches konnte in niederländischen Wahlkämpfen beobachtet werden.[46] Zur Zurückhaltung bei großen Ausgaben für den
Wahlkampf tendieren auch bestimmte Parteien links der Mitte sowie grüne
Parteien.[47]

Ein anderes Thema ist die Frage, wie zugänglich westeuropäische Parteien
für die Übernahme amerikanischer Wahlkampfmethoden sind. Dies läßt sich
unter anderem daran ablesen, wie bereitwillig einige Länder/Parteien die Dienste
amerikanischer Kampagnenberater in Anspruch nehmen. Napolitan hat beobachtet, dass es „einige sensible Felder im Wahlkampf in der alten Welt gibt, weil
Politiker in vielen Ländern die Reaktion ihrer Landsleute auf die Nutzung amerikanischer Ratgeber fürchten. Dies trifft nicht für alle Länder zu – aber in einigen ist dieses Gefühl wirklich sehr stark ausgeprägt".[48] Oft zitiert wird in diesem
Zusammenhang Großbritannien. Dort zeigte sich über einige Zeit eine offen-
sichtliche Anomalie im Prozess der Internationalisierung der professionellen
Kampagnenberatung. Obwohl es sich gerade dort wegen der gemeinsamen Kultur und Sprache sowie des wirtschaftlichen Wohlstandes angeboten hätte, schien
Großbritannien resistent sowohl gegenüber dem Gebrauch amerikanischer
Wahlkampftechniken als insbesondere auch gegenüber dem Einsatz amerikanischer Wahlkampfberater. In den frühen 70er Jahren beschrieb beispielsweise Joe
Napolitan, offensichtlich verzweifelt angesichts dessen, was er für eine britische
„chauvinistische Einkapselung" hielt, seine Schwierigkeiten, die Briten in irgendeiner Weise für die Aktivitäten der „International Association of Political Consultants" (IAPC) zu interessieren, die er gerade gegründet hatte. An einer von ihm
1970 in London veranstalteten Versammlung nahmen Berater aus Italien,
Deutschland, den Niederlanden, Dänemark, Schweden, Belgien, Südafrika, Por-
tugal, Mexiko, Norwegen, Kanada, Frankreich und den USA teil. Von den britischen Parteien wurde die Veranstaltung „regelrecht boykottiert" und „von der
britischen Presse wurden wir verrissen".[49] Ende der 70er Jahre sah es so aus, als
habe die chauvinistische Kapsel der Briten einen Riss bekommen: In der 1979er

---

45 Vgl. Bille, Lars/Elklit, Jørgen/Jakobsen, Martin (1992), „Denmark: the 1990 Campaign", in:
   Bowler, Shaun/Farrell, David (Hrsg.), Electoral Strategies and Political Marketing. London:
   Macmillan.
46 Vgl. Koole, Ruud (1989), „The „Modesty" of Dutch Party Finance", in: Herbert Alexander
   (Hrsg.), Comparative Political Finance in the 1980s. Cambridge: Cambridge University Press.
47 Vgl. Bowler/Farrell (1992), a. a. O.
48 Napolitan, Joe (1972), The Election Game. New York: Doubleday, S. 244
49 Napolitan (1972), a. a. O., S. 255

Kampagne bedienten sich die Konservativen in großem Umfang amerikanischer Wahlkampftechniken und beschäftigten auch Leute, die sich mit der US-Wahlkampfszene auskannten, was Sabato zu der Bemerkung veranlasste, dass die „unnahbaren und skeptischen britischen Politiker dabei seien, die Kurve zu kriegen".[50]

Die Internationalisierung der Kampagnenberatung ist weiter fortgeschritten, und heute bedienen sich viele westeuropäische Länder amerikanischer Berater und ermöglichen ihren einheimischen politischen Beratern Tätigkeiten in den Vereinigten Staaten. Die Mitgliederlisten von Organisationen wie der IAPC sowie aktuelle Umfragen unter politischen Beratern zeigen, dass Frankreich, Deutschland, Großbritannien, Schweden und Italien in diesem Bereich am aktivsten sind.[51]

4. Die Amerikanisierung europäischer Wahlkämpfe: „Shopping" oder „Adoption"?

Im Allgemeinen dreht sich der Veränderungsprozess der Kampagnen und ihrer Beziehung zum Parteiensystem um drei Hauptfaktoren:[52] Erstens die technischen Entwicklungen, wie wir sie in der Vergangenheit mit dem Aufkommen des Fernsehens erlebt haben und wie sie in jüngerer Zeit versinnbildlicht werden durch Satelliten, Kabel und das allgegenwärtige Internet. Zweitens geht es um Entwicklungen im Bereich der Ressourcen, wie etwa die Nutzung der Dienste professioneller Kampagnenmanager und den Zugang zu finanziellen Mitteln. Drittens geht es um thematische Entwicklungen im Sinne von Wahlkampf-Themen und -Taktiken.

Technische Entwicklungen

Gegenwärtig liegt der Hauptfokus klar auf der Ausbreitung des Internet als Wahlkampfmittel. Während uns das Fernsehzeitalter für eine ganze Weile beschäftigt hat (dies wird in Schaubild 1 verdeutlicht),[53] geht es heute darum, wie sich die Kampagnen für das digitale Zeitalter rüsten. Wie im vorangehenden Abschnitt erläutert, können externe Faktoren einen erheblichen Einfluss auf das Ausmaß und den Grad der Aufnahme durch die Parteien haben, auch wenn die Parteien einen größeren Zugang zu diesen neuen Ressourcen für Kampagnen haben. Ein kurzer Blick auf die Parteien auf der Web-Seite* zeigt, dass praktisch

---

50 Sabato, Larry (1981), The Rise of Political Consultants: New Ways of Winning Elections. New York: Basic Books, S. 61
51 Vgl. Bowler/Farrell (2000); a. a. O.; Farrell (1998), a. a. O.; Plasser (2000), a. a. O.
52 Vgl. Farrell/Webb (2000), a. a. O.
53 Siehe auch Farrell (1996), a. a. O.; Norris, Pippa (2000), A Virtuous Circle: Political Communications in Postindustrial Societies. Cambridge: Cambridge University Press.
* www.agora.stm.it/elections/parties.htm

alle Parteien heutzutage ihre eigene Webpräsenz haben. Es bleibt allerdings abzuwarten, ob sie in Wahlkämpfen so genutzt werden wie in den Vereinigten Staaten während des letzten Präsidentschaftswahlkampfes. Aufgrund der rapiden Zunahme der Internetnutzung kann es nur eine Frage der Zeit sein. Während der 1997er Wahl in Großbritannien verfügten alle Parteien über Webseiten, und die Homepage der Labour-Partei verzeichnete 100.000 Zugriffe. Ein ähnliches Bild bietet sich für die meisten anderen Parteien unserer Beispielländer.[54] Auf der Basis ihrer britischen Studie spekulieren Gibson und Ward, dass „bei der Geschwindigkeit der Entwicklungen der letzten fünf Jahre, ... es nicht unbegründet ist anzunehmen, dass sich Parteikommunikation und Kampagnen im Internet über die nächste Dekade von einer Randerscheinung hin zum mainstream entwickeln werden."[55]

Entwicklung der Ressourcen

Was die allgemeine Ressourcenentwicklung angeht, ist es eine grundsätzliche und unbestreitbare Tatsache, dass die westeuropäischen Parteien gegen Ende der 90er Jahre stärker und besser ausgestattet sind, als sie es 20–30 Jahre vorher waren. (Damit werfen sie übrigens beachtliche Zweifel auf, was die Richtigkeit der These vom „Niedergang der Parteien" angeht.) Tabelle 4 zeigt auf vielfältige Weise, dass die westeuropäischen Parteien in den späten 80er Jahren bedeutend stärker waren als in den 60ern: Ihre Parteizentralen waren besser ausgestattet (dies gilt im übrigen umso mehr für die Ausstattung der parlamentarischen Fraktionen), ihre Jahreseinkünfte waren höher, und sie gaben mehr Geld für Wahlkampagnen aus. Und für die Parteien, die diesem Wachstumstrend nicht zu folgen schienen – in Deutschland und den skandinavischen Ländern sind die Haupteinnahmenquellen leicht zurückgegangen – muss man festhalten, dass sie als die reichsten Parteien Europas in diese Periode gestartet waren. Die Tatsache, dass ihre Ausgaben für Kampagnen kontinuierlich gewachsen sind, belegt, dass sie weit davon entfernt waren, schlecht gestellt zu sein.[56]

---

54 Vgl. die Diskussion in ECPR News 10(1) 1998, S. 6–11.
55 Gibson, Rachel/Ward, Stephen (1998), „U.K. Political Parties und the Internet: „Politics as Usual" in the New Media?" Press/Politics. 3: S. 14–38.
56 Weitere Diskussion vgl. Farrell/Webb (2000), a. a. O.

Tabelle 4: Entwicklung der Ressourcen von westeuropäischen Parteien in den letzten Jahrzehnten des 20. Jahrhunderts

	Prozentuales Wachstum/prozentuale Abnahme von		
	Personal der Partei- zentrale	Einkommen der Partei- zentrale	Wahlkampf- ausgaben der Partei- zentrale
Österreich	+36	+192	+14
England	+18	+42	+25
Dänemark	+33	+66	+22
Finnland	+91	-13	+13
Westdeutschland	+8,6	-22	nicht erhoben
Irland	+216	+91	+162
Niederlande	+61	+90	+39
Norwegen	+59	-16	+6
Schweden	+39	-17	+18

Bemerkungen: Die Veränderung bezieht sich auf die Differenz zwischen dem Stand der späten 60er oder frühen 70er Jahre und den späten 80er oder frühen 90er Jahren. Es wurden nur die Parteien berücksichtigt, bei denen ein direkter Vergleich über die Jahre möglich war. Die Finanzdaten wurden unter Einbeziehung der Entwicklung der Lebenshaltungskosten standardisiert (auf der Grundlage von 1987).

Quellen: Farrell/Webb (2000), a. a. O.; Katz, Richard/Mair, Peter (Hrsg.) (1992), Partieorganisation: A Data Handbook. London: Sage.; International Financial Statistics Yearbook 1979; World Bank, World Tables 1992.

Ob sich diese Wachstumstrends bis heute fortgesetzt haben, lässt sich nicht so einfach mit Gewissheit feststellen. Leider gibt es keinen einfachen Zugang zu harten Daten, um dies tiefer zu erforschen. Stattdessen müssen wir uns zumeist auf das Urteil von Länderexperten verlassen. Die Informationen der Länder- experten über Wahlkampfausgaben in den 90ern ergaben ein sehr gemischtes Bild.[57] Zu den Ländern, in denen die Wahlkampfausgaben sich weiter zu erhöhen scheinen, gehören Großbritannien, Deutschland und Schweden. In der Regel spiegeln sich hier die wachsenden Ausgaben moderner Kampagnen. Zumindest in einigen Fällen sind die steigenden Ausgaben lediglich den staatlichen Parteien-

---

57 Hintergrundinformationen von: Luciano Bardi (Italien), Kris Deschouwer (Belgien), Michael Holmes (Irland), Wolfgang Müller (Österreich), Jon Pierre (Schweden), Thomas Poguntke (Deutschland), Jan Sundberg (Finnland), Lars Svåsand (Norwegen), Anders Widfeldt (Schweden) und Colette Ysmal (Frankreich).

finanzierungsgesetzen geschuldet, die automatische Steigerungen mit sich bringen, um den erhöhten Lebenshaltungskosten und der wachsenden Bevölkerung Rechnung zu tragen. Im Gegensatz dazu gibt es eine Reihe von Ländern, in denen sich die Ausgaben für Kampagnen entweder stabilisiert (Frankreich, Irland) oder abgenommen haben (Belgien, Finnland, Italien). Wieder verbergen sich mehrere Faktoren hinter den variierenden Mustern. Der irische Trend spiegelt zum Beispiel eine Zeit der Kürzungen in aufgeblähten Parteiorganisationen und auch einen Trend stärker zielgerichteter Ausgaben wieder (z. B. nutzen irische Parteien statt teurer Zeitungsanzeigen nun vermehrt Plakatwerbung). Die französischen Wahlkampfetats haben sich auf einem bestimmten Niveau eingependelt, seit in den 80er Jahren ein Gesetz zur Eindämmung der Nutzung neuer Wahlkampftechniken verabschiedet wurde. In Finnland hat eine Wirtschaftskrise die Parteien gezwungen, ihre Wahlkampfbudgets zurückzufahren. In Italien wurden die Parteien durch den Wegfall der staatlichen Finanzierung zu Einsparungen gezwungen. Ähnlich war es in Belgien, wo es, wie in Italien, einen Parteispendenskandal gegeben hatte. Auch dort waren die Ausgabenbeschränkungen die direkte Konsequenz einer neuen Gesetzgebung mit dem Ziel, die Parteien zu geringeren Ausgaben zu zwingen – eine Politik, die sich bei Wählern wie Parteien als sehr populär erwiesen hat.

Auch bei der personellen Ausstattung hat es in den letzten Jahren einige interessante Tendenzen gegeben. Drei Entwicklungen können isoliert werden: (1) die Rolle externer Agenturen, im Allgemeinen aus den Bereichen Kommunikation und Marketing; (2) die Beschäftigung von Wahlkampfberatern, häufig aus den Vereinigten Staaten; (3) eine neue Definition des Verständnisses von Parteimitarbeitern. Der erste Punkt ist schnell abgehandelt. Tatsache ist, dass politische Parteien sich schon immer externer Agenturen bedient haben, vor allem dann, wenn es um Werbekampagnen ging (das bekannteste Beispiel aus den 80er Jahren dürfte wohl die Agentur Saatchi's mit Sitz in London sein). Bemerkenswert ist, dass die Zusammenarbeit aller Parteien mit solchen Agenturen in den letzten Jahren sehr stark zugenommen hat.[58] Immer beliebter wird es auch, Wahlumfragen extern in Auftrag zu geben. Gelegentlich werden auch externe Unternehmen für Öffentlichkeitsarbeit, Direkt-Mailing-Aktionen und andere spezielle Aufgaben gebraucht. Während die Inanspruchnahme solcher spezialisierten Dienstleister eine gewisse Ähnlichkeit mit den Kampagnentechniken in den USA birgt, dürfen wir nicht vergessen, dass es in Europa in weiten Teilen kommerzielle Unternehmen sind, die den Parteien zwar ihren Sachverstand zur Verfügung stellen, deren Kerngeschäft aber im Unternehmenssektor bleibt.

Wie schon im letzten Abschnitt erläutert, ist zweitens festzustellen, dass westeuropäische Parteien zunehmend mit Wahlkampfberatern arbeiten, die oftmals aus den USA kommen. David Swanson und Paolo Mancini[59] notieren, dass

---

58 Vgl. Bowler/Farrell (1992), a. a. O.; Swanson/Mancini (1996), a. a. O.
59 Vgl. Swanson/Mancini (1996), a. a. O.

mit dem Ende der 90er Jahre Berater aus den USA, Deutschland und Großbritannien zunehmend in Wahlen außerhalb ihres eigenen Landes involviert waren. Unter den bekannteren Beispielen von Beratern, die im Ausland tätig waren, sind Jacques Ségéula, Werbeberater des langjährigen französischen Präsidenten Mitterand, der auch an Kampagnen in Österreich, Italien und Schweden mitgearbeitet hat; Philip Gould, Chefberater der britischen Labour Partei, dessen Know-How sowohl von dänischen und schwedischen Sozialdemokraten wie auch 1992 von Bill Clinton genutzt wurde (um die Negativ-Kampagne der Republikaner zu kontern, die ihrerseits von britischen Konservativen beraten wurden); und schließlich der Nestor der amerikanischen Berater, Joe Napolitan, der für sich in Anspruch nimmt, an Kampagnen in mindestens neun Ländern außerhalb der USA mitgewirkt zu haben, sowie der amerikanische Berater Phil Noble, der seine Spuren in mehr als zehn Kampagnen außerhalb seiner Heimat hinterlassen hat und ein ständiges Büro in Schweden unterhält.

Diese Beispiele, (und viele andere, die hier genannt werden könnten) geben einen Eindruck davon, wie weit Wahlkampfberatung in Westeuropa verbreitet ist. Diese Annahme wird gestützt durch Umfragen, in denen amerikanische (und andere internationale Berater z. B. die Mitglieder der IAPC and der World Association of Public Opinion Research) zu ihren Standorten in Übersee befragt wurden. Die Teilnehmer einer Studie von Bowler und Farrell[60] gaben an, an 175 Kampagnen in Übersee mitgewirkt zu haben, ein Viertel (26 %) davon für Parteien in Westeuropa, im Vergleich zu 37 % in Nord- oder Südamerika, 18 % in Osteuropa, 11 % in Afrika und 8 % im Raum Asien-Pazifik.[61]

Drittens gibt es viele Berichte, die Aufschluss geben, in welcher Weise die Parteien mit neuen Typen von Mitarbeitern arbeiten: Fachleute aus der Welt des Marketing und der Public Relations, „brilliante Youngsters", die keine Scheu davor haben, die Parteiphilosophie zu beerdigen, wo es geboten scheint, so lange nur das oberste Ziel erreicht wird, die Kampagne „on message" zu halten.[62] Dies legt nahe, dass die Mitarbeiter westeuropäischer Parteien heutzutage nicht nur immer professioneller werden – indem altmodische Parteibürokraten durch neumodische Marketing-, Öffentlichkeitsarbeits- und Medienprofis ersetzt werden. Es könnte sich auch eine bedeutsame interne Veränderung vollziehen, was den Grad der Loyalität dieser neuen Mitarbeiter betrifft. So hat etwa das Phänomen des „Chef-Büros" in den letzten Jahren in einigen Ländern zunehmende Bedeutung gewonnen. Dort finden wir den Parteichef umgeben von einer Handvoll handverlesener Mitarbeiter, die ausschließlich für sie oder ihn arbeiten. Ihr Schicksal als Parteimitarbeiter ist direkt mit dem Schicksal des Parteichefs verknüpft. Loyalität gegenüber der Partei als solcher ist zweitrangig gegenüber der Loyalität zum Parteichef. Es würde sicher zu weit gehen, zu argumentieren, dass

---

60 Bowler/Farrell (2000), a. a. O.
61 Vgl. Plasser (2000), a. a. O.
62 Z. B. in der englischen 97er Kampagne, siehe Butler/Kavanagh (1997), a. a. O.

diese Entwicklungen eine Bewegung hin zu einer „Kandidaten-zentrierten" Politik andeuten, weil der Parteichef doch genau das bleibt, was er ist: eben der Parteichef. Aber sie sind auf jeden Fall Indikatoren für ein weiteres Ablösen der „parlamentarischen Partei" von den anderen Teilen der Partei.

Wir erleben aber auch, dass das Personal in den Parteien sehr viel häufiger wechselt, nicht nur, weil talentierte und ambitionierte Leute ohnehin zu größerer Mobilität neigen, sondern auch, weil die Parteien sich in ihrer Personalpolitik hin zu einer „Drehtür-Philosophie" bewegen. Spezialisten werden für bestimmte Dienstleistungen eingestellt, und sobald die Aufgabe erfüllt ist, wird der Angestellte überflüssig. Wir haben dies vor der jüngsten Wahl in Großbritannien erlebt, wo die Labour Partei ihren Mitarbeitern ganz klar gesagt hat, dass die meisten entlassen werden würden, sobald die Wahl vorbei ist, und tatsächlich wurde binnen weniger Wochen nach dem dramatischen Wahlsieg die Organisation wieder zurückgestutzt (ähnliche Trends waren nach den letzten Wahlen in Deutschland und Irland sichtbar). Viele der vormaligen Parteimitarbeiter arbeiteten hernach als Lobbyisten, wobei ihnen ihre Kenntnisse (und Kontakte) aus Parteizeiten zugute kamen, und wie in den USA üblich, ist es sehr wahrscheinlich, dass sich viele von ihnen zum nächsten Wahlkampf wieder im Sold der Partei finden werden.

Angesichts dieser Trends – verschiedene Mitarbeiter, die für verschiedene Chefs innerhalb der gleichen Partei arbeiten; eine stark vergrößere Fluidität in der Art der Parteibeschäftigung; Wanderungen von Parteibediensteten zwischen politischer und kommerzieller Beschäftigung – beginnt das westeuropäische Bild sehr dem Bild zu ähneln, wie es dem nordamerikanischen Publikum vertraut ist. Es scheint, als hätten wir hier eine Menge Zutaten für die Beschreibung des amerikanischen Wahlkampfprozesses – zumindest was die Rolle und die Beweglichkeit des Wahlkampfpersonals angeht. Wenn wir uns das „Profil" des westeuropäischen Parteimitarbeiters heutzutage anschauen, so sieht es in vielerlei Hinsicht dem politischen Berater in den USA tatsächlich zunehmend ähnlich. Die Forschung der letzten Jahre, unter anderem von Robin Kolodny, zeigt deutlich, wie sich das Verhältnis zwischen US-Parteien und politischen Beratern zu etwas entwickelt hat, das als „Wahlpartnerschaften" angesehen werden kann, in denen das übliche Szenario so aussieht, dass die Berater, die die Partei unterstützen, die spezialisierten Leistungen erbringen, die in Westeuropa von den Parteimitarbeitern erbracht werden.

Es versteht sich von selbst, dass einige wesentliche Unterschiede zwischen europäischen „Beratern" (ganz gleich, wie sie sich selber bezeichnen) und ihren amerikanischen Pendants bestehen bleiben, wie kürzlich eine Umfrage unter europäischen Beratern von Fritz Plasser und seinen Kollegen[63] ergab. Im allgemeinen zeigen europäische Berater einen geringeren Grad der Professionalisie-

---

63 Vgl. Plasser (1999), a. a. O.

rung (sie sind z. B. seltener Mitglied in professionellen Gruppierungen wie der IAPC und haben seltener Fachzeitschriften wie Campaigns & Elections abonniert) als dies bei amerikanischen Beratern der Fall ist.[64] Doch dies ist vielleicht verständlich, berücksichtigt man die Zweideutigkeit ihrer Bezeichnung und die Widerwilligkeit vieler europäischer Wahlkampfspezialisten, den Begriff „Berater" zu gebrauchen.

Interessanter sind die Unterschiede in der Sichtweise, was die Prioritäten für Kampagnen angeht. Plasser und seine Kollegen legen nahe, dass „nicht mit den USA verbundene" Berater (d. h. jene, die nur geringe Akzente auf Kontakte mit Kampagnen in den USA legen) dazu neigen, langfristigen Zielen größerer Bedeutung beizumessen als kurzfristigen Kampagnenzielen. Sie legen großen Wert auf die anhaltende Bedeutung der nationalen Parteiorganisation und sie messen dem Ziel, die Medienkampagne zu dominieren, oder der Beschäftigung externer Berater weniger Bedeutung bei. Plasser und seinen Kollegen zufolge empfinden die politischen Berater in Westeuropa grundsätzlich den „amerikanischen Stil des politischen Marketing, angepasst an die institutionellen und kulturellen Gegebenheiten, unter denen europäische Kampagnen stattfinden, als die mit Abstand professionellste Technik des demokratischen Machterwerbs. Sie gaben an, dass wenn es einen europäischen Stil des politischen Marketing gibt, dieser im Kern eine Modifizierung des amerikanischen Rollenmodells sei".[65]

Thematische Entwicklungen

In diesem Gebiet ist die Evolution im Stil der Kampagnen am offensichtlichsten. Es mangelt nicht an Beispielen für die Anwendung der neuesten Techniken, des Sprachgebrauchs und der Themen aus den jüngsten US-Kampagnen. Fokus-Gruppen gibt es in Hülle und Fülle. Wahlwerbung per Direct-Mailing und Telefon werden zur Regel in einer Reihe von verschiedenen Kampagnen-Kontexten. „Schnelles Zurückschlagen" und „war rooms" à la Clinton (einschließlich des Umzugs des Wahlkampfteams an einen Ort außerhalb der Parteizentrale, wie in den Beispielen des Millbank Tower der Labour Party oder der „Kampa" der SPD) waren unübersehbar.[66] Nach ähnlichem Muster, ganz wie Clintons „new Democrats", haben die jüngsten Kampagnen der sozialdemokratischen Parteien in Großbritannien, Deutschland und Israel eine starke Betonung auf das Image gelegt, und in zwei Fällen wählten sie sogar ebenfalls das Präfix „neu": in „New Labour" und „Neue Mitte".

---

64 Siehe auch Scammell (1997), a. a. O.
65 Plasser (1999), a. a. O., S. 96
66 Für Beispiele aus England, Deutschland und Österreich siehe jeweils Butler/Kavanagh (1997); a. a. O.; Bergmann, Knut/Wickert, Wolfram (1999), „Selected Aspects of Communication in German Election Campaigns", in: Newman, Bruce (Hrsg.), Handbook of Political Marketing. London: Sage; Strugl, Michael/Lugmayr, Hans/Weissmann, Klaus (1999), „The Impact of Dr. Joe's Strategic Positioning: A Case Study of a Successful Marketing-Based Election Campaign in Upper Austria" in Bruce Newman (Hrsg.), Handbook of Political Marketing. London: Sage.

In den letzten Jahrzehnten gab es einen prägnanten Umschwung im Fokus der Kampagnen, der sehr viel größere Aufmerksamkeit für den Parteichef brachte.[67] Dies wurde zu weiten Teilen vom Fernsehen und dessen Anforderungen begünstigt. Wir haben oben gesehen, wie die Parteien ihre Ressourcen ins Zentrum, vor allem rund um die Parteiführung, konzentriert haben. Dieser Trend spiegelt eine Machtverlagerung innerhalb der politischen Partein wider, legt aber auch eine Veränderung in der Natur des Kampagnendiskurses nahe, in dem Image und Stil zunehmend Politik und Substanz verdrängen. Sicher mag es eine Reihe von Faktoren geben, die bestimmen, ob der Parteichef kein dominantes, sondern eher ein Hauptthema ist. Nicht zuletzt stellt sich die Frage nach seiner oder ihrer Popularität und der Neigung, auf Bananenschalen auszurutschen. Die relevante Unterscheidung für unsere Zwecke ist, ob der Chef eher ein untergeordnetes Thema ist. Heutzutage ist es sehr schwer, Beispiele unter den großen Parteien zu finden, wo dem Parteichef eine untergeordnete Rolle zugeschrieben wird. Kurz gesagt: Es ist nahezu unumstritten, dass die Kampagnen im Hinblick auf den Spitzenkandidaten „präsidentialisiert" worden sind.[68]

Nicht nur die Bedeutung von Images im Wahlkampf verändert sich. Ein anderer Aspekt ist, wie viel Aufmerksamkeit Politiker der Meinung der Wähler schenken, wenn es darum geht, neue politische Konzepte zu entwickeln. Die Literatur über politisches Marketing macht aufmerksam auf einen entscheidenden Schwenk weg von der „Verkaufs"-Perspektive – in der die Parteien von einem festen „Produkt" ausgehen und versuchen, die Wähler mittels dieses Produktes für sich zu gewinnen – hin zu einer „Vermarktungs"-Perspektive – in der ein Produkt den Wünschen der Wähler angepasst wird.[69] Dies bringt die Sache einen Schritt weiter von Kirchheimers[70] Beschreibung der „Allerweltsparteien", die sich ihres ideologischen Ballastes entledigen. Überspitzt wird suggeriert, dass die Parteien, wenn überhaupt, nur wenige ideologische Ausgangspositionen haben: Ihr Ziel ist es, „Positionen" zu erarbeiten, die auf den aktuellen Stimmungen in der Wahlbevölkerung basieren. Während es für solche Tendenzen bei jüngeren Wahlen zweifelsohne viele anekdotische Anhaltspunkte gibt und zuweilen auch erstklassige qualitative Studien,[71] hat sich der Versuch, auch quantitative Belege vorzulegen, bislang als schwierig erwiesen. So haben etwa Caul und Gray[72] inter-

67 Vgl. Bowler/Farrell (1992), a. a. O.; Farrell (1996), a. a. O.; Swanson/Mancini (1996), a. a. O.

68 Vgl. Mughan, Anthony (2000), Media and the Presidentialization of Parliamentary Elections, New York: St. Martins.

69 Zum Beispiel Wring, Dominic (1996), „From Mass Propaganda to Political Marketing" in: Rallings, C./Farrell, D./Denver, D./Broughton, D. (Hrsg.), British Elections and Parties Yearbook 1995. London: Cass.

70 Vgl. Kirchheimer, Otto (1966), 'The Transformation of West European Party Systems', in: LaPalombara, Joseph/Weiner, Myron (Hrsg.), Political Parties and Political Development. Princeton, NJ: Princeton University Press.

71 Vgl. Scammell (1995), a. a. O.

72 Vgl. Caul, Miki/Gray, Mark (2000), „From Platform Declarations to Policy Outcomes: Changing Party Profiles und Partisan Influence over Policy", in: Dalton, Russell/Wattenberg, Martin (Hrsg.), Parties Without Partisans. Oxford: Oxford University Press.

national vergleichbare Daten über Wahlprogramme genutzt, um zu untersuchen, inwieweit die Parteien in den letzten Jahren flüchtigere inhaltliche Positionen eingenommen haben. Ihre Ergebnisse waren jedoch nicht eindeutig.

5. Schluss

Der Amerikanisierungs-These zufolge sollten die von den westeuropäischen Parteien geführten Wahlkämpfe Zeichen einer Konvergenz mit dem amerikanischen Modell zeigen. Die Wahlkämpfe sollten mehr auf den Kandidaten konzentriert sein und Images sowie Stil stärker betonen. Ideologien sollten eine geringere, Images eine größere Rolle spielen. Die personelle und materielle Ausstattung der Kampagnenorganisationen sollte sich entsprechend anpassen. Die Personalpolitik sollte flexibler werden, die Wahlkampfausgaben sollten wachsen. Unser Trendüberblick in diesem Kapitel hat gezeigt, wie diese – und viele andere – Indikatoren die These stützen, dass es in westeuropäischen Kampagnen (und der Rolle der Parteien darin) Wandel gegeben hat, und dass es in der Tat einige Konvergenz mit dem amerikanischen Modell gegeben hat. Inwieweit es sich dabei um weitestgehende „adoption" oder lediglich um „shopping" handelt, wurde klar von den spezifischen Rahmenbedingungen des jeweiligen westeuropäischen Landes beeinflusst. Alles deutet darauf hin, dass zumindest in Bezug auf die strukturellen Filter einige Länder (etwa Österreich, Deutschland, die Niederlande, Norwegen und Schweden) einen fruchtbareren Boden für die Amerikanisierung abgeben als andere. Es gibt aber selbst in diesen Fällen nur wenig Hinweise darauf, dass eine umfassende Übernahme der amerikanischen Wahlkampftechniken stattgefunden hat. Dabei spielen sicherlich neben anderem die Eigenheiten der politischen Kulturen und das Vermächtnis des Modells der Massenpartei in der Parteiorganisation eine Rolle. Es gibt kaum Gründe, hier nicht die Ansicht von Wissenschaftlern wie Plasser[73] oder Norris[74] zu teilen, dass „shopping" die geeignetere Analogie darstellt. Der Wahlkampfstil der westeuropäischen Parteien hat sich in den letzten Jahrzehnten verändert und wurde dabei zu weiten Teilen vom Einfluss der USA geprägt. Es hat ohne Zweifel eine Annäherung gegeben, aber bis zum heutigen Tag bleiben die Grundzüge der westeuropäischen Kampagnen in vielerlei Hinsicht sehr verschieden von denen der USA. Insbesondere betrifft das die fortdauernde zentrale Rolle der Parteien. Die Kampagnen mögen sich mehr auf Kandidaten konzentrieren, aber in ihren Grundzügen behalten sie den Anstrich der Partei.

Wie wir gesehen haben, ergeben sich aus den Veränderungen in den Kampagnen mannigfaltige organisatorische Konsequenzen für die Parteien, nicht zuletzt im Hinblick auf die Personalpolitik und die Verteilung organisatorischer

---

73 Vgl. Plasser (2000), a. a. O.
74 Vgl. Norris (2000), a. a. O.

und finanzieller Ressourcen zwischen dem Kern und dem Rest der Partei. Dennoch ist fraglich, ob sich daraus die Schlussfolgerung ergibt, dass die Parteien geschwächt würden.[75] Anders sind sie aber auf jeden Fall. Festzuhalten aber bleibt, dass sich der westeuropäische Kampagnenprozess um die Rolle der politischen Parteien dreht und von dieser maßgeblich bestimmt wird.

Ursprünglich erschienen in:
Kurt Richard Luther and Ferdinand Müller-Rommel (Hrsg.), Political Parties and Democracy in Western Europe. Oxford: Oxford University Press.

---

75 Siehe auch Farrell/Webb (2000), a. a. O.

Andrea Römmele

Parteien und Wahlkämpfe – gestern, heute, morgen

In jüngerer Vergangenheit haben sich zahlreiche wissenschaftliche Arbeiten mit dem Wandel der Wahlkampfkommunikation bzw. Wahlkampfführung beschäftigt.[1] Von einer Amerikanisierung bzw. Modernisierung politischer Wahlkämpfe ist häufig die Rede, welche sich durch eine nahezu vollständige Personalisierung und eine weitgehende Professionalisierung auszeichnen. Ferner ist eine Ausrichtung der Wahlkampfinhalte an Marketingvorgaben festzumachen, weitere Elemente sind das Ereignis- und Medienmanagement, die zielgruppenspezifische Kommunikation über das Internet, Direct Mailing und Telemarketing sowie „negative campaigning". Während internationale Forschungsarbeiten auf diesem Gebiet überzeugend Variationen in der Wahlkampfführung und im Grad der Modernisierung politischer Wahlkämpfe im internationalen Vergleich durch unterschiedliche makrostrukturelle Settings erklären, blieb die Antwort auf die Frage der Variationen der Wahlkampfgestaltung unterschiedlicher Parteien innerhalb eines Landes bisher aus. Unter Berücksichtigung der „Party Change"-Literatur soll der Frage nachgegangen werden, wann und warum eine Partei innerhalb eines Systems sich der Methoden professionalisierter Wahlkämpfe bedient und eine andere Partei nicht.[2]

Der Beitrag gliedert sich in drei Teile: Zuerst wird der Dialog zwischen Parteien und Wählern im historischen Längsschnitt analysiert. Wie sah die Kommunikation zwischen Wählern und Parteien in vormodernen und modernen Wahlkämpfen aus? In einem zweiten Schritt wird die Rolle von Parteien in professionalisierten Wahlkämpfen analysiert. Welche Faktoren begünstigen professionalisierte Wahlkämpfe? Die Arbeit schließt mit einer Zusammenfassung und einem Ausblick auf die Bedeutung professionalisierter Wahlkämpfe für politische Parteien.

1 Vgl. Farrell, David M./Schmitt-Beck, Rüdiger (Hrsg.), Do Political Campaigns Matter? Campaign Effects in Elections and Referendums. London/New York: Routledge; Von Alemann, Ulrich/-Marschall, Stefan (Hrsg.): Parteien in der Mediendemokratie. Opladen: Westdeutscher Verlag; Römmele, Andrea (2002): Direkte Kommunikation zwischen Parteien und Wählern. Postmoderne Wahlkampftechnologien in den USA und in der BRD, Opladen: Westdeutscher Verlag (im Erscheinen).
2 Gibson, Rachel/Römmele, Andrea (2001): Political Parties and Professionalized Campaigning, in: The Harvard International Journal of Press/Politics, 6, S. 31–43.

1. Wahlkämpfe in historischer Perspektive

Politische Parteien haben in unterschiedlichen Stadien ihrer Entwicklung, abhängig von technischen und technologischen Möglichkeiten, auf verschiedenen Wegen mit den Bürgern kommuniziert. Grundsätzlich kann zwischen drei Phasen unterschieden werden: vormodernen Wahlkämpfen, modernen Wahlkämpfen und professionalisierten Wahlkämpfen. Von vormodernen Wahlkämpfen spricht man in bezug auf Wahlkämpfe vor dem zweiten Weltkrieg. 1945–1990 ist die Zeit der modernen Wahlkämpfe, während professionalisierte Wahlkämpfe seit 1990 zu beobachten sind.[3] Im Mittelpunkt *vormoderner Wahlkämpfe* stand die Kommunikation über die Parteiorganisation. Die breite Wähleransprache garantiert nach Einführung des allgemeinen Wahlrechts die hochgepriesene Massenpartei bzw. Massenintegrationspartei,[4] die über ihren ausdifferenzierten, hierarchisch durchorganisierten Parteiapparat den Bürger in seinen sämtlichen Lebensbereichen erfasst und in das politische System integriert. Parteien stellen hier Repräsentanten sozialstrukturell verankerter Konfliklagen (*cleavages*) dar. Alle Lebensbereiche der Mitglieder werden durch Vorfeldorganisationen der Partei geprägt. Wahlkampfanalysen und -berichte zeigen, dass in Massenparteien die Kommunikation über die ausdifferenzierte und verästelte Parteiorganisation dominiert. Die Parteien setzen hier vor allem auf die Stärke und die Aktivitäten in den einzelnen Wahlkreisen. Eine zentrale Form des politischen Austausches ist die *face-to-face*-Kommunikation der Mitglieder untereinander. Parteimitglieder stellen aber durch ihre alltäglichen sozialen Netzwerke in Familie und Beruf auch einen Kontakt und eine Brücke nach „außen" dar und dienen der Partei als wichtige Multiplikatoren.

Neben der alltäglichen Kommunikation der Mitglieder untereinander und ihrer Kommunikation in ihren jeweiligen Netzwerken werden in vormodernen Wahlkämpfen auch Massenveranstaltungen und Rallyes von den Parteien organisiert. Diese Veranstaltungen beruhen ebenfalls auf *face-to-face*-Kommunikation, beinhalten jedoch zusätzlich eine vertikale Komponente. In Wahlkämpfen können Parteien über diese Form der politischen Kommunikation ihre Kernaussagen, ihr Wahlprogramm und ihren Kandidaten direkt vorstellen. Massenparteien setzen ihre Mitglieder zudem aktiv zur Verteilung von Informations- und Werbematerial ein. Ferner wird in angelsächsischen Demokratien die systematische Bearbeitung aller Wahlberechtigten – das sogenannte *canvassing* – durch die Partei organisiert.

---

3 Vgl. Norris, Pippa (2000): A Virtous Circle. Political Communications in Postindustrial Societies. Cambridge: Cambridge University Press; Gibson/Römmele (2001), a. a. O.: Römmele, Andrea (2002), a. a. O.
4 Vgl. Duverger, Maurice (1964): Political Parties. London: Methuen; Neumann, Sigmund (1956) (Hrsg.): Modern Political Parties. Chicago: The University of Chicago Press.

Neben der Kommunikation über die Parteiorganisation kommunizieren Massenparteien auch über die Medien mit ihren Wählern. In vormodernen Wahlkämpfen sind dies in erster Linie die Printmedien. Auch die Parteipresse wird aktiv zur Kommunikation mit den Bürgern eingesetzt. Parteien haben so die Möglichkeit, sich an eine breite Masse zu wenden, um ihre politischen Inhalte zu präsentieren. Zudem stellt sich diese Form der Information (im Verhältnis zur Anzahl der kontaktierten Wähler) als weniger kosten- und organisationsintensiv dar.

Der von der internationalen Wahlforschung seit Anfang der 60er Jahre beobachtete Wandel des Wählerverhaltens schlägt sich auch in der Wahlkampfkommunikation nieder. Parteien müssen bei teilweisem Verlust von Stammwählern und bei steigender Zahl von Wechselwählern ihre elektorale Unterstützung nun in allen Teilen der Bevölkerung suchen. Sie können nicht mehr auf die rückhaltlose [4] „ihrer" Wählersegmente zählen, sondern müssen diese Loyalität über Leistung und ein attraktives politisches Angebot erwerben. Auch die Parteienforschung hat diese Veränderungen notiert. Am pointiertesten wird dieser Wandel von Kirchheimer dargelegt. Die These vom Transformationswandel der Massenintegrationsparteien hin zu konturenlosen „Catch-all-Parteien" oder „Allerweltsparteien" besagt, dass sich die großen Parteien der größeren westeuropäischen Länder in der Nachkriegszeit von Weltanschauungsparteien auf konfessioneller und klassenstruktureller Basis zu Allerweltsparteien umgeformt haben.[5] Dieser Parteityp zeichnet sich durch das Streben nach Stimmenerwerb und Machterhalt aus. Allerweltsparteien mobilisieren Stimmen aus allen Schichten und haben wenig ideologische Differenzen. Die miteinander konkurrierenden Parteien unterscheiden sich somit inhaltlich kaum mehr voneinander. Der Einfluss der Parteimitglieder lässt nach, die Parteiführer werden innerhalb der Parteiorganisation immer machtvoller.

Der *moderne Wahlkampf* erfordert somit die Maximierung der kommunikativen Kontakte, wozu das Fernsehen wie kein anderes Medium geeignet scheint. Das Fernsehen hält 1952 Einzug in die politische Arena; Eisenhower war der erste amerikanische Präsidentschaftskandidat, der das Fernsehen in seinem Wahlkampf einsetzte. Politische Akteure haben es seither verstanden, das Medium in den Dienst des Wahlkampfes zu stellen und sehr schnell seine Vorzüge erkannt.

Mit dieser Verlagerung weg von der Kommunikation über die Parteiorganisation hin zur massenmedialen Kommunikation ändert sich auch der Charakter der politischen Botschaften gravierend: Die logische inhaltliche Konsequenz der Wählermaximierung ist die des „kleinsten gemeinsamen Nenners". Dies schließt eine starke Ideologisierung und inhaltliche Abgrenzung vom politischen Gegner

---

5 Vgl. Kirchheimer, Otto (1966): The Transformation of the Western European Party Systems, in: Joseph LaPalombara/Myron Weiner (Hrsg.): Political Parties and Political Development. Princeton: Princeton University Press.

aus, eher ist eine Konzentration auf Valenzissues und gruppenübergreifende Themen zu erwarten. Zudem geht mit der Visualisierung der Information eine Personalisierung einher: Der Kandidat steht mehr und mehr im Mittelpunkt der Fernsehberichterstattung, nicht die Partei.

2. Professionalisierte Wahlkämpfe

Anfang der 90er Jahre beginnt die Ära *professionalisierter Wahlkämpfe*.[6] Parteien sehen sich neuen Herausforderungen gegenübergestellt: Der sich verstärkende Individualisierungs- und Modernisierungsprozess rückt mit der steigenden Zahl der Wechselwähler und sinkender Partei-Identifikation politische Wahlkämpfe zunehmend ins Rampenlicht. Dies zeigt sich auch in der Wahl- und Kommunikationsforschung. Das wissenschaftliche Interesse an Wahlkämpfen ist mit ihrer gestiegenen Bedeutung und der zunehmenden Professionalität ihrer Durchführung seit Anfang der 90er Jahre erheblich gewachsen.[7] Professionalisierte Wahlkämpfe zeichnen sich neben einem intensiven und professionellen Kommunikationsmanagement durch neue Möglichkeiten der Wahlkampfkommunikation aus. Die Ausdifferenzierung des massenmedialen Angebotes und die neuen Möglichkeiten der direkten Kommunikation über das Internet, Direct Mailing und Telemarketing verändern den Dialog zwischen Parteien und Bürgern nachhaltig.

Von einer Amerikanisierung bzw. Modernisierung politischer Wahlkämpfe ist die Rede, die sich durch eine starke Personalisierung, eine weitgehende Professionalisierung der Wahlkampfführung, durch die Ausrichtung der Wahlkampfinhalte an Marketingvorgaben sowie einem bewussten Ereignis- und Themenmanagement auszeichnen. Erklärungen für diese Entwicklung werden in erster Linie auf systemischer Ebene gesehen, d. h. Häufigkeit von Wahlen, gesetzliche Regelung des Wahlkampfes, vorherrschendes Mediensystem, Parteibindungen bzw. Partei-Identifikation der Bürger, um nur einige zu nennen. Orientiert man sich an den angeführten Kriterien, stellt sich die politische Wettbewerbssituation in Europa im Hinblick auf die institutionellen Rahmenbedingungen, im Vergleich zu den USA gänzlich anders dar. Ein relatives Mehrheitswahlsystem wie in den USA findet sich nur in Großbritannien. Die maximale Dauer einer

---

6 In der Wahlkampfkommunikationsforschung spricht man seit einiger Zeit von postmodernen Wahlkämpfen, vgl. auch Norris (2000), a. a. O.; Farrell/Webb (2000), Political Parties as Campaign Organizations, in: Farrell, David M./Schmitt-Beck, Rüdiger (Hrsg.), Do Political Campaigns Matter? Campaign Effects in Elections and Referendums. London/New York: Routledge. Im vorliegenden Beitrag wird hingegen der Begriff „professionalisierte Wahlkämpfe" verwendet, vgl. Gibson/Römmele (2001), a. a. O.

7 Vgl. Newman, Bruce I. (1994): The Marketing of the President: Political Marketing as Campaign Strategy, Thousand Oaks: Sage; Newman, Bruce I. (1999) (Hrsg.): Handbook of Political Marketing, Thousand Oaks: Sage, S. 89–112; Gibson/Römmele (2001), a. a. O.; Farrell, David M./Paul Webb (2000), a. a. O.

Legislaturperiode in der ersten Parlamentskammer beträgt nur in den USA zwei Jahre, im Durchschnitt der europäischen Demokratien vier Jahre. Ein rein privat organisiertes TV-System gibt es ebenfalls nur in den USA, während in der Mehrzahl der europäischen TV-Systeme öffentlich-rechtliche TV-Anstalten neben privaten TV-Anstalten senden. Unbeschränkte Möglichkeiten zum Kauf politischer Werbezeiten im TV existieren nur in den USA. Diese unterschiedlichen institutionellen und politischen Rahmenbedingungen sind im Hinblick auf internationale Variationen der Wahlkampfführung und -kommunikation sehr erklärungskräftig, sagen jedoch nichts über die Rolle und Bedeutung politischer Parteien in dieser Entwicklung aus, „in fact, when parties are discussed it is generally as the victims of professionalization rather than in any causal sense."[8]

Während Wahlkämpfe früher schwerpunktmäßig von den Parteizentralen mit Unterstützung eines Heeres freiwilliger Helfer durchgeführt wurden, bestimmen heute Profis aus der Umfrageforschung, der Werbebranche sowie den elektronischen Medien die Wahlkampfführung. Diese Entwicklung hatte Larry Sabato mit seinem Buch „The Rise of Political Consultants", nicht nur mit den USA im Visier, vorhergesagt. Die Verlierer dieser Entwicklung sind die altgedienten Parteifunktionäre und -mitarbeiter. Newmann bezeichnet die politischen Berater gar als neue „party bosses in politics".[9]

Diese hier pointiert wiedergegebene Sichtweise sieht Parteien als abhängige Variable im Prozess der steten Professionalisierung der Wahlkampfkommunikation. An dieser Stelle sind nun folgende kritische Bemerkungen anzuführen:

professionalisierte Wahlkämpfe müssen von der Parteiführung geplant werden. Hierzu bedarf es u. a. organisatorischer Veränderungen, Personalentscheidungen, finanzielle Ressourcen müssen freigegeben werden, Berater eingestellt und Fokusgruppen einberufen werden, kurzum: der professionalisierte Wahlkampf „überkommt" die Parteien nicht einfach, Parteien müssen diese Wahlkämpfe aktiv planen und implementieren.

Neben diesen Überlegungen ist ein weiterer Sachverhalt von zentraler Bedeutung: Wenn systemische Rahmenbedingungen, wie oben aufgeführt, allein verantwortlich für den Grad der Professionalisierung politischer Wahlkämpfe wären, dann müssten alle Parteien innerhalb eines politischen Systems einen ähnlichen Grad an professionalisierter Wahlkampfführung aufweisen. Zahlreiche wissenschaftliche Arbeiten zeigen hier jedoch ein beachtliches Maß an Variation. So haben die Republikaner ihre Wahlkampfführung in amerikanischen Präsidentschaftswahlen schon ein gutes Jahrzehnt vor den Demokraten auf professionalisiertere Beine gestellt; auch in Großbritannien waren die Konservativen in den späten 70er Jahren Labour in dieser Hinsicht um Längen voraus. Die CDU hatte schon nach ihrer Niederlage 1972 die Weichen in Richtung moderne

---

8 Gibson/Römmele (2001), a. a. O., S. 34
9 Newman (1994), a. a. O., S. 15

Wahlkampfkommunikation und -führung gestellt: „The CDU headquarters employed more communication experts, observed international elections, and started working together with external marketing agencies. Political consultants such as Peter Radunski were at the strategic heart of the party and laid the groundwork for a number of victories in regional and federal elections".[10]

Diese Beispiele lassen eine deutlich aktivere Rolle der politischen Parteien bei der Konzeptualisierung und Implementierung professionalisierter Wahlkämpfe vermuten. Aus diesem Grunde sollen im Folgenden parteispezifische Variablen identifiziert werden, welche die Einführung professionalisierter Wahlkampftechnologien begünstigen. Hierzu werden unterschiedliche Stränge der Parteienforschung zu Rate gezogen.

Theorien zu Parteienwandel sind im Allgemeinen eher systemischer Natur, d. h. konzentrieren sich in erster Linie auf den Aspekt der Parteienkonkurrenz[11], Wählervolatilität[12] oder richten das Augenmerk auf die Mikroebene, d. h. Parteimitgliedschaft und die Unterstützung für eine Partei. Diese Forschungsansätze sehen die Ursache eines möglichen Wandels entweder ausserhalb einer Partei oder betrachten die Veränderungen als eine graduelle Entwicklung. Dieser Forschungsstrang bietet keine Erklärung für einen plötzlichen Verhaltenswechsel politischer Akteure im Bereich der Wahlkampfführung und -kommunikation. In einem Versuch, diese Forschungslücke zu schließen, haben Harmel und Janda (1994) eine integrierte Theorie des Parteienwandels („integrated theory of party change") entwickelt. Nuancen und Details beiseite gelassen, geht dieser theoretische Ansatz davon aus, dass der Wandel politischer Akteure ein Ergebnis der Interaktion zwischen bestimmten externen Ereignissen sowie spezifischen parteiinternen Eigenschaften ist. Ausgehend von den Arbeiten Panebiancos[14] und der Party-Goal-Literatur,[15] besagt die von Harmel und Janda entwickelte Theorie, dass große Veränderungen am ehesten passieren, wenn Parteien ihr primäres Ziel nicht mehr erreichen. Im Allgemeinen geht diesem Zustand ein bestimmtes exogenes Ereignis – ein Schock – voraus. Da primäre Ziele von Partei zu Partei un-

---

10 Gibson/Römmele (2001), a. a. O., S. 35

11 Vgl. Downs, Anthony (1957): An Economic Theory of Democracy. New York: Harper; Duverger, 1964

12 Mair, Peter (1989): The Problem of Party System Change, in: Journal of Theoretical Politics 1 (1), S. 256–276.

14 Panebianco, Angelo (1988): Political Parties. Organization and Power, Cambridge: Cambridge University Press.

15 Budge, Ian/Hans Keman (1990): Parties and Democracy: Coalition Formation and Government Functioning in Twenty States. Oxford, UK: Oxford University Press; Laver, Michael/Norman Schofield (1990): Multiparty Government: The Politics of Coalition in Europe. Oxford UK: Oxford University Press; Strom, Kaare (1990): A Behavioural Theory of Competitive Political Parties, in: American Journal of Political Science 34: S. 565–598

terschiedlich sein können, ist auch das Ereignis, welches einen Wandel herbeiführt, ein unterschiedliches. „A party with the primary goal of vote maximization, for instance, will be much more likely to undergo a major change if its electoral support collapses than a party that is office-seeking, assuming it retains its coalition leverage. A party with policy advocacy as ist its primary goal, however, is most likely to undergo major change if the causes it supports, such as nuclear disarmament or the communist state, disappear from the political landscape."[16]

Wendet man nun diese theoretischen Überlegungen auf Wahlkämpfe an, so wird deutlich, dass Parteien, deren primäres Ziel das der Stimmenmaximierung ist, wohl am ehesten neue Wahlkampftechniken und -technologien implementieren. Einschneidende Veränderungen im Bereich der Wahlkampfstrategie und -kommunikation finden statt, um den Stimmenanteil der Partei zu erhöhen. Demnach sind es die Großparteien, die den Schritt zur Professionalisierung politischer Wahlkämpfe am ehesten machen. Parteien, deren primärer Fokus auf innerparteilicher Demokratie liegt, könnten professionalisierten Wahlkampfmethoden eher skeptisch gegenüberstehen, da diese Form der Wahlkampfkommunikation mit einer Stärkung der Parteizentrale – und Schwächung der lokalen und regionalen Gliederungen – einhergeht. Eine solche Sichtweise wird in der Literatur u. a. von Harrop[17] vertreten, dessen Studien einen engen Zusammenhang zwischen der Implementierung neuer Kommunikations- und Marketing-Technologien und einer vorausgegangenen deutlichen Wahlniederlage zeigen. Während ein Führungswechsel an der Spitze einer Partei die Einführung professionalisierter Wahlkampftechnologien nicht unbedingt notwendig macht, so bringt „frisches Blut" durchaus die Möglichkeit, neue Ideen zu implementieren: „Indeed, given the way in which professionalized campaigning moves power toward national elites and their external advisors, one could argue that a new leadership seeking to score up its authority within the party would be particularly inclined to embrace these techniques."[18]

Neben den exogenen Ereignissen sind es parteiinterne Eigenschaften, die von maßgeblicher Bedeutung bei der Implementierung professionalisierter Wahlkämpfe sind. (1) Finanzielle und personelle Ressourcen einer Partei, (2) ihre interne Struktur, sowie ihre (3) ideologische Ausrichtung sind hier in erster Linie aufzuführen.

Berater, Umfragen, Medienstrategen etc. spielen in professionalisierten Wahlkämpfen eine herausragende Rolle; um einen solchen Wahlkampf durchführen zu können, bedarf es umfangreicher finanzieller Ressourcen. Außerdem bedarf es eines technisch und technologisch geschulten Personals innerhalb der

---

16 Harmel, Robert und Kenneth Janda (1994): An Integrated Theory of Party Goals and Party Change, in: Journal of Theoretical Politics 6 (3), S. 289–305
17 Harrop, Martin (1990): Political Marketing, in: Parliamentary Affairs 43 (1), S. 277–291.
18 Gibson/Römmele (2001), a. a. O., S. 36

Parteiorganisation, um Telefonumfragen, direct mailings, Fokusgruppen etc. organisieren und durchführen zu können. Es sind vor allem die Großparteien, die hierfür die notwendigen Ressourcen aufbringen können. Parteien, die eine hierarchische Parteistruktur aufweisen, können professionalisierte Wahlkämpfe leichter implementieren, da organisatorische Veränderungen leichter durchzuführen sind. „The upward and outward movement of power inherent within professionalisation would meet with less resistance in an organization with existing norms of internal hierarchy".[19] Des Weiteren sind Marketing-Strategien und die Zuratoziehung von externen Beratern und Experten eher im Einvernehmen mit Parteien rechter Ideologien. Eine linke oder sozialistische Partei stände diesem Sachverhalt eher entgegen.[20]

Zusammenfassend formuliert ist der Schritt, die Entwicklung zu professionalisierten Wahlkämpfen bei rechten, finanziell gut ausgestatteten Parteien zu erwarten, die über zentralisierte interne Parteistrukturen verfügen und in jüngerer Vergangenheit eine deutliche Wahlniederlage hinnehmen mussten. Schaubild 1 stellt diesen Kausalitätszusammenhang dar.

Schaubild 1: Ein Modell professionalisierter Wahlkämpfe

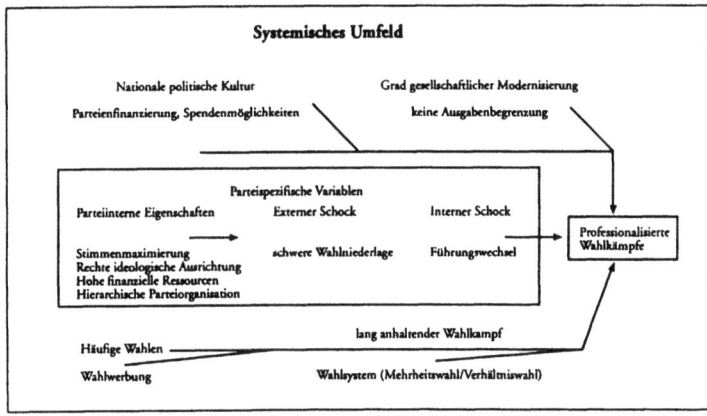

---

19 Vgl. Gibson/Römmele (2001), a. a. O., S. 37
20 Kavanagh, Dennis (1996): New Campaign Communications: Consequences for British Political Parties, in: Harvard International Journal of Press/Politics 1, S. 60–76; Scammell, Margaret (1995): Designer Politics: How Elections are Won. New York: St. Martin's.

3. Zusammenfassung/Ausblick

Die meisten Studien über den Wandel politischer Kommunikation in Wahlkämpfen betrachten Parteien als Opfer der Modernisierung. Der vorliegende Beitrag geht von einer aktiven Rolle politischer Parteien in der Wahlkampfführung
und -gestaltung aus. Das Schicksal politischer Parteien hängt seit jeher davon ab,
welche Antworten sie auf politische, gesellschaftliche und technische Entwicklungen finden. Zu Beginn des 21. Jahrhunderts stehen politische Parteien in
erster Linie vor der Aufgabe, sich auf komplexen Wählermärkten zu behaupten
und bei anhaltendem Trend des Mitgliederrückganges[21] und sinkender Loyalitä-
ten ihre Organisation so auszurichten, dass sie die ihr zugeschriebenen Funktionen erfüllen können und gleichzeitig den Parteiendemokratien die notwendige
Legitimität sichern helfen. Parteien reagieren auf ihre Umwelten. Das in dieser
Studie vorgestellte Modell bietet Erklärungsmöglichkeiten für Variationen im
Grad professionalisierter Wahlkämpfe zwischen Partein innerhalb eines politischen Systems. Der hier vertretene Ansatz spricht Parteien hierbei eine aktive
Rolle zu: „In providing parties with a more proactive role in the process, our
model also questions the assumption that campaign professionalization necessa-
rily brings about a weakening of party. Indeed, pushing this argument to its radical conclusion, professionalization may be seen by parties as a means for enhan-
cing and sustaining their future relevance".[22]

---

21 Mair, Peter/van Biezen, Ingrid (2001): Party Membership in Twenty European Democracies,
   1980–2000, in: Party Politics, 7, S. 5–22.
22 Gibson/Römmele (2001), a. a. O., S. 40

Jennifer Laszlo Mizrahi

17 Tipps für erfolgreiche Themenkampagnen

Wenn man mich bittet, ein Kapitel über Themenkampagnen und Themen in Kampagnen zu schreiben, ist das so, als würde man Porsche bitten, schnelle Autos herzustellen. Wir sind dazu da.

Ich möchte in diesem Kapitel 17 bewährte Methoden darstellen, mit denen eine Themenkampagne erfolgreich geführt und ein Wahlkampf durch den Einsatz von Themen gewonnen werden kann. Beachten Sie jedoch, dass es sich dabei um zwei verschiedene Dinge handelt. In einer Themenkampagne setzen Sie sich für eine bestimmte Sache ein, z. B. für die Annahme eines Katalogs von Patientenrechten oder die Einstellung des Baus eines Atomkraftwerks. Solche Kampagnen sind in den USA recht weit verbreitet.

In Washington wenden hochrangige politische Beraterteams mitunter Millionen Dollar auf, um eine Themenkampagne über mehrere Jahre hinweg zu führen. Mittelpunkt dieser Kämpfe sind in der Regel Themen wie Gesundheitswesen, Abtreibung, Arbeitsrecht, Wirtschaftsfragen und soziale Sicherheit. Bislang werden solche Kampagnen in Europa nur selten geführt und wenn, dann sind sie nicht sehr anspruchsvoll. Das wird sich mit Sicherheit aber in den nächsten zehn Jahren ändern.

Themenkampagnen für Kandidaten können ebenfalls sehr erfolgreich sein. Bei einer solchen Kampagne werden die Kandidaten an den Themen gemessen, für die sie sich engagieren: Arbeitsplätze, Kriminalität, Gesundheitswesen oder was auch immer für die Wechselwähler ausschlaggebend ist.

Allein die Fähigkeit, das richtige Thema aufzuspüren, das die Wechselwähler veranlasst, Ihren Kandidaten und nicht den der anderen Partei zu wählen, kann über Sieg und Niederlage entscheiden. Tatsächlich sind Themenkampagnen (im Gegensatz zu personenbezogenen Kampagnen oder Kampagnen, in denen eine Partei ihre Vorzüge gegenüber den anderen Parteien rühmt) im Allgemeinen wirksamer und der beste Weg, eine Wahl zu gewinnen. Themenkampagnen für Kandidaten bringen nicht nur den Sieg an der Wahlurne, sondern sie geben den Politikern und Parteien ein Mandat, mit dem sie regieren können.

Ich hatte die Ehre, an den ersten Kampagnen von Boris Jelzin in Russland, von Vaclav Havel in der damaligen Tschechoslowakei und von Lech Valessa in Polen mitzuarbeiten. So habe ich unmittelbar miterlebt, wie eine Gruppe von Menschen, aussagekräftige Themen und Wahlen das Leben von Millionen Menschen verändern können. Diese Politiker setzten Themen wirklich ein – hier das Thema des Wandels –, um die Welt besser zu gestalten!

Als Jüdin ist es für mich besonders wichtig, in dieses Buch aufgenommen zu werden. Ich habe nie vergessen, dass mein Vater in Deutschland geboren wurde und während der Hitlerzeit in Österreich lebte. Er war einer der Wenigen in unserer Familie, denen es gelungen war, zu entkommen und zu überleben.

Viele Menschen sind sich nicht bewusst, dass eine ausgeklügelte Marketing- und Themenkampagne der Nazis Hitler in Deutschland und Österreich zur Macht verholfen hat. Die Nazipartei hatte verstanden, dass der Einsatz von Symbolen, Themen, die Überzeugungskraft und die Verbreitung von Nachrichten über Rundfunk und Kundgebungen dazu dienen können, öffentliche Zustimmung für ihre Ziele zu erheischen. Soziale Veränderungen können eben nicht nur dem Guten, sondern auch dem Bösen dienen, wie Amerika am 11. September 2001 in tragischer Weise erfuhr, als wir Zeugen wurden, wie Terroristen Themen ausschlachteten und sich der Religion bedienten, um Menschen zum Hassen und Töten zu verleiten.

Die Art und Weise, wie sich die Kräfte des Guten und des Bösen die Vermarktung zunutze machen, kann die Welt verändern. Wenn Themenkampagnen gut organisiert sind, können sie starke Kräfte für positive Veränderungen freisetzen, z. B. wenn es darum geht, das Rauchen unter Jugendlichen einzudämmen, das Bewusstsein für die AIDS-Problematik zu erhöhen, das Fahren unter Alkoholeinwirkung zu verringern oder die Bürger zu ermutigen, ihr Wahlrecht wahrzunehmen.

Ich habe wie bereits erwähnt an vielen Kandidatenkampagnen teilgenommen, bei denen es auf die Themen ankam. Ich war auch an Themenkampagnen beteiligt, die auf das Gesundheitswesen (Katalog der Patientenrechte), Naturkatastrophen (die Kampagne „Homesaver"), die gerechte Kreditgewährung („Schutz des amerikanischen Traums") und viele andere Probleme ausgerichtet waren. In diesem Kapitel möchte ich zwei Fallstudien näher beleuchten. In der ersten, einer thematischen Kampagne ohne Kandidaten, ging es um die Sicherheit von Flugzeugen. „Wenn die NASA heute keine Gelder erhält, werden Sie morgen nicht mehr fliegen wollen". Diese Fallstudie betrifft eine Aktion zur Unterstützung der Nationalen Luft- und Raumfahrtbehörde (NASA).

Sie kennen die NASA sicherlich als die Einrichtung, die Menschen auf den Mond gebracht hat. Die NASA ist zum großen Teil aber auch für den Bereich der Luftfahrtelektronik verantwortlich. Der Kunde war eine Unternehmensgruppe in den Vereinigten Staaten, die an ingenieurtechnischen Lösungen arbeitet, um die Flugzeuge sicherer, sauberer, leiser, schneller und effizienter zu machen. Diese Gruppe führte mit amerikanischen Steuergeldern Forschungen im Bereich der Luftfahrtelektronik durch. Vor dem 11. September bestand jedoch kaum ein politisches Interesse an Investitionen zur Verbesserung der Flugsicherheit. Bevor wir hinzugezogen wurden, hatte die US-Regierung gerade beschlossen, die Finanzierung dieser Forschung um fast 1 Milliarde US-$ zu kürzen. Mit einem Budget von weniger als 200.000 US-$ erreichten wir mit unserer Kampagne, dass die US-Regierung 377 Millionen US-$ bereitstellte, um dies wieder rückgängig zu machen.

Bei der zweiten Fallstudie, mit der ich veranschaulichen möchte, wie Sie Themen erfolgreich nutzen können, handelt es sich um eine Kandidatenkampagne: „Arbeit schaffen, Arbeit schützen. Kampf gegen den Rechtsextremisten Jörg Haider in Österreich". Der österreichische rechtsextremistische Politiker Jörg Haider, der Hitlers Arbeitspolitik lobte, eine Zusammenkunft ehemaliger Offiziere der Waffen-SS ausrichtete und sich gegen „Ausländer" in Österreich aussprach, setzte in seiner Kandidatenkampagne eine brillante politische Kommunikationsstrategie ein. Zuvor wurde in langen Artikeln in ganz Europa prophezeit, dass seine Politik in Europa starken Auftrieb erhalten und er eines Tages Staatschef von Österreich sein werde. Diese Entwicklung musste aufgehalten werden. Aber wie?

Im Folgenden sind 17 Tipps beschrieben, die Ihnen zeigen, wie Sie eine erfolgreiche Themenkampagne führen bzw. Themen nutzen können, um Kandidatenkampagnen zu gewinnen.

1. Legen Sie Ihr Ziel fest!

Für den Erfolg von Sozialmarketing- und Themenkampagnen ist es entscheidend, genau zu bestimmen, welche sozialen oder menschlichen Bedürfnisse Sie angehen oder befriedigen wollen. Je klarer und konkreter Ihr Ziel ist, desto besser. Als wir uns um die Sicherstellung der finanziellen Mittel für die Luftfahrtforschung der NASA bemühten, bestand unser Ziel darin, den Flugverkehr sicherer, sauberer, leiserer und effizienter zu gestalten. Bei unserer Arbeit in Österreich bestand das Ziel der Sozialdemokratischen Partei und ihrer Partner von der Arbeiterkammer darin, die Wahlen zu gewinnen. Wir wollten, dass Jörg Haider und seine rechtsextreme Freiheitliche Partei an den Wahlurnen verlieren.

Wenn Sie das Ziel bestimmt haben, können Sie festlegen, mit welcher Aussage, Strategie und Taktik Sie dieses Ziel erreichen wollen. Um aber der Öffentlichkeit ein Thema erfolgreich vermitteln zu können, müssen Sie sich einige wesentliche Punkte vergegenwärtigen, die die Aufmerksamkeit des Publikums, die Dynamik von Entscheidungsprozessen und die Elemente einer wirksamen Aussage betreffen.

In jeder Zielgruppe, seien es Wähler bei einer Wahl, die breite Öffentlichkeit, die Presse oder ein gesetzgebendes Organ, gibt es relativ wenige wirkliche Entscheidungsträger (normalerweise sind es viel weniger als ein Prozent der Grundgesamtheit). Je größer die Grundgesamtheit ist, umso geringer ist der prozentuale Anteil an Entscheidungsträgern. Etwa weitere 10 % der Grundgesamtheit können Aktivisten sein, die gut informiert sind und einen guten Zugang zu den Entscheidungsträgern haben. Noch einmal 15 % sind vielleicht relativ gut informiert und aufmerksam für die wesentlichen Belange der Entscheidungsträger. Die große Mehrheit (im Allgemeinen rund 75 % Ihrer Zielgruppe von Entscheidungsträgern) aber hat ihren eigenen kleinen Sorgenkreis, der relativ wenig mit den wesentlichen Entscheidungen zu tun hat, die an der Spitze der Entscheidungspyramide dieser Grundgesamtheit getroffen werden.

Eines der wichtigsten Dinge, die Sie bei der Erarbeitung eines Kommunikationsplans für eine große Zielgruppe bedenken müssen, ist, dass diese Zielgruppe im Klartext gar keinen Wert darauf legt, alles zu verstehen, was Sie ihr vermitteln wollen. Es wird allzu oft vergessen, dass diejenigen, die den ganzen Tag in einem bestimmten Bereich arbeiten, einen großen Teil ihrer persönlichen Zeit einer Sache widmen oder bei einem bestimmten Thema sehr emotional reagieren, anders sind als der Rest der Gesellschaft. Die meisten Mitglieder der Gesellschaft sorgen sich viel mehr um andere Dinge. Sie engagieren sich nicht so sehr für Politik, Gesetzesfragen oder den Zugang zu unserer bürgerlichen Rechtsordnung. Sie sorgen sich um ganz konkrete und unmittelbare Belange in ihrem Leben, ihrer Familie und ihrem Beruf. Deshalb wissen sie weit weniger als Sie zu dem Thema, das Sie ihnen vermitteln wollen. Es kümmert sie nicht, dass sie weniger wissen als Sie, und sie haben auch kein besonderes Interesse daran, mehr zu erfahren. Was Sie ihnen sagen wollen, ist meistens zu abstrakt und zu weit von ihrem wirklichen Leben entfernt, es sei denn, Sie gestalten Ihre Aussagen konkreter und unmittelbarer.

Um also einer Gruppe ein Thema erfolgreich zu vermitteln, müssen Sie eine Möglichkeit finden, wie sie die Aufmerksamkeit und das Interesse dafür wecken können und das Thema so gestalten, dass es für diese Gruppe relevant wird. Dabei müssen Sie sich gegen eine Flut anderer Mitteilungen durchsetzen, die ebenfalls um die äußerst begrenzte Aufmerksamkeit dieser Gruppe werben. Gleichzeitig müssen Sie beachten, dass das, was Sie dieser unaufmerksamen Mehrheit vermitteln wollen, ihr bei der Auswahl zwischen den Alternativen behilflich sein soll. Um einen möglichst großen Einfluss auf diese Entscheidung zu haben, müssen Sie deutlich machen, wodurch sich Ihre Alternative von allen anderen unterscheidet und weshalb sie für diese Zielgruppe wichtig oder von Interesse ist.

Bei einigen Themenkampagnen haben Sie es mit einen realen Gegner zu tun. Bei anderen Themenkampagnen sind Ihre Gegner entweder die Teilnahmslosigkeit oder die anderen thematischen Programme, die um Raum und Aufmerksamkeit in der Öffentlichkeit, den Medien oder bei der Regierung ringen.

Wenn Sie einen realen Gegner haben – etwa in einer politischen oder Lobbyingkampagne, wo eine Interessengruppe eine bestimmte Initiative unterstützt und eine andere Widerstand leistet –, bringt es keinen großen Nutzen, den klaren Unterschied zwischen sich und dem Gegner herauszustellen, wenn dieser Unterschied ein Thema betrifft, das nicht von Interesse ist. Ebenso wenig hilft es Ihnen, viel Wirbel um ein Thema zu machen, das zwar von Bedeutung ist, bei dem aber alle Alternativen bekannt sind. Sie müssen vor einem breiten Publikum über etwas sprechen, was für die Zuhörer wichtig ist und wodurch Sie sich abgrenzen.

Es liegt in der Natur des Menschen, dass er eigene Filter entwickelt, die ihm helfen, sich an bestimmte Informationen und Aussagen zu erinnern und andere zu verdrängen. Durch ihre Erfahrungen haben es die Experten für politische Kampagnen gelernt, die möglichen Aussagen und Kommunikationspläne herauszufiltern.

2. Treffen Sie einfache Aussagen!

Aussagen wie „Coke is the real thing"; „Ford hat eine bessere Idee"; „Unterstützen Sie heute die NASA, wenn Sie morgen fliegen wollen"; „Arbeit schaffen, Arbeit schützen" oder Präsident Bushs: „Wir müssen das Böse bekämpfen!" sind wirkliche Botschaften. „Wir müssen unsere sich ständig ändernde Rolle in einem globalen Markt verstehen und unsere Wirtschaft umstrukturieren, um wettbewerbsfähig zu bleiben und mit unseren Handelspartnern in Nordamerika ebenso wie in Europa, im Pazifik und auf dem neu entstehenden osteuropäischen Markt Schritt zu halten. Zu lange war unsere Wirtschaft von Öl und Gas abhängig, während sich die globalen Gegebenheiten geändert haben, und wir haben den Anschluss verloren. Nur durch die Umstellung unserer Arbeitnehmer können wir den neuen Möglichkeiten vorgreifen, die uns in die Lage versetzen werden, eine stärkere Wirtschaft für die Vereinigten Staaten zu errichten. Zunächst müssen wir aber in unsere Infrastruktur investieren, die zu lange außer Acht gelassen wurde und sich deshalb im Niedergang befindet, was jede weitere Kapitalinvestition oder Entwicklung in unserer Nation verhindert. Deshalb haben wir einen Achtpunkteplan." Ich könnte so fortfahren, aber Sie sollten schon jetzt den Unterschied erkennen und begreifen, worum es geht. In europäischen und besonders in deutschen politischen Kampagnen neigt man dazu, lächerlich lange, sinnlose und verwirrende Aussagen zu treffen.

Wenn Sie Ihre Aussagen in acht oder weniger Worte fassen können, haben Sie eine Erfolgschance. Wenn Sie mehr als acht Worte benötigen, um der Öffentlichkeit, den Medien oder Politikern klar zu machen, warum Ihr Thema wichtig ist, werden Sie wohl verlieren.

3. Die Aussage muss glaubwürdig sein

Das ist nicht so einfach, wie es sich anhört. Dass etwas wahr ist, bedeutet nicht, dass die Menschen es auch glauben. Vor einigen Jahren, als die Negativwerbung und der Vorwurf der Lüge und Verzerrung den politischen Wahlkampf der USA noch nicht so sehr prägten, wurde einmal ein Team bei einer Kampagne für einen sehr populären Kongressabgeordneten gegen den sehr populären amtierenden Senator eingesetzt. Die Wahlkampfstrategen des Herausforderers sendeten unveröffentlichtes Filmmaterial von einer Kundgebung, auf der dieser Senator seine Unterstützung für eine Politik erklärte, von der man wusste, dass sie in diesem

Staat sehr unpopulär war. Der Senator reagierte darauf mit einem Fernsehspot, in dem ein anonymer Sprecher erklärte, der Herausforderer habe die Worte und Aufnahmen des Amtsinhabers entstellt.

Die damaligen Untersuchungen ergaben Folgendes: Würden die Wähler vor die Wahl gestellt, dem Spot des Herausforderers, in dem der Amtsinhaber mit seinen eigenen Worten eine eindeutige Stellungnahme abgibt, oder aber dem Spot des Amtsinhabers zu glauben, in dem willkürlich behauptet wurde, die Aufnahme sei verfälscht worden, ohne dass Beweise für diese Behauptung vorliegen, dann würden die Wähler glauben, wir hätten die Aufnahmen des Amtsinhabers entstellt. Es war wie in dem amerikanischen Country Western Song, in dem es heißt: „Don't believe your lying eyes" („Trau deinen lügenden Augen nicht.").

Spätere Nachforschungen machten deutlich, dass der Senator einfach so populär war, dass die Wähler nicht glauben wollten, dass er die Politik unterstützen würde, die er vor der Kamera zu unterstützen versicherte. Erstaunlich, aber wahr!

Deshalb war die klare und anhand von Beweisen belegte Wahrheit für die Wähler nicht glaubwürdig. Sie müssen also sicher sein, dass das, was Sie sagen, für die Wähler glaubwürdig ist – egal, wie wahr es ist. Ein Medienberater, mit dem ich zusammengearbeitet habe, hat dies als den „Nicktest" bezeichnet. Wenn ein Zuschauer, der in seinem Wohnzimmer halb abwesend einen Fernsehspot sieht und seine Zustimmung durch Nicken kundtut, dann ist der „Nicktest" bestanden und der Spot ist glaubwürdig. Wenn der Zuschauer die Information aus dem Spot innerlich ablehnt, dann hat dieser Spot den Test nicht bestanden und wäre unglaubwürdig.

4. Ihre Aussage muss breit genug gefasst sein, damit sie allgemein gültig ist

Ungeachtet des Sprichworts, wonach der Teufel im Detail steckt, ist ein Scheitern vorprogrammiert, wenn man bei der Kommunikation eines Themas bei den Einzelheiten eines speziellen Vorschlags ansetzt. Sie können ihre Aussage dann nicht mehr einfach gestalten und sind nur in einer günstigen Position, solange diese Einzelheiten sich nicht ändern.

Wenn beispielsweise eine Kandidaten- oder Themenkampagne vollständig auf der Aussage aufgebaut wird, die Ordnung wiederherzustellen, indem eine korrupte Eliteeinheit der Polizei aufgelöst wird, so funktioniert diese Aussage nur so lange, bis die anderen Parteien der Auflösung dieser Eliteeinheit der Polizei zustimmen. Sobald der Gegner zusichert, dass die Eliteeinheit aufgelöst wird, wenn er die Wahl gewinnt, ist es nicht mehr möglich, die beiden Kandidaten/Seiten des Themas zu unterscheiden. Statt dessen sollte eine globale Aussage zu einem weiter gefassten Thema getroffen werden. Dieser Punkt der Eliteeinheit der Polizei kann Teil eines größeren Ganzen sein, wie z. B.: „Sicherung Ihrer Zukunft". Sie müssen eine Aussage haben, die das oberste Ziel eines Kandidaten oder Themas erfasst, ohne von einem bestimmten Teil des Vorschlags abzuhängen. Dann können Sie die Besonderheiten nutzen, um die Glaubwürdigkeit der Gesamtaussage zu untermauern.

5. Ihre Aussage muss für das Leben der Wähler als Ihrer Zielgruppe wirklich relevant sein

Wenn Sie bei der Aussage, mit der Sie sich an die Wähler wenden, nicht deutlich machen, dass dies einen wirklichen Unterschied darstellt, werden Sie die Wahl nie gewinnen. Ihre Aussage muss außerdem persönlich sein. Nehmen wir ein Beispiel außerhalb der Politik: Vor einiger Zeit sah ich ein Interview mit einer der Geschworenen im Fall O. J. Simpson. Auf die Frage, welche der Zeugen am glaubwürdigsten und welche am unglaubwürdigsten waren, erwiderte sie sofort, am glaubwürdigsten sei der Zeuge der Verteidigung gewesen, der erklärt habe, wie die DNA-Tests manipuliert worden waren. Dies sei nämlich der einzige Zeuge gewesen, der Augenkontakt zu den Geschworenen aufnahm, als er auf seinem Weg in und aus dem Zeugenstand an der Geschworenenbank vorbeiging. Ihre Gründe, diesen Zeugen als glaubwürdig zu erachten, beruhten also keineswegs auf dem Gehalt seiner Zeugenaussage, sondern auf der bloßen Tatsache, dass er eine Möglichkeit gefunden hatte, seine Aussage für diese Geschworenen persönlich zu gestalten.

6. Ihre Aussage muss emotional sein

Die Kraft einer Aussage kann sich erhöhen, wenn sie emotional rübergebracht wird. Es gibt keine bessere Möglichkeit, eine Aussage persönlich zu gestalten, als das Herz des Publikums für sich zu gewinnen. Wir dürfen nicht in abstrakten Begriffen über ungeheuer viele Menschen oder nationale Daten sprechen. Persönlich gestalten bedeutet, über Einzelfälle und die dramatischen Folgen zu reden, die eine Politik für bestimmte Einzelpersonen hatte oder haben kann.

Ein Professor, der Mengenlehre unterrichtete, sagte immer, die Einzahl von „Daten" sei „Anekdote". Behalten Sie diesen Satz immer im Hinterkopf. Politiker können Daten analysieren, aber Themen- und Kandidatenkampagnen müssen sich auf Anekdoten konzentrieren. Deshalb werden in der wirksamsten politischen Kommunikation individuelle Geschichten erzählt. Diese Anekdoten vermitteln den Wählern, dass Sie mit ihnen auf einer persönlichen Ebene in Verbindung stehen. Sie versichern ihnen, dass Sie eine emotionale Antwort auf ihre Bedürfnisse haben, und sie schlagen die Brücke zwischen Ihren Gefühlen und denen der Wähler. Letztlich stimmen die meisten Wähler mit dem Herzen ab und nicht mit dem Kopf.

In der Kampagne für Flugsicherheit waren unsere Spots so emotional, dass es buchstäblich in ganz Washington weinende Menschen gab. Der Spot begann mit Statistiken über Flugzeugunglücke und den Schlagzeilen der schlimmsten Abstürze. Das hörte sich folgendermaßen an:

„Die Flugzeugunglücke werden zunehmen, da sich der Luftverkehr in den nächsten zwanzig Jahren voraussichtlich verdreifachen wird.

Jetzt plant Washington Kürzungen bei der NASA, die führend in der Forschung ist, um für die Wettbewerbsfähigkeit der amerikanischen Flugzeuge und die Sicherheit unseres Luftfahrtsystems zu sorgen.

Aufsichts- und Verbraucherverbände unterstützen die Luftfahrtforschung: „Die Sicherheitsforschung muss von der NASA übernommen werden, denn es würde sich niemand anderes darum kümmern."

Fordern Sie Washington auf, nicht länger Ihre künftige Sicherheit aufs Spiel zu setzen.

Rufen Sie jetzt an.

Wenn der Kongress die NASA heute nicht unterstützt, werden Sie morgen nicht mehr fliegen wollen."

Unsere Anzeigen, die in Medien veröffentlicht wurden, die die Abgeordneten in Washington lesen, zeigten ganzseitige Fotos von Flugzeugabstürzen mit einem Text, der die Fernsehspots widerspiegelte. Die Emotionen, untermauert durch Fakten und Anmerkungen auf dem Bildschirm am Anfang der Werbespots, haben die Politiker zum Handeln bewegt.

7. Die Wirksamkeit Ihrer Aussage muss belegt sein

Bei jeder Themenkampagne müssen Sie den Nachweis haben, dass Ihre Aussage ankommt, *bevor* sie sie einsetzen. Bilder von abgestürzten Flugzeugen im Fernsehen zu zeigen, erschien vielen in unserem Team als eine riskante Strategie. Bevor wir die Spots machten, hatten wir aber unsere Aussagen und Bilder gründlich getestet.

Generell sollten Sie bei einer groß angelegten thematischen Kommunikationsaktion Ihre Aussage mittels Zielgruppen und Meinungsforschung testen. Ihre Aussage muss im kleineren Rahmen einen Entwicklungsprozess durchlaufen, wo die Antwort Ihres Publikums in einer Reihe von Versuchen analysiert wird. Dieser Entwicklungsprozess ist nicht damit gleichzusetzen, dass Sie eine Aussage bei Ihren Kollegen und Bekannten besprechen und erproben, weil diese nicht Ihr tatsächliches Publikum sind und ein unvoreingenommener Ansatz hier unmöglich ist.

Ein solcher Entwicklungsprozess erfordert, dass Sie Ihre Aussage einem Publikum vorstellen, das Sie nicht kennen, das aber für Ihre Zielgruppe repräsentativ ist und bei der man ein nach Möglichkeit mengenmäßig bestimmbares Feedback erhält. Dazu könnte man sich einer Gruppe anschließen, eine Testliste erstellen, oder mit Unbekannten sprechen, die sich unter ihre Kollegen mischen. Sie sollten Ihre Kampagne nicht unwiderruflich an eine Aussage binden, bevor Sie diese nicht im Rahmen dieser Tests bearbeitet, verbessert und vervollkommnet haben.

8. Sagen Sie Nein!

Ebenso wichtig wie zu bestimmen, was Sie tun wollen, ist es, diszipliniert alles abzulehnen, was Sie an der Erfüllung Ihres Ziels behindern könnte. Man kann sich sehr leicht verzetteln, wenn man versucht, auf jedes Wählerproblem, jede Sorge oder Laune der Familienmitglieder des Kandidaten oder von Mitgliedern der Partei einzugehen. Es ist verlockend, bei jeder auftretenden gesundheitlichen, sozialen, politischen oder wirtschaftlichen Krise helfen zu wollen. Wir mitfühlenden Seelen haben eine Schwäche für jeden Spendenaufruf in unserem Briefkasten und jedes Gremium, das uns bittet, etwas Zeit aufzubringen, um seiner Organisation zu helfen. Tun Sie Ihnen und sich selbst einen Gefallen und sagen Sie Nein. Wenn Sie überlastet sind, werden Sie bei allem, was Sie zu tun versuchen, scheitern. Den größten Erfolg erreichen Sie , wenn Sie sich voll engagieren, d. h. wenn Sie Ihr Herz, Ihre Brieftasche und Ihre Zeit ganz in das Projekt einbringen. Während meiner Tätigkeit in Österreich wurden alle möglichen Projekte an mich herangetragen. Nein zu sagen, war ein Schlüssel zum Erfolg.

9. Finden Sie die richtige Aussage!

Die wichtigste Grundlage für erfolgreiche Themenkampagnen bildet die Meinungsforschung. Was ist bisher getan worden? Welche Gruppen teilen Ihre Ziele, mit welchen Partnern könnten Sie erfolgreich sein? Welche intellektuellen und materiellen Mitteln benötigen Sie, um diese Aufgabe zu meistern? Welcher Weg ist am kostengünstigsten und führt am schnellsten zum Erfolg? Was wurde vergeblich versucht? Wie werden die Medien und die Öffentlichkeit Ihr Projekt aufnehmen? Welche öffentliche Unterstützung findet Ihr Thema zur Zeit? Bei der Auseinandersetzung mit der öffentlichen Meinung müssen Sie in der Lage sein, Entscheidungen von größter strategischer Bedeutung zu fällen.

Nachdem Sie Ihre Hausaufgaben erledigt haben, können Sie Ihre Ziele durchaus kosteneffizient erreichen. Eine Zusammenfassung unserer Umfrageergebnisse für das Luftsicherheitsprojekt der NASA finden Sie im Anhang dieses Kapitels.

Während meiner Tätigkeit in Österreich wurde die Hälfte meiner Zeit und ein erheblicher Teil unseres Geldes in die Meinungsforschung investiert. Wir führten umfangreiche Umfragen unter den Zielgruppen durch und stürzten uns auf alles, was in der Presse erschien. Wir befragten Experten und entwickelten gemeinsam strategische Pläne.

Ich war in drei verschiedene Kampagnen gegen Jörg Haider eingebunden. Mein politischer Partner in Österreich war in allen drei Fällen Christa Maurer von der Arbeiterkammer (Gewerkschaft). Sie ist eine sehr begabte Kommunikationsexpertin, wurde aber von Andreas Rudas und anderen Leuten, die damals die Kampagnen der SPÖ leiteten, nicht unterstützt.

Die ersten Wahlen, bei denen ich in Österreich tätig wurde, waren die Landtagswahlen im März 1999, bei denen Haider Landeshauptmann von Kärnten wurde. Seine rechte Freiheitliche Partei errang in drei Wahlgängen ganze 42 % der Stimmen. Ich kam erst ganz am Ende dieser Kampagne hinzu – gerade noch rechtzeitig, um zu sehen, warum Haider gewinnen würde, aber zu spät, um noch etwas am Ergebnis zu ändern. Haider hatte seine Kampagne mit den traditionellen „Themen der Arbeiterklasse" geführt: Kinder (Kinderscheck), hohe Lebenshaltungskosten (Energiepreise, Mieten) und Arbeitsplätze. Meine eigene Wahlforschung hatte ergeben, dass diese Themen für Wechselwähler sehr wichtig waren. Der Extremismus wurde in schöne Hüllen und in dem Versprechen, mehr Arbeitsplätze zu schaffen, verpackt.

Im Gegensatz dazu führte die Sozialdemokratische Partei (SPÖ), für die ich arbeitete, eine katastrophale Kampagne. 1998 und 1999 hatte das führende österreichische Meinungsforschungsinstitut IFES im Auftrag der SPÖ in Kärnten Umfragen durchgeführt. Das Problem war, dass die angeblichen Experten für politische Meinungsforschung in Österreich nicht wussten, was sie taten. Sie hatten die Themen nie richtig getestet. Stattdessen stellten sie die Frage so: „Kärnten hat sich gemeinsam mit Friaul und Slowenien für die Ausrichtung der Olympischen Winterspiele 2006 beworben. Sind Sie für oder gegen die gemeinsame Olympiabewerbung?"

Im Januar 1999 erklärten ganze 82 % der Einwohner Kärntens, dass sie eine Bewerbung um die Ausrichtung der Olympischen Spiele vor Ort unterstützten. Das ist nicht überraschend in einer Region mit einigen der besten Skifahrer der Welt. Leider beschloss die SPÖ ausgehend von dieser Frage, ihre gesamte Kampagne auf die Ausrichtung der Olympiade 2006 zu konzentrieren. Sie hatte die Wähler nie gefragt, was wichtiger für sie ist – ob sich ihr neuer Landeshauptmann um die Olympischen Spiele bewirbt oder ob er sich für die Schaffung und Sicherung von Arbeitsplätzen einsetzt. Hätten sie zu Beginn der Kampagne die richtigen Wahlfragen gestellt, wäre Haider nie an die Macht gelangt.

Gegen Ende der Kampagne führte mein Team für die SPÖ Umfragen durch, bei denen das Thema der Olympischen Spiele mit anderen Themen im Hinblick auf ihre Bedeutung für die Wähler verglichen wurde. Auf eine Reihe von Fragen antworteten 66 % der Wähler, sie wollten einen Staatsmann, der für neue Arbeitsplätze und Wirtschaftswachstum in Kärnten sorgt, während nur 19,5 % jemanden wählen wollten, der sich um die Olympischen Spiele bemüht. Auf eine gesonderte Frage antworteten 43 % der Wähler, dass es am wichtigsten sei, Arbeitsplätze in Kärnten zu schaffen, während nur 1,7 % die Olympiabewerbung als das wichtigste Thema für sich und ihre Familie nannten.

Dessen ungeachtet investierte die SPÖ fast ihre gesamten Werbemittel in das Thema Olympia. Zu allem Unglück brach auf dem Höhepunkt der Kampagne der Olympiaskandal um Bestechungsgelder aus, die an das Olympische Komitee gezahlt worden waren, um eine Bewerbung zu sichern. Es ist erstaunlich, dass Haider nicht mit einem noch besseren Ergebnis gewonnen hat!

Ich möchte darauf hinweisen, dass ich bei meiner Meinungsforschung keine Möglichkeit hatte festzustellen, ob die österreichischen Wähler aufgrund der antisemitischen und rechtsextremen Haltung gegen Haider stimmen würden. Ich konnte aber erkennen, dass sich viele Wähler seiner hasserfüllten Ansichten zu diesen Themen bewusst waren. Diese Themen veranlassten sie jedoch nicht, ihre Wahlentscheidung auf die eine oder andere Weise zu ändern. Das heißt, dass eine Kampagne mit der Aussage „Stimmen Sie gegen Haider, er ist ein Antisemit und Rechtsextremist" auch nicht mehr Wählerstimmen gebracht hätte. Sie erfüllte nicht das oben erläuterte Kriterium für eine erfolgreiche Aussage. Die Aussage „Haider hat keinen Plan für die Schaffung und Sicherung von Arbeitsplätzen" hätte uns vielleicht den Wahlsieg gebracht. Unser Team, dem es an Zeit und Geld fehlte, hat aber nie einen ernsthaften Versuch unternommen, sich auf Themen zu konzentrieren, die eine Änderung des Wahlverhaltens hätten bewirken können.

Der Wahlsieg Haiders beruhte auf existenziellen Themen und nicht auf seiner rechten Ideologie. Nichtsdestotrotz hat er diese existenziellen Themen erfolgreich genutzt, um die Macht zu erringen. Die Qualität der Kampagnen machte den Unterschied aus und nicht eine breitere Unterstützung für rechtsextreme Politik.

10. Lassen Sie sich nicht abbringen!

Als unsere Spots zur Flugsicherheit über CNN und andere Medien ausgestrahlt wurden, die für unsere Zielpersonen, die über die Finanzierung der Luftfahrtforschung zu entscheiden hatten, ausschlaggebend waren, fielen die ersten Reaktionen verheerend aus. Nach der herkömmlichen Überzeugung war es geschmacklos, Flugzeugabstürze im Fernsehen zu zeigen, auch wenn dies für eine politische Kampagne geschah. Der Kunde geriet in Panik und wollte die Spots zurückziehen. Das lehnte ich ab. Unsere Untersuchungen hatten gezeigt, dass unsere Zielstellung mit den Spots erreicht werden kann. Wir mussten sie nur oft genug wiederholen, damit sie die gewünschte Wirkung erzielten. Nach vier Tagen rief das Weiße Haus an – man kochte vor Wut. Vizepräsident Gore (für den ich viele Jahre an zahlreichen Projekten gearbeitet hatte) war äußerst verärgert. Seiner Dienststelle oblag die direkte Aufsicht über den Bereich der Flugsicherheit und er wollte in einem Wahljahr nicht für Flugzeugunglücke verantwortlich gemacht werden.

Ich möchte darauf hinweisen, dass ich die Dienststelle des Vizepräsidenten vor dem Start der Anzeigenkampagne informiert und ihnen nahe gelegt hatte, sich hinter das Thema der Flugsicherheit zu stellen. Ich hatte Sie über die Umfrageergebnisse informiert und ihnen mitgeteilt, dass wir eine Anzeigenkampagne planten, falls sie die Flugsicherheit nicht finanzieren würden. Sie glaubten nicht, dass wir den Mut hätten, diese Spots zu senden. Als wir es doch taten, bemühten sie sich überaus beflissen, auf unsere Forderungen einzugehen. Bereits vier Tage nach Beginn der Ausstrahlung unserer Spots im Fernsehen bekamen wir die Zusage, dass unserem Vorschlag für eine Finanzierung in Höhe von 300 Millionen USD für die Flugsicherheit entsprochen werden würde, sobald wir die Spots zurückgezogen hätten. Wir zogen die Spots zurück und bekamen das Geld. Ein schneller Sieg bei einem wichtigen Thema.

In Österreich hatten wir eine ganz andere Situation. Der erste Versuch war gescheitert, aber wir hatten bei diesem ersten Versuch viel gelernt, was beim nächsten Mal von Nutzen sein konnte. Diesen Abschnitt möchte ich folgendermaßen nennen: „Die zweite Chance: Bundestagswahlen und Fremdenfeindlichkeit".

Im Oktober 1999 fanden Bundestagswahlen statt. Leider folgten unsere Leute (SPÖ) wieder nicht der Strategie, die sich aus der Meinungsforschung und der Untersuchung von Zielgruppen klar ergeben hatte. Ich wurde abgewiesen und beobachtete mit Entsetzen diese verfehlte Strategie. Obwohl das Hauptthema der Wähler die Schaffung von Arbeitsplätzen war, entschied sich die SPÖ für eine EU-Kampagne und griff das nebensächliche Thema der „Wahrung der Neutralität Österreichs" auf (unter Bezug darauf, dass in der Außenpolitik weder für Russland noch für die NATO Partei ergriffen worden war). Dieses Thema wurde aber nur von den Wählern für wichtig befunden, die politisch bestens informiert waren und ohnehin für die SPÖ stimmen wollten. Sie konnten sich in den Parteizentralen gegenseitig auf den Rücken klopfen und sich zu ihrer klugen Außenpolitik beglückwünschen, aber sie nahmen nicht die Schlüsselthemen in Angriff, um die Wechselwähler – insbesondere Frauen und junge Leute – für sich zu gewinnen. Verschlimmernd kam hinzu, dass die Meinungsforschung und Umfragen unter den Zielgruppen ergaben, dass die Wechselwähler der typischen Politiker überdrüssig waren. Die SPÖ setzte Plakate ein, auf denen Klima zusammen mit Gerhard Schröder und Tony Blair zu sehen war. Alle waren im Anzug; sie trugen die Nasen hoch, sahen arrogant aus, nicht so, als ob sie sich um die Menschen und ihre wirklichen Probleme kümmern würden. Jeder Schilling, den die SPÖ für diese Plakate ausgab, half Haider und der Freiheitlichen Partei! Es war eine furchtbare Kampagne, die von Anfang an zum Scheitern verurteilt war.

Bei den Bundestagswahlen gingen drei wichtige Parteien ins Rennen. Die Stimmen gegen Haider verteilten sich auf meine Gruppe, die SPÖ, und die Konservativen (ÖVP). Leider war die Kampagne der konservativen Partei genauso schlecht wie die der SPÖ. Es war also keine Überraschung, dass Haiders Freiheitliche Partei die Konservativen überholte und ihren Stimmenanteil von 21,9 % auf 26,9 % vergrößerte.

118

In der Kampagne von Haider wurden sehr erfolgreich starke fremdenfeindliche und rassistische Gefühle geschürt. Laut Haider nehmen Ausländer den Österreichern die Arbeit weg und bringen Kriminalität ins Land. Die Plakate von Haider (FPÖ) in Wien trugen Sprüche wie: „Die ausländische Unterwanderung stoppen!" oder „Asylmissbrauch stoppen!" Zwei Jahre zuvor hatte Haider 1997 erklärt, er wolle, dass ein Drittel aller in Österreich beschäftigten Ausländer nach Hause geschickt werden. Haider verband seine rassistischen Ideen mit existenziellen Fragen wie Arbeit und Kriminalität. Außerdem richtete er seine Kampagne auf Themen der Lebensqualität aus, wie z. B. Steuern, Wohnungen und Kinderbetreuung.

In dem sieben Millionen Einwohner zählenden Land betrug der Abstand zwischen den derzeitigen Regierungsparteien lediglich 415 Stimmen. Das ist erstaunlich knapp. Im Februar 2000 bildeten die Konservativen (ÖVP) und die rechtsextreme Partei von Haider (FPÖ) die neue österreichische Regierung, und die SPÖ (die trotz ihrer furchtbaren Kampagne die meisten Stimmen erhalten hatte) ging in die Opposition.

Erst bei den dritten Wahlen, bei denen ich in Österreich tätig war, wurde endlich beschlossen, eine umfrageorientierte Themenkampagne durchzuführen. Ich werde später noch darauf zu sprechen kommen, wie die Haider-Gegner einen umfassenden Plan zur Schaffung und den Schutz von Arbeitsplätzen einsetzten! Sie hatten eine einfache Aussage, die klar rüberkam und Sinn machte. Zwar hatten wir zwei Mal eine Niederlage erlitten, doch wir standen wieder auf und traten erneut an.

11. Seien Sie kein eingebildeter Narr!

Machen Sie nicht den Fehler zu glauben, Ihre Aussage oder Ihr Anliegen seien so erhaben, dass Sie die Bevölkerung von der Ehrenhaftigkeit Ihrer Ziele überzeugen und deshalb allein aufgrund Ihrer Selbstlosigkeit gewinnen könnten. Erinnern Sie sich daran, dass die Wähler nicht die Zeit und das Interesse haben, überzeugt zu werden. Bei jeder Kommunikationskampagne ist es am einfachsten, eine bereits bestehende Überzeugung zu verstärken. Wenn jeder Wähler in den USA daran glaubt, dass der „Kampf gegen das Böse" eine gute Sache ist, dann kann sogar Präsident George W. Bush bei den amerikanischen Wählern eine Zustimmungsrate von 90 % erreichen.

Am zweiteinfachsten ist es, eine latente Überzeugung deutlicher herauszuarbeiten. Wenn die Wähler eine Zeit lang nicht über ein bestimmtes Thema nachgedacht haben, sie aber wahrscheinlich Ihrer Meinung zustimmen würden, wenn sie darüber nachdenken würden, dann könnte es für Sie von großem Vorteil sein, dieses Thema aufzugreifen und zu diskutieren. Es ist auch recht einfach, einen leeren Kopf zu füllen. Wenn die Wähler wirklich keine Meinung zu einem Thema haben, können Sie Ihnen mit einer wirkungsvollen Kommunikationsstrategie eine Meinung vermitteln. Am schwierigsten ist es hingegen, die Meinung der Wähler zu ändern.

Wenn Sie Ihre Zeit mit dem Versuch vergeuden, die Meinung der Wähler zu einem Thema zu ändern, zu dem sie sich bereits eine Meinung gebildet haben, werden Sie verlieren. Sie sollten sich besser bemühen, die bestehenden Überzeugungen und Meinungen der Wähler zu diesen Themen herauszufinden und zu verstehen, und dies dann als Schlüssel für Ihren Erfolg einzusetzen.

12. Wiederholen Sie sich!

Viele Menschen und Organisationen machen den Fehler, einen positiven Artikel zu einem Thema in den Zeitungen oder in den Fernsehnachrichten unterzubringen und dann anzunehmen, sie könnten zur nächsten Frage übergehen. Das dort herrschende Durcheinander hunderttausender anderer Meldungen, der Zeitmangel der Leute, mit denen Sie kommunizieren wollen, und ihr insgesamt fehlendes Interesse für die Themen, die Sie ansprechen, setzen voraus, dass Sie sich wiederholen müssen. Ein einzelner Artikel oder eine einzelne Nachricht sind ein Tropfen auf den heißen Stein. Um mit Ihrer Zielgruppe zu kommunizieren, müssen Sie Ihre Aussage immer wieder erneut vortragen. Wenn Sie selbst nicht mehr hören können, wie Sie immer wieder das Gleiche erzählen, dann können Sie annehmen, dass ein oder zwei Leute Sie gehört haben und vielleicht bald zu verstehen beginnen, was Sie sagen wollen. Jeder Kontakt mit einem Mitglied Ihrer Zielgruppe über ein beliebiges Medium bietet eine Gelegenheit zur Kommunikation. Sie müssen diese Gelegenheiten nicht nur nutzen, sondern sie auch schaffen. Man kann nie mit zu vielen Leuten sprechen oder zu oft ins Ziel treffen.

13. Seien Sie professionell!

In den Jahren, in denen ich in Österreich tätig war, brachte ich mehr als 10 weitere internationale Wahlkampfexperten mit. Sie wurden gebraucht und spielten eine maßgebliche Rolle. Zufällig handelte es sich bei allen diesen Experten bis auf einen um Männer. Man sagte mir, dadurch würden die für den österreichischen Wahlkampf verantwortlichen Männer stärkeres Vertrauen in meine Arbeit haben. Ihre Logik lautete in etwa so: „Wenn alle diese amerikanischen Männer mit dieser Frau zusammenarbeiten, dann muss es für uns europäische Männer in Ordnung sein, ebenfalls mit ihr zu arbeiten". Dank der Arbeit meiner Vorgänger(innen) früherer Generationen kann ich mich heute aber als ein qualifiziertes Teammitglied und nicht als jemanden betrachten, der ein schickes Hemd trägt.

Die Lehre, professionell zu sein, gilt für Männer und Frauen gleichermaßen. Bei Themenkampagnen muss jeder irgendwo anfangen. Äußerst hilfreich ist es, wenn Sie mit einer professionellen Haltung beginnen und sich darauf konzentrieren, wie sie die Ziele Ihrer Themenkampagne erreichen können, ohne sich zu sehr darum zu kümmern, ob Sie bei Ihren Kollegen beliebt sind oder nicht.

14. Schließen Sie sich mit anderen zusammen!

Wenn Sie von New York nach Los Angeles fahren wollen, möchten Sie diese Route möglicherweise nicht allein zurücklegen. Vielleicht möchten Sie sich die Benzinkosten teilen und sich beim Fahren abwechseln. Vielleicht wollen Sie einige Mitfahrer von New York bis St. Louis mitnehmen. In Missouri würden Sie vielleicht andere Mitfahrer aufnehmen, die Sie in den Süden bis nach Las Vegas bringen. Sie könnten dann einige Nächte in Las Vegas verbringen und anschließend direkt nach L. A. fahren. Das Gleiche gilt für eine Themenkampagne. Es gibt immer Leute, die zumindest einige Ihrer Ziele teilen. Diese Leute bringen im Allgemeinen ihre eigenen Talente und Mittel ein und es ist sehr sinnvoll, ein Stück der Reise gemeinsam zu machen, wenn Ihre Wege Sie zusammenführen. So haben wir bei der Flugsicherheitskampagne mit 18 Luftfahrtkonzernen, darunter Lockheed Martin, Boeing, American Airlines und anderen, partnerschaftlich zusammengearbeitet. Das Gleiche geschah in Österreich, wo wir mit der Arbeiterbewegung und der Sozialdemokratischen Partei zusammenarbeiten konnten. Jeder hatte seine eigenen Beweggründe gegen Haider, aber alle engagierten sich gleichermaßen, um ihn zu besiegen.

15. Planen Sie Ihre Arbeit und arbeiten Sie nach diesem Plan!

Siege bei Themenkampagnen kommen selten von allein. In unserer heutigen globalen, hoch technisierten Welt gibt es kaum noch Aktivitäten auf der grünen Wiese, sondern sie finden in der Regel auf hochwertigem Kunstrasen statt. Wenn Sie also maßgeblich auf eine Politik oder die öffentliche Meinung einwirken wollen, müssen Sie hoch entwickelte Instrumente und Managementfertigkeiten einsetzen, um Erfolg zu haben. Bei meiner dritten Kampagne in Österreich (der ersten, die wirklich mit der Gewerkschaft AK erfolgte) entwickelten wir eine klare, bewährte Aussage, die auf Zielgruppen ausgerichtet war. Wir nutzten Postwurfsendungen, Telebanking, Plakate, Druck-, Rundfunk- und Fernsehwerbung sowie Auftritte in den Medien und in Öffentlichkeit. Alles war in die zentralen Themen integriert und im Voraus geplant und budgetiert worden. Wir gewannen mit großem Vorsprung.

16. Hüten Sie sich vor der „Analysebehinderung"!

Einer der Hauptgründe für das Scheitern einer Themenkampagne sind Leute, die unter der Krankheit leiden, die ich als „Analysebehinderung" bezeichnen möchte. Diese schreckliche Krankheit macht aus Organisationen kleine Gruppen, die Sitzungen ohne jedes Ergebnis veranstalten. Ich nenne das „Tod durch Tausend Papierschnipsel". Damit ein Team erfolgreich sein kann, muss es für jede Sitzung eine Tagesordnung mit den beabsichtigten Ergebnissen geben. Wenn eine Sitzung keinen Zweck hat, sollte sie nicht stattfinden. In der Welt nach dem 11. September muss so etwas bei Themenkampagnen wirklich vermieden werden. Ich war bei unzähligen Veranstaltungen, wo sich die Leute über die schlechte Medienberichterstattung über ein Thema beklagten, ohne dass sie jemals einen Kommunikationsplan entwickelten, um das Problem zu lösen! Ein Team, das Hände ringend nach dem Motto „man würde, man könnte, man hätte…" verfährt, wird immer da sein, aber es wird zu viel Zeit für Prognosen aufwenden, als dass wirklich etwas Substanzielles erreicht wird.

Nehmen Sie sich vor „glänzenden Ideen" in Acht!

Nach der „Analysebehinderung" ist das die zweitschlimmste Krankheit für eine Themenkampagne. Sie tritt in der Regel ein, wenn der Hauptsponsor eines Projekts oder ein Familienangehöriger des Teamleiters ins Team kommt und verkündet, er habe eine brillante Idee zu einem Thema, wo ihm die Erfahrung oder das Know-how fehlt. Aus Angst, den Sponsor oder Familienangehörige zu beleidigen, setzt der Rest der Gruppe die dumme Idee um und opfert so eine beträchtliche Menge an Zeit und Geld, die für die Erfüllung der eigentlichen Aufgabe benötigt werden. Wenn Sie diese glänzende Idee von Ihrer Aussage oder Strategie abbringt, dann gehen Sie zu Punkt 2 zurück und „sagen Sie einfach Nein".

In Österreich hatten wir es mit einer Fülle von „glänzenden Ideen" zu tun, aber in der dritten Kampagne waren sie leicht zu beherrschen. Die Leute vor Ort wollten nicht die Schmach einer dritten Niederlage in Folge erleiden und so ließen sie mich echte Vorschläge machen und die „Böse" sein. Die Leute vor Ort zeigten mit dem Finger auf mich und sagten, wir konnten es nicht so machen, weil die oberste Amerikanerin meinte, es würde nicht funktionieren. Dann half ich „Herrn Oberschlau", mit seiner eigenen neuen Idee herauszukommen (natürlich war unser ursprünglicher Plan zu seiner Idee geworden), und dann gingen wir alle wieder an die Arbeit.

17. Teilen Sie den Ruhm!

Frauen wird oft gesagt, sie könnten im Leben nahezu alles erreichen, solange sie bereit seien, einem anderen (d. h. den verantwortlichen Männern) Ruhm zu schenken. Aber diese Zeiten sind nun vorbei. Jetzt müssen wir Partner finden, aufbauen und als Team zusammenarbeiten. In der Flugsicherheitskampagne war der republikanische Meinungsforscher Frank Luntz mein Partner, ein hervorragender Meinungsforscher und politischer Berater. In Österreich war die Arbeiterkammer ein solcher Partner. Die Männer und Frauen der AK setzten dem Aufstieg von Jörg Haider zumindest vorläufig ein Ende. Sie haben wirklich zu einer besseren Welt beigetragen.

Das Fazit für Themenkampagnen lautet: Wenn Sie an einen Traum glauben, kann er wahr werden. Für unser Team wurde er in Washington und Österreich wahr, und welche Träume Sie bei Themenkampagnen auch haben, Sie können sie ebenfalls erreichen.

Von Mark Penn und Douglas E. Schoen

Wie man Diktatoren an der Wahlurne besiegt: Schlussfolgerungen für die Entwicklung erfolgreicher Wahlkampfstrategien in autoritären Gesellschaften

„Durch Ihre Arbeit mit dem National Democratic Institute und der jugoslawischen demokratischen Opposition haben Sie einen direkten und entscheidenden Beitrag zum jüngsten Durchbruch der Demokratie in diesem Land geleistet und zum Verständnis der Situation durch unsere Regierung beigetragen ... Dabei hat die Meinungsforschung möglicherweise zum ersten Mal eine derart wichtige Rolle bei der Festlegung und Sicherung unserer außenpolitischen Zielstellungen gespielt"

(Brief der ehemaligen US-Außenministerin Madeleine K. Albright vom 20. Oktober 2000)

„Vor uns steht eine Entscheidung zwischen der Zukunft und der Vergangenheit. Mugabe lebt in der Vergangenheit. Wir sagen ihm deutlich: „Vielen Dank für das, was Du getan hast." Aber es ist nicht die Wahl zwischen Tsvangirai oder Mugabe, sondern eine Entscheidung zwischen der verfehlten Politik der Vergangenheit und der Hoffnung auf unsere Zukunft, für unsere Kinder und deren leuchtende Zukunft."

(Zitat des Führers der Bewegung für Demokratischen Wandel in Simbabwe, Morgan Tsvangirai, auf einer Wahlkampfkundgebung am 2. März 2002, eine Woche vor den Präsidentschaftswahlen.)

Einführung

In den vergangenen sechzehn Monaten hat sich bei zwei Präsidentschaftswahlen, die in autoritären Gesellschaften stattfanden – im September 2000 in Serbien und Anfang März in Simbabwe –, die Tendenz bestätigt, dass Diktatoren geschwächt und schließlich an der Wahlurne anstatt durch gewaltsame oder verdeckte Mittel gestürzt werden können.

Diktatoren, die bisher im Voraus feststehende Scheinwahlen als Möglichkeit nutzten, um sich selbst eine angebliche „Legitimation des Volkes" zu geben, werden bei ihrem eigenen Spiel besiegt. Wie die Demokratische Opposition Serbiens (DOS) und die Bewegung für Demokratischen Wandel (MDC) in Simbabwe gezeigt haben, ist es möglich, die Ziele eines Diktators zu untergraben und ihn schließlich zu besiegen, indem man die latente Unzufriedenheit des Volkes aufgreift und sie am Tag der Wahl in Stimmen für einen Machtwechsel verwandelt. Das Drängen auf Wahlen ist von entscheidender Bedeutung, kann aber nur erfolgreich sein, wenn eine geeignete Strategie dahinter steht.

Internationale Strategen, Politik- und Medienberater wie wir selbst, haben im Hintergrund der Wahlen in Serbien und Simbabwe eine entscheidende Rolle gespielt und den Oppositionsparteien geholfen, Strategien und Botschaften auszuarbeiten um einen glaubwürdigen und effektiven Wahlkampf zu führen. Dadurch schafften sie es, den Diktator und seine Partei zu schwächen und ihn schließlich zu entmachten.

So wie politische Berater im US-amerikanischen Wahlkampf einen immer größeren Einfluss gewinnen, hat ihre Rolle auch bei Wahlkämpfen im Ausland zugenommen. Unter Einsatz der modernsten politischen Mittel und Kommunikationstechniken haben wir begonnen, überall, einschließlich in Serbien und Simbabwe, einen positiven Einfluss auf den Wahlkampf auszuüben.

Zu diesem Zweck haben wir mit den Oppositionsparteien in beiden Ländern eng zusammengearbeitet, um eine siegreiche Botschaft und Strategie für die Wahlen zu entwerfen. In Serbien waren wir 12 Monate lang als die entscheidenden politischen Berater und Meinungsforscher aus den USA tätig und haben die DOS bei der Wahlkampfstrategie und den Botschaften gegen Präsident Milosevic und seine regierende politische Partei SPS umfassend beraten.

In Simbabwe haben wir sechs Monate lang mit der MDC und ihren Führungskräften eng zusammen gearbeitet und auf der Grundlage der Ergebnisse des erfahrenen Meinungsforschers Bill Johnson eine Reihe von Wahlbotschaften erarbeitet, um sie in ihrem bedeutenden Wahlkampfantritt gegen Präsident Mugabe zu unterstützen.

Anhand unserer Meinungsumfragen und Darstellungen konnten wir die Meinung der internationalen Presse und Öffentlichkeit widerlegen, dass Milosevic allein durch Demonstrationen auf den Straßen zu besiegen sei. Einem Szenario, bei dem die Oppositionsparteien einen glaubwürdigen Präsidentschaftswahlkampf führen, war zuvor wenig Bedeutung eingeräumt worden.

Aufgrund unserer Untersuchungen und Ergebnisse konnten wir die Entscheidungsträger der Clinton-Regierung auf höchster Ebene davon überzeugen, ihre Strategie zur Entmachtung von Milosevic grundlegend zu verändern.

In Serbien schafften es die zahlreichen Oppositionsparteien unter Beachtung unseres Ratschlags schließlich, ihre Reihen öffentlich zu schließen, nach außen hin einheitlich aufzutreten und die Themen anzusprechen, die die Serben wirklich interessierten. Fast alle Serben waren bereit, Milosevic fallen zu lassen. Jedoch musste eine glaubwürdige und vereinte Oppositionspartei mit einem durchführbaren Programm präsentiert werden, um zu erreichen, dass die Wähler am Tag der Wahl zahlreich an den Urnen erschienen. Das Ergebnis war ein Urteil, das Milosevic abstreiten und mit allen Versuchen der Wahlmanipulierung zu seinen Gunsten widerlegen wollte. Daraufhin wurde er von der internationalen Gemeinschaft weiter isoliert, was zusammen mit den Protestdemonstrationen der Bergarbeiter, die wenige Wochen später in Belgrad stattfanden, dazu führte, dass Milosevic die Botschaft schließlich verstand und zurücktrat.

Aber dies war keine spontane Erhebung. Von Beginn an trugen die sorgfältig durchgeführten Untersuchungen und Strategien dazu bei, dass Milosevic letztendlich zurückgedrängt wurde. Michael Dobbs, außenpolitischer Korrespondent der Washington Post, äußerte in einem Artikel nach den Wahlen in Serbien: „Der Fall von Milosevic kann auch als erste Revolution betrachtet werden, die durch gezielte Meinungsumfragen vorbereitet wurde."

Dobbs schrieb weiterhin: „Die von den USA finanzierten Berater spielten bei wirklich allen Aspekten der Kampagne gegen Milosevic eine entscheidende Rolle hinter den Kulissen, indem sie aktuelle Meinungsumfragen durchführten, Tausende von Aktivisten der Opposition ausbildeten und bei der Durchführung einer parallelen Stimmzählung halfen, die von entscheidender Bedeutung war."

Im Fall von Simbabwe, wo der amtierende Präsident Robert Mugabe und seine Partei ZANU-PF einen Wahlsieg des Kandidaten der MDC, Morgan Tsvangirai, eindeutig zu ihren Gunsten manipuliert haben, ist die Geschichte noch nicht ganz zu Ende. Präsident Mugawe verspürt weiterhin starken Druck durch die internationale Gemeinschaft, und was noch wichtiger ist, er wird nun auch von anderen afrikanischen Regierungschefs kritisiert. Mugabe wird von anderen afrikanischen Nationen und in der internationalen Arena immer stärker isoliert.

Bei den Parlamentswahlen legte die MDC enorm zu und gewann 57 Sitze. Die Fortschritte im Parlament zeigten, dass die Menschen in Simbabwe zunehmend hinter der MDC standen, dass es ihnen jedoch nicht gestattet war, diese Meinung bei den Präsidentschaftswahlen zum Ausdruck zu bringen. In dem Wahlprozess haben Mugabe und die ZANU-PF ihre politische Legitimität eingebüßt. Dass Mugabe und seine Partei bestenfalls einen leeren Sieg für sich in Anspruch nehmen können, ist zum großen Teil auf die von Tsvangirai und der MDC effektiv geführte Wahlkampagne zurückzuführen.

Sowohl die Menschen in Simbabwe als auch die internationale Gemeinschaft wissen, dass die wirklichen Wahlsieger Morgan Tsvangirai und die MDC sind, und sei es über eine Regierung der Einheit oder andere Mittel, es ist nur eine Frage der Zeit, bis Mugabe die Bühne in ähnlicher Weise verlassen muss, wie es Milosevic tat.

Durch die Umfragen und Untersuchungen des international anerkannten politischen Beraters Bill Johnson und unsere bewährten Wahlkampfstrategien konnte die MDC ihre heutige Position einnehmen, in der sie einen klaren Sieg errungen hat.

Aus den Präsidentschaftswahlen in beiden Ländern lassen sich wichtige Schlussfolgerungen ziehen, wie Oppositionsparteien und ihre Kandidaten, die in einem Umfeld der Unterdrückung und des Autoritarismus wirken, Botschaften und Strategien im Wahlkampf entwickeln können, mit denen ein Diktator zu Fall gebracht werden kann.

Der Einsatz von ausschlaggebenden politischen und medienwirksamen Techniken und die Beratung durch die besten westlichen Politik- und Image-Berater ist eine ebenso wirksame Waffe wie die Flugzeuge, Bomben und Aufklärungstechnologie, die in Konfliktsituationen wie dem Golfkrieg, in Bosnien, im Kosovo und zuletzt in Afghanistan eingesetzt wurden.

So wie es im politischen Wahlkampf nach westlichem Vorbild der Fall ist, bilden auch hier die Meinungsumfragen und Untersuchungen die Grundlage für die eine umfassende Wahlkampfstrategie. Gründliche Untersuchungen und Meinungsumfragen zu Beginn, im Verlauf und gegen Ende eines Wahlkampfs liefern wichtige Erkenntnisse darüber, wie die Diskussion zu führen ist, wo die Stärken und Schwächen einer Partei und eines Kandidaten und die des Gegners liegen, und auf welchen Grundprinzipien der angestrebte Wandel beruhen muss. In einer autoritären Gesellschaft liegen einige dieser Faktoren anscheinend klar auf der Hand. Die Nuancen und Zusammenhänge, die die Voraussetzung für die Entwicklung einer siegreichen Strategie sind, können jedoch nur durch umfassende Meinungsumfragen und die Untersuchung von Zielgruppen entdeckt werden.

Milan Stevanovic, Wahlkampfstratege für die Demokratische Opposition Serbiens, formulierte es so: „In der Vergangenheit taten wir, was wir intuitiv für richtig hielten. Bei diesem Wahlkampf beruhte unsere Strategie erstmalig auf wirklich wissenschaftlichen Untersuchungen."

Sowohl im Wahlkampf in Serbien als auch in Simbabwe machten die anhand der Meinungsforschung und Befragung von Zielgruppen gewonnen Erkenntnisse wichtige Tatsachen deutlich, die bei beiden Wahlkämpfen von Anfang bis Ende als Richtlinien dienten. Die Meinungsforschung sowohl für die DOS (durchgeführt von unserer Firma Penn, Schoen Berland) als auch für die MDC (durchgeführt vom Meinungsforscher Bill Johnson) zeigten übergreifende Ähnlichkeiten bei den bevorstehenden Herausforderungen.

Auf den Tag der Wahl hinarbeiten

Ein fester Wahltermin kann nicht als wichtig genug eingeschätzt werden. Sobald der Wahltermin feststeht, läuft die Uhr bis zu dem Tag, an dem die Wähler zu den Urnen gehen und ihre Stimme abgeben. Die Oppositionspartei muss in ihrer Strategie einplanen, dass es im Wahlkampf eine Anfangs-, Mittelund Endphase gibt. Der Wahlkampf der Opposition sollte auf der Grundlage einer Gesamtstrategie geführt werden, in der die Botschaften und die Grundprinzipien des Wahlkampfes enthalten sind. Die Beibehaltung dieser Gesamtstrategie in guten und schlechten Zeiten trägt dazu bei, im Verlauf des Wahlkampfes eine Dynamik zu entfalten, die am Wahltag zum Sieg führen soll. Im Folgenden stellen wir einige bedeutende Strategien dar, die in ihrer Gesamtheit die Grundstruktur und den Impuls eines Wahlkampfes bilden.

Obwohl die Ergebnisse der Wahlen bislang in gewisser Weise unterschiedlich ausfielen – in Serbien zeichnete sich der endgültige Fall von Milosevic bereits an den Wahlurnen ab, in Simbabwe hingegen ist der weitere Verlauf noch unklar, da Mugabe (trotz des bedeutenden Zugewinns der MDC im Parlament) den Wahlsieg in eklatanter Weise an sich riss –, waren die Strategien zum Sturz dieser Diktatoren erstaunlich ähnlich und wiesen wesentliche Elemente auf, die dazu beitrugen, einen scheinbar unmöglichen Lauf der Ereignisse zugunsten der Opposition zu entscheiden.

Strategie Nr. 1
Die Einheit steht an erster Stelle

Die Einheit der Opposition war in beiden Wahlkämpfen für den letztendlichen Erfolg entscheidend. Sowohl die Bürger von Serbien als auch von Simbabwe wollten eine Partei oder einen zur Wahl stehenden Kandidaten, der die Interessen des Volkes vor seine eigenen oder die seiner Partei stellt. Wo die Wähler den Eindruck hatten, dass innerhalb einer Koalition von Oppositionsparteien innere Machtkämpfe oder politische Intrigen verfolgt wurden, blieben diese gleichermaßen erfolglos. Hier war eine vereinte Opposition in beiden Fällen weitaus stärker als ihre einzelnen Bestandteile zusammengenommen.

Die DOS hatte sich an die jungen und gebildeten Wähler gerichtet, und dadurch für sich eine Grundlage bei der Wählerschaft geschaffen. In unseren Vergleichstests baten wir die Wähler, in Testfragen ihre Stimme abzugeben, und es zeigte sich klar, dass DOS besser als alle anderen Parteien abschnitt, und sogar vor den einzelnen Parteien lag, die zur DOS gehörten. Das Ergebniss lag auf der Hand: Eine wirklich vereinte Opposition hatte weitaus bessere Chancen, Milosevic und seine Partei, die Sozialistische Partei Serbiens (SPS), bei den Wahlen im September zu besiegen.

Auf der anderen Seite bereitete die Aufrechterhaltung dieser Einheit sowohl in der Öffentlichkeit als auch im privaten Bereich der Wählerschaft und den Beratern der Opposition Sorgen. Interne Streitigkeiten zwischen den Oppositionsparteien wurden selbst unter ihren Anhängern als ein ernstes Problem betrachtet. Das wirksamste Argument, das Milosevic gegen die Opposition anführte, war, dass ihre Führer eigennützig und machtgierig und aufgrund innerer Streitigkeiten nicht regierungsfähig seien.

Die Einheit der Opposition war ausschlaggebend. Die Serben sagten, die Wahrscheinlichkeit, dass sie an den bevorstehenden Wahlen teilnehmen und ihre Stimme abgeben, würde steigen, wenn sie wirklich daran glauben, dass Milosevic tatsächlich besiegt werden könne. Wir nutzten die regelmäßig durchgeführten aktuellen Umfragen, um der DOS zu zeigen, inwieweit sie sich gegenüber der serbischen Öffentlichkeit als starke und geschlossene Einheit erfolgreich darstellte.

Bis ganz zum Schluss des Wahlkampfes wurde immer wieder die Frage aufgeworfen, wie einig die DOS wirklich sei. Ab dem Zeitpunkt, an dem sie sich auf einen Präsidentschaftskandidaten geeinigt hatte und mit einer Stimme sprach, verschwanden die Bedenken bei der Wählerschaft (und der internationalen Gemeinschaft) jedoch. Selbst heute ist der serbischen Wählerschaft eine einheitliche DOS lieber, als wenn deren Parteien einzeln antreten würden.

Strategie Nr. 2
Nutzung der Unzufriedenheit mit dem Diktator

Dieser Punkt scheint zwar auf der Hand zu liegen, aber es sollte trotzdem erwähnt werden, dass weder Slobodan Milosevic noch Robert Mugabe in ihren Ländern eine günstige Bewertung erhielten, die über 30 % hinausging. Die ungünstigen Bewertungen lagen bei etwa 60 % oder darüber. Diese Zahlen blieben auch während des gesamten Wahlkampfes relativ konstant.

In beiden Ländern waren die Angaben aus den zu Beginn (in Serbien von Penn, Schoen und Berland und in Simbabwe von Bill Johnson durchgeführten) Vergleichstests behilflich, um die Schwachpunkte von Milosevic und Mugabe und die möglichen Ansatzpunkte aufzuzeigen, die sich daraus für den Wahlkampf der Opposition und deren Kandidaten ergaben.

Unserer ersten, im September 1999 durchgeführten Meinungsumfrage zufolge waren die serbischen Wähler über Milosevic äußerst verärgert.

Seine ungünstige Bewertung lag bei 70 %.

Von allen Antworten – September 1999
Günstige Bewertung
• Günstig   26 %   • Ungünstig   70 %
Weitere 72 % der Wähler bewerteten seine Amtsausübung als negativ.

Von allen Antworten – September 1999
Amtsausübung
• Zustimmend   23 %   • Ablehnend   72 %
67 % der Wähler wünschten seinen Rücktritt.

Von allen Antworten 6. September 1999
Fortsetzung des Amtes oder heutiger Rücktritt
Fortsetzung des Amtes   23 %
Rücktritt   67 %

Das Milosevic-Regime wurde von den Wählern weiterhin als eins der größten Probleme in Serbien betrachtet.

Was ist Ihrer Meinung nach das größte Problem, vor dem Serbien steht?
Unbegrenzt mit vorgegebenen Stichpunkten

Von allen Antworten – September 1999

Armut/soziale Probleme	26
Wirtschaftliche Verschlechterung/Sanktionen	17
Milosevic-Regime	14
Arbeitslosigkeit	9
Schlechte Regierungsführung	5
Kosovo und Metphia/Verlust	5
Kriminalität/Schmuggel	4
Konflikte der Opposition	3
Wiederaufbau nach Bombenangriffen der NATO	3
Moralische und geistige Krise	2
Gefahr eines neuen Krieges	2
Unterentwicklung	2
Andere	1
Weiß ich nicht	3

Die Wähler machten ihn und sein Regime mit Recht für den schlechten Zustand der Wirtschaft und den sich verschlechternden Lebensstandard verantwortlich und glaubten, dass die Amtsenthebung von Milosevic und seiner Partei die beste Möglichkeit sei, um die Situation des Landes zu verbessern.

Wen machen Sie für die schlechte wirtschaftliche Lage in Serbien verantwortlich?

Von allen Antworten unbegrenzt – September 1999

Regime, Milosevic	64
Politik der USA, Bill Clinton, Westliche Länder, internationale Organisationen	6
Inkompetenz der Führungskräfte	5
Sanktionen der internationalen Gemeinschaft	3
Bombenangriffe der NATO	2
Kriminalität, Korruption, Schmuggel	2
Politische Konflikte im Land	2
Erschöpfung des Landes aufgrund des Krieges, Flüchtlinge	1
Missbrauch der Privatisierung zur persönlichen Bereicherung, Vermögensanhäufung durch Leute an der Macht	1
Andere	2
Weiß ich nicht	11

Im Westen würden derartig schlechte Zahlen einen sicheren Sieg für jeden bedeuten, der gegen den amtierenden Präsidenten antritt. Aber hier handelte es sich um Serbien. Die Oppositionsparteien waren unorganisiert und nicht in der Lage, sich für den bevorstehenden Wahlkampf auf eine Strategie zu einigen. Vor allem waren diese Parteien in einem autoritären Umfeld tätig, wo Anfeindungen und die Einschüchterung von Wählern, Parteimitgliedern und Vertretern der Medien an der Tagesordnung waren.

Sowohl bei Milosevic als auch bei Mugabe fiel die Bewertung der Amtsausübung negativ aus. Der Erfolg eines Wahlkampfes hängt davon ab, in welche Richtung diese klare Unzufriedenheit mit dem Amtsinhaber gelenkt wird. Es kam darauf an, die Diktatoren für die schlechte Führung ihrer Regierung verantwortlich zu machen und ihre Amtsausübung mit den Themen in Verbindung zu setzen, die die Menschen während des Wahlkampfes am stärksten bewegten.

In Simbabwe ergab eine von Bill Johnson im Auftrag der Helen-Suzman-Stiftung durchgeführte Umfrage, dass die Unzufriedenheit mit Präsident Mugabe und seinem Kabinett sehr hoch war.

61 % der Wähler waren mit Mugabe unzufrieden. Weitere 69 % waren mit Mugabes Kabinett unzufrieden.

Frage: Wie zufrieden sind Sie mit Folgendem? (Unbegrenzt)
Unter allen Wählern 6. März 2000

März 2000	Sehr zufrieden + zufrieden	Sehr unzufrieden + unzufrieden
Kabinett	22 %	69 %
Parlament	29 %	63 %
Präsident	35 %	61 %
Lokale MP	32 %	55 %
Gemeinderat	40 %	51 %
Öffentlicher Dienst	42 %	44 %
Polizei	58 %	40 %

Lediglich 36 % der Simbabwer wollten, dass die ZANU-PF weiterhin das Land regiert, wogegen 63 % sagten, es sei „Zeit für einen Wechsel". Bei Mugabe fiel die Einschätzung der Leute noch schlechter aus. Lediglich 35 % wollten, dass Mugabe weiterhin im Amt bleibt, wogegen sich 65 % seinen sofortigen Rücktritt wünschten.

Frage: Das Potenzial der Opposition
Von allen Wählern – März 2000

März 2000	%
Die Macht des Präsidenten sollte verringert werden	75 %
Der Präsident sollte nach 2 Wahlperioden zurücktreten	69 %
Unzufrieden/sehr unzufrieden mit dem Kabinett	69 %
Nicht viel/sehr wenig/kein Vertrauen darauf, dass die Regierung die Wahrheit sagt	68 %
Präsident Mugabe sollte zurücktreten	65 %
Zeit für einen Wechsel	63 %
Unzufrieden/sehr unzufrieden mit dem Präsidenten	61 %

Wie im Fall Serbiens war die Mehrheit der Wähler in Simbabwe der Ansicht, dass der Präsident und seine Minister zum großen Teil für die Probleme des Landes verantwortlich seien.

Frage: Wer trägt für die Probleme in Simbabwe die meiste Verantwortung?
(Unbegrenzt)
Von allen Wählern – Juni 2001

Juni 2001	die größte Verantwortung trägt
der Präsident	18 %
die Minister des Kabinetts	16 %
das Volk	12 %
Zanu-PF	7 %
die Weißen	6 %
ausländische Staaten	6 %
MDC	4 %
IWF/Weltbank	4 %
Kriegsveteranen	3 %
Keine Antwort	3 %
Andere	2 %
DK	18 %

Gleichermaßen bedeutungsvoll war, dass die Wähler das Gefühl hatten, dass sich die Lebensbedingungen in Simbabwe verschlechtert hätten und sich so bald nicht verbessern würden. 68 % äußerten, dass das Leben für sie und ihre Familien in den letzten fünf Jahren schlechter geworden sei. Weitere 63 % erwarteten in den kommenden fünf Jahren eine weitere Verschlechterung.

In Serbien fielen die Zahlen wie zuvor erwähnt sehr ähnlich aus, wobei die Wähler Milosevic und seine regierende Partei, die SPS, für den schlimmen Zustand des Landes verantwortlich machten. Aber wie kann eine Oppositionspartei diesen offensichtlichen Widerwillen gegen Diktatoren wie Mugabe und Milosevic und deren regierende Unterdrückungsparteien in Stimmen an der Wahlurne verwandeln?

Neben der Schaffung einer festgefügten Oppositionsfront müssen die Themen herausgefunden werden, die für die Wähler von Interesse sind, und diese Themen müssen dann an erster Stelle verfochten werden. Beide Parteien, die DOS und die MDC, haben die Wähler durch einen Themenwahlkampf mobilisiert, der von der Botschaft begleitet war, dass der Amtsinhaber für den gegenwärtigen Zustand verantwortlich ist.

Strategie Nr. 3
Schlüsselthemen und einfache Botschaften

Durch die in beiden Ländern durchgeführte Meinungsforschung konnten die Oppositionsparteien die Schlüsselthemen, wie zum Beispiel Arbeitslosigkeit, Wirtschaft, AIDS, Abwanderung der Jugend, herausfinden, die bei der Öffentlichkeit Anklang fanden. Die Umfrageergebnisse zeigten den Oppositionsparteien auch, welche Themen für die Wähler nicht so entscheidend waren, wie zum Beispiel die Landreform in Simbabwe, obwohl solche Themen von Mugabe oder Milosevic angeführt wurden.

Ein Themenwahlkampf, der auf die Interessen der Wähler eingeht, wird von der Wählerschaft äußerst positiv angenommen. Weiterhin ist es wichtig, im Wahlkampf die Schuld des Diktators für den miserablen Zustand des Landes herauszustellen. Indem die Opposition „Namen nennt", kann sie gegenüber der Wählerschaft klarmachen, wer die Verantwortung für die Probleme des Landes trägt und wie die Stimme für ihren Kandidaten in der Zukunft zu einem grundlegenden Wandel führen kann.

Um das hohe Ausmaß der Unzufriedenheit mit Mugabe und Milosevic zu nutzen, hoben die Oppositionsparteien beider Länder die Themen hervor, die sich in den Vergleichstests und Umfrageergebnissen für die Wähler am bedeutendsten herausgestellt hatten. Das waren oft nicht die Hauptthemen, die vom Lager von Milosevic und Mugabe verfochten wurden.

In Serbien waren folgende Themen für die Wähler ausschlaggebend:
• Verbesserung der Wirtschaftsleistung und des Lebensstandards
• Bekämpfung von Kriminalität und Korruption
• Demokratisierung und Achtung der Menschenrechte in Serbien
• Wiedereingliederung in Europa
• Beendigung der Auswanderung der Jugendlichen

In Simbabwe waren folgende Themen für die Wähler ausschlaggebend:
• Verringerung der hohen Arbeitslosenquote
• Verbesserung der Einkommensverhältnisse und die Lebenshaltungskosten
• Verbesserung der Wirtschaftsleistung
• Frieden und Toleranz, Ende von Gewalt und Einschüchterung

Die Wählerschaft in beiden Ländern war insbesondere an der Wirtschaft, der Erhöhung ihres Lebensstandards und an einem Leben ohne Furcht vor Gewalt und Einschüchterung interessiert.

Sowohl die DOS als auch die MDC griffen diese Interessen dann in ihrem Themenwahlkampf auf, der durch eine Reihe von Botschaften untermauert wurde.

In Serbien konzentrierte sich die DOS darauf, den Wählern positive Botschaften über die Zukunft zu vermitteln und sich selbst als Partei vorzustellen, die diese Vision erfüllen kann. Sie stellte klar, dass die DOS die einzige Partei sei, die Serbien wieder in Europa und der Welt integrieren könne, was unter Milosevic nicht möglich sei, dass Milosevic die Wirtschaft des Landes zerstört habe, die nur unter der DOS wieder aufgebaut werden könne und dass die DOS schließlich eine politische Partei für alle sei und allen offen stehe, die ein positives und demokratisches Programm für Serbien unterstützen.

Indem die DOS ihre Forderungen kurz und prägnant hielt und sich auf die wirklichen Sorgen des serbischen Volkes konzentrierte, konnte sich die Partei als die einzige glaubwürdige Alternative zu Milosevic darstellen.

Während sich die DOS auf die Themen konzentrierte, startete die serbische Studentenbewegung OTPOR ihre Kampagne an der Basis und verteilte im ganzen Land Aufkleber mit Aufschriften, die die kraftvollen Botschaften über Milosevic verstärkten. Aufkleber mit „Verschwinde" und „Er ist am Ende" wurden in allen Städten Serbiens angebracht, um den Wahlkampf der DOS zu unterstützen und die Wähler davon zu überzeugen, dass Milosevic an den Wahlurnen gestürzt werden könne.

In Simbabwe gab es ähnliche Bemühungen. Die MDC vermittelte einfache Botschaften, um die Wähler anzusprechen und sie dazu zu mobilisieren, ihre Stimme für einen Wechsel abzugeben. Die Kombination von themenspezifischen Botschaften und dem Aufruf, sich von Mugabe zu befreien, trug mit dazu bei, dass die Anhänger der MDC und die breiten Wählerschichten, die von Mugabe und der ZANU-PF enttäuscht waren, trotz Einschüchterung und Gewalt zu den Wahlen gingen.

Die Botschaften der MDC konzentrierten sich auf die Themen der hohen Arbeitslosigkeit, der steigenden Preise, der Gewalt und Einschüchterung und der wachsenden Gefahr der AIDS-Epidemie. Die MDC verband ihre Konzentration auf diese Themen mit der Botschaft, dass Mugabe und die ZANU-PF gehen müssten, damit sich das Leben in Simbabwe verbessern könne. Die Kombination der beiden Botschaften hatte eine enorme Wirkung auf die Wähler.

Ähnlich wie bei der Werbekampagne und den Flyern von OTPOR in Serbien arbeiteten wir mit der US-Expertin für politisches Marketing, Duane Baughman, zusammen, um zu der von uns entwickelten Wahlkampfstrategie Plakate und Flyer zu entwerfen (beigefügt).

„Die Macht liegt in deiner Hand." „Mugabe muss gehen." „Es ist sein Verschulden." „Schluss mit der Arbeitslosigkeit. Schluss mit Mugabe."

Dies waren einige der Botschaften, die wir für Plakate entworfen hatten und die die MCD in Simbabwe einsetzen und verteilen wollte. Leider kamen diese Flyer nicht zum Einsatz, weil Mugabe ein Gesetz erlassen hatte, mit dem verschiedene Formen der freien Rede und Meinungsäußerung verboten worden waren.

Wenn Mugabe den Wahlprozess nicht beendet und die Zeit für die Wahlen nicht eingeschränkt hätte, hätten die MDC und Tsvangirai einen überwältigenden Wahlsieg errungen.

Strategie Nr. 4
Ablenkung der Aufmerksamkeit für äußere Angelegenheiten

Während die Opposition den Diktator für die Übel des Landes verantwortlich macht, wird der Diktator immer wieder versuchen, die Aufmerksamkeit der Wählerschaft woanders hinzulenken, in der Regel auf ein äußeres Problem oder einen äußeren Partner.

In Serbien versuchte Milosevic, der meisterhaft den „Opfer"-Komplex der serbischen Öffentlichkeit ausspielte, die Leiden des Landes dem Westen und insbesondere den Bombenangriffen der NATO zuzuschreiben. Eine breite Mehrheit der Wählerschaft akzeptierte dieses Argument jedoch nicht und zog es vor, sich bei den Bemühungen, das Land voranzubringen, wieder in Europa einzugliedern. Die Opposition reagierte, indem sie sich auf die wirklichen Sorgen der Wähler konzentrierte, nämlich die Arbeitslosigkeit, die Bekämpfung der Kriminalität oder die Ankurbelung der Wirtschaft.

In Simbabwe zog es Mugabe vor, die alten Geister der kolonialen Vergangenheit zu beschwören. Er argumentierte, Großbritannien und der Westen versuchten, den Simbabwern vorzuschreiben, wer ihr Land regieren solle. Wie die Umfrageergebnisse zeigten, hatte das Ausspielen der kolonialen Karte mit Ausnahme der ZANO-PF-Anhänger wenig Einfluss auf die Wählerschaft. Tsvangirai und die MDC konzentrierten sich auf die wirklichen, eigentlichen Probleme, die für jeden Bürger von Belang waren: AIDS, hohe Arbeitslosenquote, steigende Preise, Lebensmittelknappheit.

So wie die Opposition dem Diktator und seinem Regime die Schuld für die Schwierigkeiten des Landes zuweist, wird der Diktator immer wieder versuchen, den Ärger der Öffentlichkeit auf eine äußere Partei umzulenken. Indem der Diktator eine äußere Partei oder Person beschuldigt, versucht er, die Kritik von sich zu weisen und die Wählerschaft abzulenken.

In Serbien konzentrierte sich Milosevic auf zwei Themen: die Bombenangriffe der NATO und den serbischen Nationalstolz. Keines dieser Themen stieß bei den serbischen Wählern auf großen Widerhall. Unsere Umfragen zeigten, dass die „Wiederherstellung des serbischen Stolzes" bei den Prioritäten und Sorgen der Wähler an letzter Stelle stand.

Was die Bombenangriffe der NATO betrifft, so versuchte Milosevic das Argument anzuführen, dass er dem Westen während der Bombenangriffe „entgegengetreten" sei und die DOS vom Westen gekauft und bezahlt sei. Dieses Argument hatte nicht viel Kraft, zumal die serbischen Wähler die Wiedereingliederung in Europa als Möglichkeit sahen, die Lebensqualität im Lande zu verbessern.

Indem die DOS das Hauptaugenmerk auf Themen richtete, die für die Wähler von Interesse waren – die Wirtschaft, die Kriminalität, die Menschenrechte, die Abwanderung der Jugend – , konnte sie die Aufmerksamkeit der Wähler von den äußeren Angelegenheiten ablenken.

In Simbabwe versuchte Präsident Mugabe eine ähnliche Taktik. Angesichts der steigenden Arbeitslosigkeit, der Lebensmittelknappheit und einer am Boden liegenden Wirtschaft, bemühte sich Mugabe, die Wähler auf alte, konfrontative Themen einzustimmen. Mugabe warf Großbritannien vor, es versuche, den Simbabwern vorzuschreiben, was sie zu tun hätten, und es sei an der steigenden Isolation Simbabwes durch die internationale Gemeinschaft schuld. Mugabe rief auch Schwarze dazu auf, von Weißen geführte Farmen in Simbabwe zu besetzen und trug damit zu rassistischen Spannungen innerhalb des Landes bei. In beiden Fällen standen die Themen im Gegensatz zu den wirklichen Sorgen der Wähler. Die Landfrage stand auf der Liste der Wählersorgen ziemlich weit unten.

Sogar unter Anhängern der ZANU-PF stand die Landfrage hinter solchen Themen wie steigenden Preisen, Arbeitslosigkeit und Abwertung des Simbabwe-Dollars. Das Kolonialismus-Thema hatte ebenfalls wenig Wirkung. Die Simbabwer sahen Mugabe und seine Minister als schuldig für die Ächtung seitens der internationalen Gemeinschaft an. Die MDC konterte weiterhin mit einer kombinierten Botschaft aus Themen, die den Wählern am Herzen lagen – Arbeitslosigkeit, AIDS, Wirtschaft – und damit, dass Mugabe und seine Partei für die gegenwärtigen Nöte verantwortlich seien. Diese Strategie half, um die Aufmerksamkeit der Wähler auf wirkliche und nicht auf falsche Themen zu lenken, die von Mugabe und seiner Partei vertreten wurden.

Strategie Nr. 5
Testen der politischen Botschaften

Unter Einsatz westlicher Werbetechniken konnten in beiden Wahlkämpfen die politischen Botschaften getestet werden, die alle Wählertypen ansprachen, also jene, die die Opposition bereits unterstützten, jene, die unentschlossen waren und in einigen Fällen jene, die vorläufig den Status quo unterstützten, aber den Aufrufen der Opposition und ihrer Kandidaten offen gegenüber standen.

Das Testen der Botschaften wird im politischen Wahlkampf in den USA im Allgemeinen angewandt, um festzustellen, welche Botschaften bei den Wählern ankommen. Diese Vorgehensweise bei Wahlkämpfen im Ausland und insbesondere bei Wahlkämpfen gegen einen Diktator, das es zuvor nie gegeben hatte, war für den Erfolg äußerst wichtig.

Die Botschaften zu testen war in Serbien und Simbabwe von ausschlaggebender Bedeutung, um die Unterstützung und Attraktivität der Opposition über ihre Basis und diejenigen hinaus zu erweitern, die bereits für einen Wechsel eintraten. Besonders wichtig war es, die Botschaft beizubehalten. In Serbien war die Botschaft einfach aufgebaut: „Es ist Zeit, dass er geht", und das reichte aus, um die serbischen Wähler für sich zu gewinnen.

Sobald die Oppositionspartei und ihre Kandidaten die Themen, die die Wähler interessieren, erkannt haben, müssen sie nach den besten Möglichkeiten suchen, diese auszudrücken. Das Testen der Botschaften, das von aktuellen Meinungsumfragen begleitet wird, dient dazu festzustellen, welche Botschaften ankommen und welche nicht. Es kann der Opposition auch bei der Ausfeilung ihrer Botschaft behilflich sein, um deren Attraktivität weiter zu erhöhen.

Die Testes werden auch eingesetzt, um die Schlüsselwörter und Losungen zu entwickeln, die in einer Marketing- oder Werbekampagne gegen den Diktator eingesetzt werden können. So konnten Slogans wie „Verschwinde" in Serbien und „Die Macht liegt in deiner Hand" in Simbabwe entwickelt werden.

In Serbien konnten wir durch das Testen der Botschaften die besten Möglichkeiten aufzeigen, um die DOS als beste Alternative zu Milosevic darzustellen. Es zeigte sich dabei auch, dass weitere Stimmen gewonnen werden konnten. Obwohl einige Wähler gegen Milosevic waren, waren sie noch nicht davon überzeugt, dass die DOS die Antwort auf ihre Probleme sei. Durch die Erkenntnis der Möglichkeiten, wie diese Wähler gewonnen werden konnten, schaffte es die DOS, ihre Anhängerschaft über den städtischen, gebildeten Wähler hinaus zu erweitern. Durch die Konzentration auf die Botschaft, dass die DOS eine „bessere Zukunft für Serbien" und „eine bessere Zukunft für unsere Kinder" liefern kann, konnte sie ihre Attraktivität auf neue Wähler auf dem Land und unter den Frauen erweitern.

Zusätzlich dazu schlugen wir eine Strategie vor, bei der negative Botschaften gegen Milosevic hervorgehoben wurden: „Er hat versagt." „Wir können ihn uns nicht länger leisten."

Die Botschaften gegen Milosevic wurden mit positiven Perspektiven mit DOS verbunden: „DOS steht zusammen." „Wir haben einen Wirtschaftsplan." Unsere hauptsächliche negative Botschaft über Milosevic, der zwei Drittel der Wähler zustimmten, war: „Als Ergebnis der Politik von Slobodan Milosevic ist ein Drittel der Jugoslawen arbeitslos, die Einkommen sind dieses Jahr um 40 % gesunken und Millionen Menschen sind arm und leiden Hunger. Unsere Wirtschaft ist ruiniert, und die Schwierigkeiten, sich einen Lebensunterhalt zu verdienen, führen dazu, dass unsere jungen Leute das Land verlassen."

Eine weitere starke Botschaft, die wir aufgrund unserer Untersuchungen aufstellten, war: „Milosevic war ein Verlierer für Serbien. In zehn Jahren verlor er vier Kriege, die schließlich zum Verlust des Kosovo führten. Hat er nicht genug Schaden angerichtet? Ist es nicht Zeit für einen Wechsel?"

Diese Botschaft fasste die Gefühle der Menschen über Milosevic ausdrucksvoll zusammen. Er hat immer wieder seine eigenen Interessen vor die des serbischen Volkes gestellt und diese auf dessen Kosten durchgesetzt. Zeit für einen Wechsel. Auf die Botschaft von der Einheit der DOS und das Parteiprogramm für den Wandel reagierte das serbische Volk entsprechend.

In Simbabwe konzentrierten sich die Anhänger der MDC in den städtischen Gebieten wie Harare, aber in den ländlichen Gebieten war die MDC nicht so sehr bekannt. Das Testen der politischen Botschaften diente dazu, die Möglichkeiten aufzuzeigen, wie ihre Strategie ausgefeilt und ihre Attraktivität erhöht werden konnte. Durch das Testen der Botschaften fand die MDC heraus, dass die AIDS-Epidemie den Simbabwern zunehmend Sorgen bereitete. Tsvangirai und die MDC schafften es, die AIDS-Problematik in ihre Botschaft einzubauen und damit mehr Wähler anzuziehen.

Strategie Nr. 6
Folgeumfragen zur Förderung der Einheit

Nachdem mit Hilfe von Vergleichstests eine Gesamtstrategie für den Wahlkampf aufgestellt worden ist, gewinnen die aktuellen Umfragen unter der Wählerschaft zunehmend an Bedeutung. Wenn diese Meinungsforschung mit der Untersuchung der aktuellen Umfrageergebnisse einhergeht, bekommt die Opposition eine klare Vorstellung davon, welche Strategien und Botschaften ankommen und welche nicht. Sie geben auch Aufschluss darüber, ob im Wahlkampf das Ziel erreicht wird, die Meinung der Wähler zu ändern oder ob die andere Seite erfolgreicher ist. In Serbien hatte die DOS einen schwierigen Start und musste die Wähler davon überzeugen, dass sie wirklich einig sei. Die Vorstellung der Wähler, dass die DOS uneins sei, hätte ihre Chancen bei den Wählern und auch in den Augen der internationalen Gemeinschaft unwiederbringlich geschmälert. Nachdem die DOS dann geschlossen hinter ihrem gemeinsamen Präsidentschaftskandidaten Vojislav Kostunica stand, war sie schließlich in der Lage, sich den Wählern als glaubwürdige und einheitliche Opposition darzustellen, worauf die Wählerschaft entsprechend reagierte.

Aktuelle und in regelmäßigen Abständen durchgeführte Umfragen können der Opposition eine Vorstellung davon geben, wie die Reaktion der Wähler auf die Botschaften in einem bestimmten Zeitraum ausfällt. Diese Umfragen können auch zeigen, ob durch die Botschaft der Opposition Teile der wahlberechtigten Bevölkerung erreicht werden, die zuvor gleichgültig waren.

Wir nutzten die Umfragen, um der Opposition in Serbien klarzumachen, wie wichtig es war, die Einheit aufrecht zu erhalten. Die in der Regel alle zwei Monate durchgeführten Umfragen zeigten der Opposition, wie sie von den serbischen Wählern aufgenommen wurden und ob sie gegen Milosevic und seine Partei Stimmen gewannen. Die aktuellen Umfragen waren ein wichtiges Mittel, um der Opposition die Bedeutung der Geschlossenheit sowohl bei der Botschaft als auch beim Auftreten klar zu machen, unabhängig davon, welche Argumente der Gegner anführen würde.

Die Einheit der Opposition war, wie zuvor erörtert, immer ein ausschlaggebender Faktor in Serbien. Durch den Einsatz der aktuellen Umfragen war die Opposition in der Lage, eine Vorstellung davon zu erhalten, ob die Wähler ihre Einheit als legitim ansahen. Die Umfragen zeigten auch, wie die Wähler auf ihre Botschaften hinsichtlich der Wirtschaft und der Wiedereingliederung und auf die Angriffe gegen Milosevic reagierten.

Strategie Nr. 7
Eine Dynamik für den Wahltag schaffen

Um eine solche Dynamik zu schaffen, ist es für die Opposition außerordentlich wichtig, einen Termin für die Wahlen festzulegen und sicherzustellen, dass sich die amtierende Regierung an dieses Datum hält. Wenn ein fester Termin für die Wahlen besteht, kann die Opposition eine Dynamik für den Wahlkampf aufbauen und die Wähler auf die Entscheidung, die sie am Wahltag treffen müssen, einstimmen.

Die Dynamik, die durch einen festen Wahltag entsteht, trägt dazu bei, das System offenzulegen, indem lokale und internationale Wahlbeobachter hinzugezogen werden, das Licht der internationalen Medien auf den Wahlkampf gelenkt und alle notwendigen Räder zur Entmachtung des Diktators in Gang gesetzt werden.

Strategie Nr. 8
Die Rolle der internationalen Medien und
der internationalen Gemeinschaft

Beinahe so bedeutend wie die Wahrnehmung der Oppostitionspartei und ihrer Kandidaten bei den Wählern ist ihr Stand bei den internationalen Medien und der internationalen Gemeinschaft. Durch die Aufstellung eines kühnen, einheitlichen und nach vorn gerichteten Programms, das auf Themen und demokratischen Idealen aufbaut, erlangen die Oppositionsparteien und ihre Führer bei den internationalen Medien und demzufolge auch bei den westlichen Regierungen ein viel stärkeres Gewicht.

Wenn die internationalen Medien den Eindruck haben, dass die Dynamik des Wahlkampfs zugunsten der Opposition ausfällt, wird die Berichterstattung der Medien günstiger ausfallen und das Interesse der internationalen Gemeinschaft steigen. In Simbabwe haben sich Tsvangirai und die MDC mit ihrer Botschaft und ihrem Aufruf zu einer besseren Zukunft für Simbabwe intensiv um die Gunst der internationalen Medien bemüht.

Bei den Wahlen in Serbien war es für die DOS bis hin zu den letzten Wochen des Wahlkampfes eine schwierige Aufgabe, bei der internationalen Gemeinschaft eine hohe Bewertung zu erlangen, da die Zweifel über die Einheit der Opposition und ihre Fähigkeit, gegen Milosevic anzutreten, bei den internationalen Medien fortbestanden.

Die internationalen Medien können auch eine wichtige Kontrollfunktion ausüben und somit dazu beitragen, dass sich ein autoritäres Regime am Wahltag so aufrecht wie möglich verhält. Sie können weiterhin sowohl über die im Allgemeinen manipulierte „offizielle" Stimmzählung als auch über die von den internationalen Beobachtern und der Opposition durchgeführte parallele Stimmzählung berichten.

Schlussfolgerung

Wie der Wahlkampf in Serbien und in Simbabwe gezeigt hat, gibt es neue Methoden, einen Diktator in einer autoritären Gesellschaft zu stürzen oder herauszufordern. Mit Hilfe modernster politischer und medienwirksamer Techniken, der Beratung durch die besten Politik- und Image-Berater der Welt können Oppositionsparteien in der ganzen Welt an den Wahlurnen eine Veränderung ihrer Gesellschaft bewirken.

Der Tag der Wahl braucht in einem Unterdrückungsland keine Absegnung des Status quo mehr zu sein. Mit dem Einsatz bewährter westlicher Techniken wie Meinungsforschung, Testen der Botschaften, periodische Umfragen sowie Werbe- und Marketingtechniken nach westlichem Vorbild können Oppositionsparteien und ihre Kandidaten schäbige Diktatoren wie Slobodan Milosevic und Robert Mugabe in die Enge treiben.

Die Einheit der Opposition, die Konzentration auf Themen, die für die Wähler wirklich von Belang sind und die Ausarbeitung von einfachen, aber aussagekräftigen Botschaften zu diesen Themen können dazu beitragen, eine enttäuschte, aber stille Wählerschaft zu mobilisieren.

Die Hilfe der internationalen Gemeinschaft bei der Erhöhung der Fähigkeiten im Bereich der Wahlkampfstrategie und bei der Abstellung von Wahlbeobachtern, um eine möglichst freie und faire Wahl zu gewährleisten, ist für den Wahlausgang ebenfalls von entscheidender Bedeutung.

Angesichts eines konzentrierten Wahlkampfes, bei dem die Themen aufgegriffen werden, die für die Wähler von Interesse sind, werden die internationalen Medien ihren Beitrag dazu leisten, die Sache der Opposition im Ausland zu legitimieren.

So hat die Einführung von strategischen Botschaften, die anhand der durchgeführten Untersuchungen entstanden, im Wahlkampf in Serbien und Simbabwe durchaus dazu beigetragen, in diesen Ländern zu Revolutionen anderer Art anzuspornen. Diese neue Revolution ist in ihrer Natur nicht gewaltsam oder spontan, sondern sie beruht auf sorgfältigen Untersuchungen und dem Wirken der Verfechter der Demokratie in diesen Ländern, was in enger Konsultation mit politischen Spitzenstrategen des Westens erfolgte.

Matthias Machnig

Politische Kommunikation in der Mediengesellschaft.

Politik in der Mediengesellschaft sieht sich mit widersprüchlichen Erwartungen konfrontiert. Einerseits fordert der Bürger, der für die Medien zunächst Konsument ist, von seinen Repräsentanten Kompetenz, Klarheit, Unterscheidbarkeit, Prägnanz und Authentizität. Andererseits reagiert der Konsument jedoch in seiner Eigenschaft als Staatsbürger auf mediale Stilisierungen mit dem Verdacht, nicht umfassend informiert zu werden.

Politische Kommunikation wird von manchem Kommentator mit dem abschätzigen Begriff der Amerikanisierung gebrandmarkt. Dahinter verbergen sich Begriffe wie Personalisierung, Emotionalisierung, Inszenierung und Trivialisierung. Die Selbstdarstellung der Politik wird so in Bausch und Bogen als unangemessene, oberflächliche und irreführende Anbiederung der Politik an die Medienindustrie abgetan. Dabei wird geflissentlich verdrängt, dass – wie Norbert Bolz feststellt – „Kommunikationswahrnehmung an die Stelle von Weltwahrnehmung tritt."[1]

Dies gilt in besonderer Weise für die Zeiten, in denen die politische Auseinandersetzung in Form von Wahlkämpfen geführt wird. Wahlkämpfe sind gewissermaßen der Ernstfall aller Regeln politischer Kommunikation. Zugleich beruht der Erfolg von politischer Kommunikation in Wahlkampfzeiten auf einer wichtigen Voraussetzung, die erfüllt sein muss, damit die Vermittlung von politischen Botschaften unter den Bedingungen der Mediengesellschaft erfolgreich sein kann: Die Hauptakteure, also jene Personen, deren Bekanntheit und Beliebtheit in der Öffentlichkeit die größten Kommunikationserfolge ermöglichen, müssen eng koordiniert sein. Sie müssen sich vor Beginn einer Kampagne gemeinsam auf die grundsätzlichen Kommunikationslinien verständigen und diese im Verlauf regelmäßig, optimalerweise mehrmals täglich, auf die aktuellen Themen beziehen. Nur so kann politische Kommunikation gelingen. Gelingt diese nicht, sind eine einheitliche Kommunikation und eine einheitliche Botschaft, gleiche Sprache und Bilder nicht oder kaum möglich. Gelingt der politischen Führung einer Kampagne jedoch solch eine, keinesfalls einfache, Koordinationsleistung, so können Wahlkampagnen in einer Form geführt werden, die die politische Botschaft unter den Bedingungen der modernen Mediengesellschaft wirkungsvoll an die Wähler bringt.

In dieser Weise ernten modern geführte Wahlkampagnen bei der kulturkritisch gestimmten Öffentlichkeit schnell den Vorwurf, zur Verflachung der Politik

---

1 Vgl. Norbert Bolz: Weltkommunikation, München, 2001.

beizutragen. Wahlkämpfe sind kein geliebtes Element der öffentlichen Diskussion. Selbst ein mit der organisierten Politik durchaus vertrauter Beobachter wie der Dortmunder Politikwissenschaftler Thomas Meyer hält die angebliche „Kolonisierung der Politik durch die Medien" für verderblich. Er spricht abschätzig von einer Mediokratie,[2] in deren medial inszenierter und transportierter Politik der Schein ein höheres Gewicht als das politische Sein besitze.

Auch auf der Darstellung der Politik begegnen Teile der Öffentlichkeit mit Misstrauen. Ihr wird der Vorwurf gemacht, sie unterwerfe ihre Konzepte und Argumente zu sehr den Anforderungen von Werbung und Medien.

Dieser Vorwurf hält rationaler Prüfung jedoch nicht Stand. Politik hat, etwa im Vergleich zur klassischen Markenwerbung oder den Medien, nur wenig Kontrolle über das, was andere von ihr wahrnehmen: Themen und Inhalte wechseln ständig, Personen und Inhalte sind unauflöslich miteinander verbunden. Die Deutungshoheit im Bereich der politischen Kommunikation ist beständig umkämpft. Das gehört zur Demokratie.

Will eine Partei nicht nur Objekt des Medieninteresses sein, will sie ihren Verfassungsauftrag, bei der politischen Willensbildung des Volkes mitzuwirken, tatsächlich erfüllen, steht sie vor einem Balanceakt. Der Medienwissenschaftler Matthias Kepplinger skizziert die komplizierte Aufgabe wie folgt: „Alle Politiker agieren in zwei Arenen. In der einen Arena geht es um die sachgerechte Lösung von Problemen – die Sicherung der Renten, den Abbau der Zölle, die Verbesserung des Umweltschutzes usw. In der anderen Arena geht es um die Zustimmung zu den handelnden Personen, um die Mehrheit innerhalb der eigenen Partei, im Parlament und unter den Wählern."[3]

Politische Kommunikation ist eine Kernaufgabe der Demokratie, denn wie anders soll Politik sich vermitteln, überzeugen und Menschen den Zugang zu den politischen Willensbildungsprozessen ermöglichen:

• Politische Kommunikation macht Politik sichtbar und erfahrbar, insbesondere für diejenigen, die keine unmittelbaren Erfahrungen oder Kenntnisse mit den komplexen Prozessen des politischen Systems haben.

• Politische Kommunikation vermittelt Orientierungs-, Vorstellungs- und Deutungsmuster.

• Politische Kommunikation bietet gesellschaftlich notwendige Werte und Konsensformen an.

• Politische Kommunikation ermöglicht Identifikation undeine einen emotionalen Zugang zum politischen System.

---

2 Vgl. Thomas Meyer: Mediokratie. Die Kolonisierung der Politik durch die Medien, Frankfurt a. M., 2001
3 Matthias Kepplinger: Die Kontrahenten der Fernsehberichterstattung. Analyse einer Legende, in: E. Noelle-Neumann/M. Kepplinger/W. Donsbach Hrsg., Kampa. Meinungsklima und Medienwirkung im Bundestagswahlkampf 1998, Freiburg/München 1999, S. 116

• Politische Kommunikation konfrontiert Öffentlichkeit mit Herausforderungen, Themen und Gestaltungsmöglichkeiten.[4]

Parteien sind Teil einer komplexen Zivil- und beschleunigten Mediengesellschaft. Sie sind aus gesellschaftlichen Konfliktmustern entstanden und repräsentieren unterschiedliche gesellschaftliche Interessen. Politische Kommunikation orientiert sich daher wesentlich an diesen Konfliktmustern und wird wesentlich als Konfliktdiskurs konkurrierender Parteien wahrgenommen und geführt. Parteien konkurrieren allerdings, was Aufmerksamkeit, die Wahlen und die Öffentlichkeit angeht, nicht in erster Linie untereinander, sondern bewegen sich in einer Erlebnisgesellschaft mit einer weit aufgefächerten Medienlandschaft. Politische Kommunikation zielt, in Konkurrenz zu konkurrierenden Lebens- und Alltagswelten, ab auf Aufmerksamkeit im umkämpften Wahrnehmungsmarkt. Und das mit vergleichsweise geringen materiellen Ressourcen.

Immer mehr Verbände treten auf den verschiedenen Politikebenen an, ihre Interessen durchzusetzen. Die Zahl dieser Lobby-Verbände stieg seit 1974 um 140 %. Das sogenannte Lobbying entwickelte sich zu einem Boomgeschäft, das sich stark professionalisiert hat. Zahlreiche Unternehmen bauten am neuen Medienstandort Berlin eigene Abteilungen unter Begriffen wie „Government Relations" oder „Public Affairs" auf.

Politische Parteien kommen leicht in eine kommunikative Defensive – sie können mit der Organisationskraft der Verbände nicht mithalten: 2001 beschäftigten Parteien rund 1.500, Wirtschaftsverbände dagegen rund 150.000 Mitarbeiter.

Medien machen Politik.

Mediendarstellung von Politik ist die wichtigste und oft die einzige Informationsquelle. Tageszeitungen und öffentlich-rechtliche Anstalten gelten als die glaubwürdigsten und wichtigsten Medien. Die Entwicklung der Technik und der Medien beschleunigt das Tempo immer mehr. Die Digitalisierung ist – nach der Ausbreitung des Internet – der nächste Schritt. Die neuen Medien sind im Vormarsch: 27,3 Millionen User im Alter von 14 bis 69 Jahren gehen hierzulande ins Internet. Auch als Informationsquelle gewinnt das Internet an Bedeutung.

Und die Auseinandersetzung um die öffentliche Meinung hat zugenommen. In Deutschland konkurrieren über 900 Printmedien um die Aufmerksamkeit der Leser. In den letzten zehn Jahren hat sich die Zahl der Printmedien verdoppelt, denn in Berlin sind rund 4.000 Journalisten akkreditiert, die sich mit Politik beschäftigen, davon allein rund 300 regelmäßig mit der SPD. Ein Haushalt kann in der Regel 38 Fernsehkanäle empfangen, bundesweit sind es mehr als 60 Anbieter.

---

4 Vgl. Andreas Dörner: Politainment, Frankfurt a. M., S. 33–34

Medien setzen die Themen, über die Wähler reden, reflektieren und diskutieren. Und Medien beschäftigen sich nicht immer, in manchen Sendern nur am Rande oder gar nicht mit Politik. Selbst in Nachrichtensendungen, die die höchsten Anteile politischer Information transportieren, variiert der Anteil an Politik erheblich: In den öffentlich-rechtlichen Anstalten ARD und ZDF ist er mit 66 und 63 % relativ hoch; in den privaten Sendern RTL und SAT 1 ist Politik mit gerade einmal 29 und 28 % vertreten. Wenn man zudem die Themen abzieht, die auch als Politik gewertet werden – dazu können europapolitische Themen, Nahostkonflikt oder auch Präsidentenwahlen in den USA gehören –, werden die Grenzen der Themenagenda deutlich.[5] Wenn Politik in der knappen Zeit, die ihr in den Medien eingeräumt wird, nicht mit einer zentralen Botschaft kommuniziert, wird sie nicht kommunizieren. Zu viele Variationen verwässern die Botschaft. Der Politikberater David Horowitz bringt das in seinem Buch auf den Punkt, indem er schreibt „Lack of focus will derail your message. If you make too many points, your message will be diffused and nothing will get through."[6]

Die Medien präsentieren sich zunehmend pluralisiert, fragmentiert und ökonomisiert. Das heißt, immer mehr Medien versuchen mit einem jeweils immer kleineren Publikum Gewinn zu erwirtschaften. Unterhaltung ist Pflicht, Information hingegen Kür. Der Politik-Talk ist die Antwort auf diese Entwicklung und mancher Beobachter spricht bereits davon, dass die Sendung „Sabine Christiansen" Debatten im Bundestag ersetze. Diese Form des Politainment ist zum einflussreichen und vielbeachteten Politikformat geworden.

Politik im Unterhaltungsformat stellt immer eine personalisierte und auf einfache Grundkonstellationen reduzierte Wirklichkeit dar. Diese Verflechtung von Alltag und Medienrealität wird mit der Koppelung von Fernsehen und Internet in den kommenden Jahren weiter voranschreiten.

Medien sammeln und selektieren Informationen und verbreiten diese. Dabei wird gleichzeitig nach medienspezifischen Kriterien darüber entschieden, welcher politische Akteur Öffentlichkeit erreicht und damit Einfluss ausüben kann. Medien berichten nicht über das Geschehene, sie entscheiden vielmehr was, wann, wie geschehen ist. Sie bewerten und schaffen durch ihre Berichterstattung eigene Ereigniswelten.

Medien bewerten Politiker und Parteien nach Zyklen und nach politischen Opportunitäten.

Parteien haben aber dennoch Potenziale autonomer Steuerung. Parteien können Stimmungen und Trends durch eigenes Verhalten verstärken, aber auch abschwächen. Zumindest was die Dimensionen und die Dauer angeht. Steuerung hängt davon ab, trotz der widrigen Umstände, eine Strategie zu entwickeln und diese über wirksame Botschaften zu transportieren.

---

5 Institut für empirische Medienforschung (IFEM) Köln, in: Krüger, Udo: Politikvermittlung im Fernsehen: ARD, ZDF, RTL, SAT 1 und Pro Sieben im Vergleich, in: Media Perspektiven 2/2002
6 Horowitz, David: The art of political War: and other radical Pursuits, Dallas, 2000, S.15

Kommunikation hat Voraussetzungen.

Für Parteien ist es außerordentlich schwer, erfolgreich politisch zu kommunizieren: Sie müssen mit bestimmten personellen, finanziellen und rechtlichen Rahmenbedingungen zurechtkommen. Politische Kommunikation lässt sich manchmal mit der Situation eines Schiffs auf hoher See vergleichen: Hohe Wellen, schlechte Sicht, ständig beschäftigt mit der nächsten Welle. Ohne einen Kompass, eine Richtung kann das Boot zwar rudern, es wird aber sein Ziel nur sehr schwer erreichen: Eine Strategie ist der politische Kompass, die große Linie („the big picture"), die Werte vermittelt, Alternativen verdeutlicht und Orientierung bietet.

Strategie heißt gezielte politische Führung, das Aufstellen von präzisen Regeln, verbindlichen Abläufen und darauf aufbauend politische Planungsprozesse. Strategie basiert auf Erfahrungen, Wissen, Antizipation, und ist der Versuch, diese Elemente fortzuschreiben und nutzbar zu machen. In der heutigen komplexen politischen Landschaft scheint dies schwierig, viele halten es gar für unmöglich. Vieles muss neu gedacht, neu entwickelt werden, ohne genau zu wissen, wie sich Themen, Ereignisse, Prozesse häufig abrupt neu sortieren.

Strategisches Denken wird häufig verwechselt mit programmatischen Entwürfen. Sicherlich gehören komplexe Wert- und Zielorientierungen dazu, gewissermaßen als Koordinatensystem. Unter den Bedingungen der Mediendemokratie brauchen Parteien aber vor allem ein

• Gesicht (Personifizierung), denn Personen stehen für Kontinuität, Orientierung, Werthaltungen und vermitteln Vertrauen über Lösungs- und Zukunftskompetenz.
• ein Etikett (Botschaften), denn wegen der enormen Komplexität von Sachthemen und konkurrierenden Akteuren kann Politik einem breiten Publikum nur über eine symbolische Kasuistik Themen vermitteln.
• ein Aroma (Stilistik), denn Parteien brauchen in der differenzierten Mediengesellschaft Wiedererkennungsmuster.
• einen Markenkern (Leitbilder), denn Werte und Leitbilder sind für die Orientierung, das Vertrauen und die Zustimmung der Menschen wichtiger als einzelne Instrumente, die häufig die politische Debatte beherrschen.

Strategiefähig ist, um es negativ abzugrenzen, wer Profilschwäche, Führungskrisen, Randpositionen und Innovationsschwäche vermeidet. Parteien können ihre Potenziale nutzen oder ignorieren, demontieren oder innovativ ausbauen. Wenn eine Partei scheitert, scheitert sie wesentlich an sich selbst. Zumindest was die Dimensionen und die Dauer angeht.

Strategiefähigkeit hat aber auch Voraussetzungen. Sie hat weniger – wie häufig unterstellt – mit individueller Kompetenz oder Intuition, aber sehr viel mehr mit klaren Organisationsstrukturen zu tun. Klarheit bedeutet: Jeder tut nur das, was seine Aufgabe und Funktion beinhaltet.

Srategiefähig ist,
* wer gut koordiniert ist.
* sich auf zentrale Themen konzentriert.
* über politische Diskurse und Kontroversen das eigene Profil entwickelt.
* Emotionen, Begriffe und Symbole für seine Politik nutzt.
* flexibel auf neue Situationen reagieren kann.

Das ist auch notwendig, denn der Wähler hat den sicheren Instinkt, dass Handlungsfähigkeit und Geschlossenheit eng zusammenhängen. Vielstimmigkeit wird als Ratlosigkeit, lange Kontroversen werden als Schwäche interpretiert. Nun sind bekanntlich Volksparteien heterogene soziale Gruppen mit einer Vielzahl einflussreicher und selbstbewusster Akteure: Ministerpräsidenten, Kabinettsmitglieder, Fraktionssprecher u. a. m. Jeweils spezifische Besonderheiten wie Flügel, Personengruppen, Regionen oder Traditionen bilden sich ab in Gremien nach Statut, in Präsidien und Parteivorständen.

In der Politik gibt es andere Regeln und Voraussetzungen als im Gros der anderen „Branchen". Das Produkt hat ständig wechselnde thematische Facetten, die Definition des Produkts ist umkämpft, eine Vielzahl von Akteuren ist engagiert. Die Budgets für politisches Marketing sind vergleichsweise niedrig. Die Herausforderung, täglich schnell und flexibel zu reagieren, unterscheidet politische Kommunikation von der Marken-Kommunikation. Die schnelle Abfolge von Ereignissen und handelnden Personen schafft eine wahrscheinlich einzigartige Wettbewerbssituation.

Erfolg ist aber in hohem Maße davon abhängig, inwieweit sich aus formalen Führungssegmenten ein allseits akzeptierter Kern mit verbindlichen, gleichwohl selten fixierten Regeln, verteilten Rollen, akzeptierten Autoritäten und bei aller Interessensvielfalt einen Kern von gemeinsamen Zielen herausbildet. Ist dies der Fall, kann man tatsächlich von einer Strategie sprechen, die:

* Themen, Akteure und Vorgehensweisen regelmäßig, verlässlich und nachvollziehbar *koordiniert*,
* Sich auf das Wesentliche, auf Schlüsselthemen und deren personelle, symbolische und inhaltliche Besetzung *konzentriert*,
* Klarheit, Anerkennung und unterschiedliche Wertfundamente von Entscheidungen in *Kontroversen* kenntlich macht.

Nur wenn es gelingt, diese drei K's: Koordination, Konzentration und Kontroversen zu verbinden, kann zielgerichtete politische Kommunikation gelingen.

Erfolg ist erkennbar an Zustimmung in der eigenen Organisation, an Bewertungen in Medien, an Verhalten von organisierten Interessengruppen, an Wahlergebnissen und an einer längerfristigen strukturellen Mehrheitsfähigkeit.

150

Keine Mehrheitsfähigkeit ohne politische Botschaften.

Mehrheitsfähigkeit hängt zudem eng damit zusammen, ob es einem gelingt, politische Botschaften zu entwickeln.

- Botschaften brauchen *Programmatik*: Ein Thema muss für die Wähler von Interesse und Relevanz sein. Denn: Eine politische Botschaft ohne Programm verpufft. Zudem kann eine noch so mediengerechte Präsentationskunst Personen, Werte und Inhalte, die im Mittelpunkt der politischen Debatte stehen, nie ersetzen.
- Botschaften müssen *inklusiv* und *exklusiv* sein: Möglichst breite Wählerschichten müssen sich angesprochen fühlen, dennoch muss das Profil von Parteien erkennbar sein. Parteien mit exklusiven Botschaften sind Nischenspieler im politischen Prozess.
- Botschaften müssen *glaubwürdig* sein. Nur wer glaubwürdig ist, kann überzeugen. Dazu müssen Person, Programm und Botschaft in sich stimmig sein. Wer erfolgreich diese drei Elemente verknüpft, kann nachhaltig wirken. Dabei hängt die Glaubwürdigkeit einer Botschaft vor allem auch davon ab, ob derjenige, der sie verkündet, durch seine Prägungen, Erfahrungen und Herkunft, sie authentisch vertritt.
- Botschaften müssen *wiederholt* und *begrenzt* werden. Das ist notwendig, denn zum einen beschäftigt sich der Wähler mit ihnen nicht in dem Maße, wie das die politische Klasse tut. Zum anderen findet Politik für Wähler ausschließlich in den Medien statt – daher ist Politikkommunikation mehr denn je Medienkommunikation: Medien „berichten nicht die Geschehnisse, sie entscheiden, was geschehen ist."[7]
- Botschaften müssen *individualisiert* werden. Nur wenn Botschaften dem Kommunikationsverhalten von Zielgruppen entsprechen, werden sie aufgenommen. Die Individualisierung politischer Botschaften ist am wirksamsten, wenn Kampagnen bestimmte Subgruppen identifizieren, in denen ein bestimmtes Thema wahlentscheidend ist – das können Bürgerinitiativen, Interessengruppen oder Verbände sein. Umso homogener die Interessen der Gruppe, um so wahrscheinlicher, dass gewisse Themen wahlenscheidend sind.
- Politische Botschaften müssen *personalisiert* werden: Sie sind nur dann erfolgreich, wenn Personen sie verkörpern, denn Personen stehen für Inhalte. Sie ermöglichen dem Publikum die Identifikation mit der Politik, da handelnde Menschen Kontinuität und Orientierung in ständig wechselnden Konstellationen repräsentieren. Personalisierung heißt aber auch, komplexe Themen mit Situationen nachvollziehbar zu machen, die Menschen aus ihrem Alltag kennen.
- Politische Botschaften müssen *symbolische Elemente* enthalten. Gute politische Symbolik verbindet sich mit einem Programm, einer Person und (s)einer politischen Vision: Sie ist nicht inhaltsleer, sondern verdichtet Politik auf Bilder, die

---

7 Klaus Kocks, Glanz und Elend der PR. Zur praktischen Philosophie der Öffentlichkeit, 2001.

für eine bestimmte Wertorientierung einer Partei oder Person stehen.[8] Politische Symbolik ist Ausdruck der Kommunikationsfähigkeit von Politik. Positive politische Symbolik, zu der auch nonverbale Elemente zählen, gehörte schon immer zum Repertoire politischer Führung.

Wahlkämpfe brauchen Werte.

Politische Auseinandersetzungen sind häufig von Detailismus in Sachthemen geprägt. Dadurch kommuniziert die Politik mit sich allein, und erreicht diejenigen nicht, auf deren Zustimmung sie angewiesen ist. Thematischer Detaillismus und Instrumentendebatten verdecken häufig die unterschiedlichen Werte und gesellschaftspolitischen Leitbilder, die sich hinter bestimmten Politikauffassungen und Themen verbergen. Dies führt Politik als technokratisch vor und vermittelt oft den Eindruck politischer Beliebigkeit. Werte, die Vorstellung des Wünschbaren, sind Motiv und Grundlage für politische Identifikationen, sind eher das, was die Öffentlichkeit sucht und konkurrierende Parteien voneinander unterscheidet.

Eine gesellschaftliche Wertedebatte böte dem politischen System eine große Chance: Sie könnte Politik und die damit verbundenen Wertvorstellungen und Zielsetzungen vermitteln, die politischen Silhouetten sichtbarer machen und die Menschen damit für Politik wieder begeistern. Eine Wertepolitik könnte der Politik neue Anziehungskraft geben und Menschen in einer komplexen Welt Orientierung vermitteln.

Politische Kommunikation muss sich im Klaren sein, welche Werte von Relevanz für die Zukunftsfähigkeit einer Gesellschaft sind. Damit wird sie automatisch zur Wertekommunikation. Wahlen werden gewonnen über Personen, Zukunftskompetenzen, Werte und Vertrauensdimensionen. „Elections are won by verbs – proposals for action – not by adjectives which flatter a candidate".[9] Dem ist wenig hinzuzufügen.

---

8 Die Bürger mit überhaupt keinem oder wenig politischem Interesse sind immerhin etwa 30 % der Wähler, vgl. Tabellenband Wohlfahrtssurvey 1978–1998, S. 8
9 Dick Morris, The New Prince. Machiavelli updated for the 21st Century, Los Angeles 1999, S. 32

Werte, Wahlen, Wahlkämpfe

Ulrich Sarcinelli/Alexander Geisler

Die Demokratie auf dem Opferaltar kampagnenpolitischer Aufrüstung?
Anmerkungen zur Modernisierung von Wahlkampfkommunikation

Das „legitime Theater" der Politik

Wahlkämpfe erfreuen sich eines ebenso intensiven wie zwiespältigen wissenschaftlichen und publizistischen Interesses. Demokratietheoretisch begründet sich dieses Interesse damit, dass Wahlen zwar nur eines von zahlreichen Angeboten zur politischen Beteiligung in liberalen Demokratien darstellen. In parlamentarisch-repräsentativen Systemen sind Wahlen jedoch die einzige Partizipationsform, die ein chancengleiches Votum aller Stimmberechtigten ermöglicht. Damit kommt Wahlen und Wahlkämpfen für die politische Machtzuweisung auf Zeit eine legitimatorische Schlüsselbedeutung zu.

Es liegt im Wesen des Wählens, dass das Werben für personelle und inhaltliche Alternativen die Generierung von Aufmerksamkeit voraussetzt. Dass dieser Prozess der Aufmerksamkeitserzeugung in Wahlkampfphasen inzwischen eine Art politisch-rhetorischer Rüstungswettlauf geworden ist, bei dem auch ein Wettbewerb um die erfolgreichsten Strategien und Instrumente politischer Kommunikation ausgetragen wird, hat zusätzlich das Interesse von Wissenschaft und Öffentlichkeit geweckt und eine boomende Branche entstehen lassen, die sich – je nach Aufgabe – im Schnittfeld von Markt- und Meinungsforschung, Kommunikationswissenschaft, Kampagnenorganisation und politischem Marketing bewegt. Zunehmend kommt dabei die Diskussion über die Wahlkampfführung selbst in den Blick, wird die Professionalisierung der Politikvermittlung thematisiert. Nicht selten steht über den Wahlkampf hinaus die Politik insgesamt im Generalverdacht, nichts als „Theater" zu sein.

Während solche Kritik normalerweise reflexartige Abwehrreaktionen bei politischen Akteuren auslöst, gibt es doch auch vereinzelte Stimmen, die einer Entmythologisierung des Politikvermittlungsgeschäfts das Wort reden, einen Blick hinter die eigenen Kulissen werfen und die Notwendigkeit einer Theatralisierung als generelles Muster politischer Kommunikation einräumen. Zu dieser, durchaus Medienaufmerksamkeit sichernden Rolle entschloss sich der saarländische Ministerpräsident Peter Müller. Zwei Tage nach dem dramatischen Verlauf der ent-

153

scheidenden Sitzung des Bundesrates, in der die Länderkammer über das Zuwanderungs(begrenzungs)gesetz zu entscheiden hatte und in deren Verlauf ein umstrittenes Abstimmungsprocedere tumultartige Reaktionen in dem ansonsten eher für sachlichen Stil bekannten Verfassungsorgan auslöste, beschäftigte sich Müller in einer Rede im Saarbrücker Staatstheater mit dem Thema „Politik und Theater – Darstellungskunst auf der politischen Bühne".[1] Politik und Theater sei schon etwas anderes. Trotzdem erhebe sich die Frage, ob in der Politik oft und viel Theater gespielt werde; ob die Inszenierung nicht den Inhalt dominiere. Aufbauend auf seiner unspektakulären Generalthese, in Politik gehe es nicht nur um die Gestaltung der Wirklichkeit nach eigenen Überzeugungen, sondern immer auch um die Herausforderung, Mehrheiten im demokratischen Prozess zu erringen, erging sich der Ministerpräsident dann in Reflexionen über Vergleich und Qualität des Schauspielerischen in Theater und Politik, in Hinweisen zur Bedeutung von Glaubwürdigkeit und Marktorientierung sowie Anmerkungen zu den Möglichkeiten von Rollendistanz und Publikumsabhängigkeit. – Natürlich sei Politik Theater. Das sei gut, solange das politische Theater ein Beitrag dazu leiste, Aufmerksamkeit zu erreichen für die vertretenen Inhalte und Konzepte. Mit Blick auf Ereignisse würden Drehbücher geschrieben. Auch die Reaktionen im Bundesrat hätten sich nicht spontan ergeben, die Empörung sei verabredet gewesen, alles Theater, aber eben „legitimes Theater".

Ganz offensichtlich hat die Politik die Lektion gelernt, dass Demokraten „Voyeure" (Leggewie) sind, der Souverän auch unterhalten werden will. – Was inzwischen als bekannter Befund im Rahmen seminaristischer Betrachtungen zum medienzentrierten Politikvermittlungsgeschäft abgehakt werden könnte, unter PR-Profis aus allen Parteien völlig unstrittig ist und allenfalls noch unter dem Gesichtspunkt der Professionalität diskutiert wird, mobilisierte nicht nur das kritische Feuilleton, sondern mehr noch den politischen Gegner und nicht zuletzt die eigenen Parteifreunde des CDU-Politikers. War aber das mit dem Vorwahlkampf erklärte Bundesratsspektakel tatsächlich ein neuerlicher Beleg dafür, dass die Medienlogik die Dramaturgie politischer Ereignisse, ja die Politik selbst, die politische Entscheidungslogik, bestimmt? Ein neuerlicher Beweis für die Kapitulation des Politischen vor dem Medialen, ein Beleg für den Marsch in das, was – weil bewusst zweideutig – als „Mediokratie" bezeichnet wird?[2]

Wer Politik auf das „vordergründige" Geschehen, den sichtbaren, medial präsentierten Ausschnitt reduziert, kann diesen Eindruck gewinnen, unterliegt aber einer medieninduzierten Täuschung. Die Vorstellung, die Abstimmung im Bundesrat über die Zuwanderungsregelung wäre anders verlaufen, die schon auf den Bundestagswahlkampf ausgerichteten Positionierungen der Hauptkontrahenten hätten anders ausgesehen, die Bereitschaft der Opposition, angesichts der

---

1 Vgl. Müller, Peter (2002): Das haben wir dann gemacht, in: Frankfurter Allgemeine Zeitung vom 28. März 2002, S. 11.

2 Meyer, Thomas (2002): Mediokratie – Auf dem Weg in eine andere Demokratie?, in: Aus Politik und Zeitgeschichte. Beilage zur Wochenzeitung Das Parlament, B 15–16/2002, S. 7–14.

nur noch geringen Differenzen zwischen den eigenen politischen Vorstellungen und denen der rot-grünen Koalition zu einem Kompromiss zu kommen, wäre größer gewesen ohne Kameras und medienöffentlich inszenierte Begleitmusik, monokausalisiert Politik zum Medienprodukt. Sachpolitische Differenzen, Chancenkalkül im Vorwahlkampf, parteipolitische Instrumentalisierung bundesstaatlicher Ordnung u. a. m. sind nicht einfach Medienkonstrukte. Sie sind Realitäten der politischen Willensbildung und Entscheidungsfindung in pluralistischen Systemen. Die Frage ist nur, wieviel politische Substanz sich hinter den Darstellungsalternativen verbirgt. Das bedeutet nicht, dass sich die „Politikvermittlung in der Mediengesellschaft"[3] nicht verändert habe. Ob damit aber gleich die Berechtigung einhergeht, Politik unter den Generalverdacht politischer Schauspielerei im Sinne von Ersatz- oder Täuschungshandlung zu stellen, erscheint doch fraglich. Nicht selten drängt sich der Eindruck auf, dass man es hier mit einer Übertreibungsspirale zu tun hat, an der die Politik selbst, die medialen Beobachter der Politik und nicht zuletzt auch die Wissenschaft drehen, mit dem Ergebnis immer neuer verfallsdiagnostischer Variationen. Wird die Demokratie tatsächlich zum Opfer kampagnenpolitischer Aufrüstung? Bevor auf diese Frage abschließend einzugehen ist, sollen einige Aspekte dessen, was landläufig als „Amerikanisierung" von Wahlkämpfen umschrieben wird, im Grunde aber besser als Modernisierungsprozess bezeichnet werden sollte, thematisiert werden.

„Amerikanisierung" von Wahlkämpfen?

Medienspektakulär in Szene gesetzte Abläufe wie der im Bundesrat, dessen parteipolitische Instrumentalisierung wahrlich nicht zum erstenmal kritisiert wurde, sind immer wieder Anlass, über das „Wahlkampftheater", über publizitätsträchtige Grenzüberschreitungen und über die Degeneration der Politik zum Unterhaltungsgewerbe zu räsonieren. Ein zentrales Erklärungsmuster von geradezu universalem Nutzen ist dabei die Amerikanisierungsthese.[4] Unterstellt wird die „Amerikanisierung von Wahlen und Wählern"[5] wie überhaupt der Politikvermittlung im Sinne einer Anpassung an die Praxis transatlantischer Vorbilder und einer unreflektierten Übernahme US-amerikanischer *role-models*. Gerade im Ge-

---

3 Vgl. Sarcinelli, Ulrich (Hrsg.) (1998a): Politikvermittlung und Demokratie in der Mediengesellschaft. Beiträge zur politischen Kommunikationskultur, Opladen–Wiesbaden/Bonn (Bundeszentrale für politische Bildung), S. 273–296.

4 Vgl. Pfetsch, Barbara (2001): „Amerikanisierung" der politischen Kommunikation? Politik und Medien in Deutschland und den USA. In: Aus Politik und Zeitgeschichte. B 41–42, S. 27–36.

5 Radunski, Peter (1996): Politisches Kommunikationsmanagement. Die Amerikanisierung der Wahlkämpfe. In: Bertelsmann Stiftung (Hrsg.): Politik überzeugend vermitteln. Wahlkampfstrategien in Deutschland und den USA. Analysen von Politikern, Journalisten und Experten. Gütersloh, S. 34.

folge Aufsehen erregender Kampagnen, wie dem Bundestagswahlkampf der SPD 1998[6] oder der 8 %-Initiative der FDP in Nordrhein-Westfalen[7], sowie der 18 %-Kampagne der gleichen Partei im laufenden Bundestagswahlkampf, drängen sich Vergleiche mit den ebenso aufwändigen wie programmatisch unterbelichteten Wahlkampfschlachten in den Vereinigten Staaten immer wieder auf. Spätestens seitdem die Union Anfang der achtziger Jahre die Modernisierung und Professionalisierung ihrer Parteiorganisation gerade hinsichtlich ihrer Politikvermittlungskompetenz – man denke an den Anspruch „Begriffe zu besetzen" – vorangetrieben hatte, kamen auch die anderen Parteien in Zugzwang, sich den Bedingungen einer veränderten medialen Umwelt zu stellen und diese entsprechend zu nutzen.[8] Getreu dem Motto „von Amerika lernen heißt siegen lernen" wurde amerikanisches Politikmarketing fleißig studiert und konnten amerikanische Wahlkampagnen zum professionstypischen Vorbild medienattraktiver Kampagnenplanung avancieren.

Hinsichtlich der Frage, welche Teilbereiche und Aspekte politischen Handelns in fortgeschrittenen Demokratien Tendenzen einer „Amerikanisierung" erkennen lassen, divergieren die Einschätzungen. Die Vielzahl seiner disparaten Bezugsebenen macht deshalb den Amerikanisierungsbegriff zwar zu einem Element der rhetorischen Politikfolklore. Als wissenschaftliches Instrument ist er kaum tauglich, werden doch die politisch-institutionellen wie auch politisch-kulturellen Differenzen systematisch ausgeblendet.[9]

„Amerikanisierung" nimmt Bezug auf generelle Veränderungen im Prozess der Politikvermittlung inner- und außerhalb von Wahlkämpfen. Hierunter sind insbesondere die Tendenzen einer „zunehmenden Mediatisierung, Personalisierung und Entideologisierung" zu fassen, wie sie als zentrale Entwicklungslinien der zeitgenössischen politischen Kommunikation identifiziert wurden.[10] Hinsichtlich der Bewertung der diesbezüglichen Beobachtungen werden Interpretationen aus diffusionstheoretischer oder aus modernisierungstheoretischer Sicht kontrovers diskutiert. Während erstere die diesbezüglichen Veränderungen eher als einseitige Annäherung an US-amerikanische Kommunikationsmuster ansehen, argumentieren die Vertreter der zweiten Position, die USA seien lediglich Vor-

6 Vgl. von Webel, Diana (1999): Der Wahlkampf der SPD. In: Noelle-Neumann, Elisabeth/Kepplinger, Hans-Mathias/Donsbach, Wolfgang: Kampa. Meinungsklima und Medienwirkung im Bundestagswahlkampf 1998. Freiburg/München, S. 13–39.

7 Vgl. Geisler, Alexander/Tenscher, Jens (2002): „Amerikanisierung" der Wahlkampagne? Zur Modernität von Kommunikationsstrukturen und -strategien im nordrhein-westfälischen Landtagswahlkampf 2000. In: Sarcinelli, Ulrich/Schatz, Heribert (Hrsg.): Mediendemokratie im Medienland? Inszenierungen und Themensetzungsstrategien im Spannungsfeld von Medien und Parteieliten am Beispiel der nordrhein-westfälischen Landtagswahl 2000. Opladen.

8 Vgl. Von Alemann, Ulrich (2001): Das Parteiensystem der Bundesrepublik Deutschland. Bonn.

9 Vgl. Pfetsch, Barbara (2001), a. a. O.

10 Schulz, Winfried (1998). Wahlkampf unter Vielkanalbedingungen. In: Media Perspektiven, Heft 8/1998, S. 379.

reiter in einem umfassenderen Prozess des Strukturwandels, der Politik, Medien und Gesellschaft moderner Systeme gleichermaßen erfasst habe. Stattdessen sei es angemessener, von einem „Prozess der ungerichteten Konvergenz" auszugehen, „der im Ergebnis zu einer Annährung der politischen Kommunikationslogik in medienzentrierten Demokratien führt".[11] Diese Kontrastierung lässt sich zudem um die Perspektive der Standardisierung bzw. Globalisierung erweitern, welche in der wechselseitigen Inspiration und in dem gleichberechtigten Austausch von Werten und Handlungsmustern zwischen den politischen Kulturen die Ursache der scheinbaren „Amerikanisierung" erkennt.[12]

Inzwischen ist in der wissenschaftlichen Diskussion die Tendenz erkennbar, den schlecht greifbaren Amerikanisierungsbegriff auf seine modernisierungstheoretischen Grundlagen zurückzuführen. Demnach seien alle unter dem Rubrum der Amerikanisierung verorteten Prozesse in letzter Konsequenz eine Reaktion auf ähnliche strukturelle Herausforderungen, mit denen sich alle liberalen Repräsentativdemokratien in der einen oder anderen Form konfrontiert sehen.[13]

3. Demokratie unter Modernisierungsdruck

Gerade die wachsende globale Vernetzung politischer und ökonomischer Zusammenhänge macht demokratischen Systemen, ihren Akteuren und Institutionen gleichermaßen zu schaffen. Dem relativen Verlust von Handlungskompetenzen auf Seiten aller Träger des klassischen Nationalstaates steht ein gewachsener Problemdruck bei der Lösung komplexer globaler und überregionaler Fragen gegenüber, deren Lösung oft nur auf supranationaler Ebene erfolgen kann. Die „Ironie des Staates" (Willke) besteht dabei darin, dass er trotz schrumpfender Steuerungskompetenz und „transnationale(r) Entzugsmacht"[14] global operierender Wirtschaftsakteure der zentrale Adressat demokratischer Legitimationszuweisung ist. Aus der Kombination unerfüllter Erwartungen und unerfüllbarer Leistungen entsteht latente Unzufriedenheit. „Die Finanzprobleme machen die Überdehnung der Staatsaufgaben durch die Bedienung partikularer Interessen und Anliegen immer deutlicher spürbar, umgekehrt ist der politische Spielraum

---

11 Plasser, Fritz (2000): Amerikanisierung der Wahlkommunikation in Westeuropa: Diskussions- und Forschungsstand. In: Bohrmann, Hans/Jarren, Otfried/Melischek, Gabriele/Seethaler, Josef u. a. (Hrsg.): Wahlen und Politikvermittlung durch Massenmedien. Wiesbaden, S. 50.

12 Donges, Patrick (2000): Amerikanisierung, Professionalisierung, Modernisierung? Anmerkungen zu einigen amorphen Begriffen. In: Kamps, Klaus (Hrsg.): Trans-Atlantik – Trans-Portabel? Die Amerikanisierungsthese in der politischen Kommunikation. Wiesbaden, S. 36f.

13 Vgl. Krause, Joachim (1998): Strukturprobleme der Demokratien zu Beginn des 21. Jahrhunderts. In: Aus Politik und Zeitgeschichte. B 29–30, S. 16–23.

14 Beck, Ulrich (1998): Wie wird Politik im Zeitalter der Globalisierung möglich? – Eine Einleitung. In: ders. (Hrsg.): Politik der Globalisierung. Frankfurt a. Main, S. 18.

15 Krause, Joachim (1998), a. a. O., S. 20

für Einsparungen im Haushalt überall gering. Die Einschätzung der Kompetenz der politischen Klasse nimmt in dem Maße ab, wie die Finanzprobleme nicht gelöst und der Verlust des Politischen nicht rückgängig gemacht werden kann".[15]

Aus einer ganz anderen Richtung wirken die modernisierungsbedingten Veränderungen des gesellschaftlichen Umfelds auf den Charakter der zeitgenössischen demokratischen Politik ein. Der Einfluss Sinn vermittelnder und Tradition verkörpernder gesellschaftlicher Institutionen auf die normativen Orientierungen der Gesellschaftsmitglieder nimmt ab. Der gesellschaftliche Trend zur „Individualisierung rückt das Selbstgestaltungspotenzial, das individuelle Tun ins Zentrum".[16] Die traditionelle Verbundenheit der Menschen mit vormals unverzichtbar scheinenden Säulen des gesellschaftlichen Lebens verlieren an Bedeutung; stattdessen müssen diese sich zunehmend auch an ihrem subjektiven Nutzen bzw. Erlebniswert messen lassen. Vereine, Kirchen, Gewerkschaften und eben auch Parteien spüren diese Entwicklungen in Form von Überalterung, Mitgliederschwund, Desinteresse und abnehmender Bereitschaft zu konventioneller Partizipation als überaus schmerzhaften Aderlass.

Indem sie sich an den Nahtstellen der individuellen und gesamtgesellschaftlich-globalen Entgrenzungsprozesse[17] bewegt, versucht die liberal-repräsentative Demokratie einen riskanten Spagat. Einerseits verlieren die politischen Parteien als zentrale Vermittlerinstitutionen zwischen Gesellschaft und Staat gerade in ihren vormals unverzichtbaren Rekrutierungsmilieus an Unterstützung. Andererseits droht die Herstellung politischer Entscheidungen sich in den Fallstricken der Globalisierung zu verfangen und – nicht zuletzt infolge fehlender Transparenz – die an sie gestellten Ansprüche zu enttäuschen.

In letzter Konsequenz gewinnt deshalb vor allem die Fähigkeit zur Darstellung politischer Entscheidungen, wie überhaupt Medienkompetenz, an Relevanz für den Erfolg demokratischer Politik: Kommunikation wird zum sozialen Kohäsionsmittel und zum politischen Ersatzkitt. Es gilt, trotz aller Widrigkeiten Handlungsfähigkeit und Handlungskompetenz zu vermitteln, deutlich zu machen, dass etwas getan wird, selbst wenn nichts passiert. Im Spannungsfeld der skizzierten Entwicklungen lavierend, kann es sich kein Akteur mehr leisten, im Kampf um Aufmerksamkeit auf „symbolische Politik"[18] als Mittel politischer Kommunikation weit über den Wahlkampfkontext hinaus zu verzichten.

---

16 Beck, Ulrich (2001). Das Zeitalter des „eigenen Lebens". Individualisierung als „paradoxe Sozialstruktur" und andere offene Fragen. In: Aus Politik und Zeitgeschichte, (29), S. 3.
17 Vgl. Gellner, Winand (1997): Individualisierung und Globalisierung? Die Privatisierung des Öffentlichen. In: Rohe, Karl (Hrsg.): Politik und Demokratie in der Informationsgesellschaft. Baden-Baden, S. 25–44
18 Sarcinelli, Ulrich (1987): Symbolische Politik. Zur Bedeutung symbolischen Handelns in der Wahlkampfkommunikation der Bundesrepublik Deutschland, Opladen.

4. Die Parteien auf der Suche nach dem Volk

Hier liegen die Ursprünge des veränderten Beziehungsspiels zwischen den politischen Akteuren und den modernen Massenmedien, die oft und vielleicht etwas vorschnell als „Wandel von der Parteien- zur Mediendemokratie"[19] charakterisiert worden sind. Aufgrund der Auflösung traditioneller Bindungen zwischen den Parteien und der Bevölkerung, ersetzt die mediale Vermittlung politischer Ereignisse und Inhalte zunehmend den direkten, lebensweltlichen Kontakt zur Politik. Für politische Akteure ebenso wie für die Bürger sind die Medien zum unverzichtbaren Instrument von Fremd- und Selbstbeobachtung geworden.[20]

Dabei erweist sich neben der Entkoppelung von Parteien und sozialen Gruppen die zweite Entkoppelung, nämlich die zwischen Medien und Parteien sowie anderen politischen Akteuren, als folgenreich. Mangels reichweitenstarker eigener Parteimedien erfolgt der Zugang zur Öffentlichkeit inzwischen nahezu ausschließlich über die allgemein zugänglichen Massenmedien. Damit begibt sich die Politik allerdings auf eine umkämpfte „Bühne", die primär an der Logik des Medienmarktes und weniger institutionellen Verfahren oder sachlogischen Mustern orientiert ist. Konkret bedeutet dies, dass Aufmerksamkeit im Sinne von Reichweite, Verkaufszahlen bzw. Quote einerseits und „Laienorientierung"[21] im Sinne von Komplexitätsreduktion, Vereinfachung, Visualisierung etc. andererseits Schlüsselvariablen medienspezifischer Funktionslogik sind. Und diese Darstellungslogik verlangt nach „Techniken des politischen Marketing. Sie denkt in strategischen Zielgruppen, begreift Wähler als Konsumenten und bemüht sich, ein symbolisches Produkt anzubieten, das in empirischer Kenntnis der Stimmungslagen und diffuser Emotionen einer launenhaften und unberechenbaren Wählerschaft konstruiert und mediengerecht vermarktet wird."[22] – Ob und inwieweit das Internet einmal als Informations- und prinzipiell interaktionsfähiges Kommunikationsmedium ein nennenswertes Gegengewicht zur massenmedialen Öffentlichkeit werden kann, soll hier vernachlässigt werden. –

Die neue Rolle der Medien als zentrale Arena und Bühne des politischen Wettbewerbs, manifestiert sich insbesondere in der gewachsenen Bedeutung des Fernsehens, das aufgrund seiner großen Reichweite, aber auch aufgrund des hohen Maßes an Authentizität und Glaubwürdigkeit, welche ihm von Seiten der Bevölkerung noch immer zugeschrieben wird, zum Leitmedium von Politikver-

---

19 Sarcinelli, Ulrich (1998b): Parteien- und Politikvermittlung: Von der Parteien zur Mediendemokratie? In: ebenda, S. 273–296
20 Luhmann, Niklas (1996): Die Realität der Massenmedien, Opladen.
21 Gerhards, Jürgen/Neidhardt, Friedhelm (1993): Strukturen und Funktionen moderner Öffentlichkeit. Fragestellungen und Ansätze. In: LAangenbucher, Wolfgang (Hrsg.): Politische Kommunikation. Grundlagen, Strukturen, Prozesse, Wien, S. 61.
22 Plasser, Fritz/Ulran, Peter A./Ogris, Günther (Hrsg.) (1996): Wahlkampf und Wählerentscheidungen. Analyse zur Nationalratswahl 1995. Wien, S. 86

mittlung und Politikwahrnehmung avancierte. Auch machen die medieneigenen Visualisierungsbedürfnisse das Fernsehen anfällig für die gezielte Beeinflussung durch die mediengerechte Arrangement von Ereignissen und „Pseudoereignissen" (Boorstin), die ausschließlich zum Zwecke ihrer medialen Vermittlung inszeniert werden. Die Orientierung der journalistischen Arbeit an Nachrichtenfaktoren erlaubt es den politischen Akteuren politische Events, wie Parteitage und Pressekonferenzen, gezielt an den Bedürfnissen der Medien auszurichten und maßgeschneiderte „Bilder für die Bilder-Macher"[23] zu produzieren.

Insgesamt verschiebt sich hierdurch, so wird vermutet, der Fokus der medialen Aufmerksamkeit von den komplexen, aber unspektakulären Inhalten politischer Entscheidungsprozesse hin zu den Produkten professioneller Inszenierung. Dies umfasst zum einen die intensivierten Bemühungen der Parteien zur gezielten Beeinflussung der medialen Agenda (Themenmanagement). Zum anderen ermöglichen die Aufmerksamkeitsstrukturen der Medienberichterstattung eine strategische Personalisierung der Parteienkommunikation, in deren Rahmen die politische Prominenz als Transmissionsriemen politischer Botschaften eingespannt wird. Dazu kommt auch die gezielte Integration von Unterhaltungselementen ins Instrumentarium der massenmedialen Politikvermittlung, die politische Personen und Positionen über den Umweg des „Politainment" öffentlich vermarkten und legitimieren will.[24]

Daraus erwächst ein steigender Bedarf der Politik nach professioneller Medienberatung und Meinungsforschung als Grundlage für die Ausgestaltung der öffentlichen Selbstdarstellung von Politik. Entsprechend erweitert hat sich auch der Einflussbereich der – gelegentlich leicht mystifizierten – *Spin Doctors".*[25] deren Aufgabe es allgemein ist, Kandidaten-, Parteiimage und mediale Themenagenda im Sinne eines positiven Gesamtbildes zu synchronisieren. Zwar verbleibt die Koordination der Gesamtkampagne in der Regel innerhalb der Parteizentralen, ein wichtiges Kennzeichen der wachsenden Professionalisierung der politischen Öffentlichkeitsarbeit[26] ist jedoch, dass zunehmend spezialisierte Teilaufgaben an parteiexterne Dienstleister vergeben werden.

Mit der Perpetuierung der ursprünglich eher für Wahlkampfzeiten reservierten Marketingtechniken und -instrumente wird der Übergang von der modernen

23 Goergen, Fritz/Goergen, Barbara (2000): Bilder für die Bilder Macher. In: Altendorfer, Otto/Wiedemann, Heinrich/Mayer, Hermann (Hrsg.): Handbuch. Der Moderne Medienwahlkampf. Professionelles Wahlmanagement unter Einsatz neuer Medien, Strategien und Psychologien. Eichstätt, S. 42–61.

24 Dörner, Andreas (2001): Politainment. Politik in der medialen Erlebnisgesellschaft. Frankfurt a. M., S. 31

25 Esser, Frank (2000): Spin Doctoring. Rüstungsspirale zwischen politischer PR und politischem Journalismus. In: Forschungsjournal Neue Soziale Bewegungen, Jg. 13, (3), S. 17–24.

26 Holtz-Bacha, Christina (1999): Wahlkampf 1998 – Modernisierung und Professionalisierung. In dies. (Hrsg.): Wahlkampf in den Medien – Wahlkampf mit den Medien. Ein Reader zum Wahljahr 1998. Opladen/Wiesbaden, S. 9–23.

zur postmodernen Kampagne besonders deutlich (vgl. Tabelle 1). Damit wird der Wahlkampf zwar nicht auf Dauer gestellt. Die neuen strukturellen Gegebenheiten der Mediengesellschaft versetzen Politik jedoch in Publizitätsstress und unterwerfen sie tendenziell den Regeln der „permanenten Kampagne".[27]

Tabelle 1: Wahlkampfformen und Modernisierungsetappen

	Vormodern	Modern	Postmodern
Wahlkampforganisation	Lokal + dezentral	National koordiniert	Nationale Koordination, dezentrale Ausführung
Vorbereitungsphase	Kurzfristige bzw. ad-hoc-Wahlkämpfe	Langer Wahlkampf	Permanenter Wahlkampf
Zentrale Koordination	Parteiführung	Wahlkampfzentralen, Rückgriff auf spezielle Berater und Parteifunktionäre	Auslagerung von Umfrageforschung Beratern und spezialisierte Wahlkampfabteilungen
Rückkopplungen	Örtliche Hausbesuche („Klinkenputzen")	Bevölkerungsumfragen	Bevölkerungsumfragen, Beobachtung sog. Fokusgruppen, Internet
Medien	Regionale und überregionale Presse; lokal: Handzettel, Poster und Wahlkampfschriften	Fernsehpäsenz in breitenwirksamen Kanälen	Zielgruppenspezifische Medienarbeit durch fragmentierte Medienkanäle, gezielte Werbung

Quelle: Norris 1997: 3

---

27 Nimmo, Dan (1999): The Permanent Campaign. Marketing as a Governing Tool. In: Newman, Bruce I. (Ed.): Handbook of Political Marketing. Thousand Oaks/London/New Delhi, S. 73–86

Wahlkampf und Demokratie in der Modernisierungsfalle?

Die Ambivalenz der skizzierten Entwicklungen läßt sich auf die Formel bringen: Steigerung der Reichweite bei Verlust der „Tiefe". Via Massenmedien werden inzwischen auch die politisch weniger interessierten Teile des Publikums direkt erreicht, ohne auf die Vermittlungsleistungen sogenannter „Meinungsführer" (opinion leaders) angewiesen zu sein. Die Fragmentierung der Publikumssegmente und Kanäle begünstigt, dass sich die Spielregeln der politischen Kommunikation den herrschenden „Vielkanalbedingungen"[28] in dem Sinne anpassen, dass es einen Reiz zu immer stärkeren Reizen gibt, um Massenpublika zu erreichen. Allerdings sollte die Rolle der interpersonalen Kommunikation auch weiterhin nicht unterschätzt werden. Ihr kommt für die Akzeptanz politischer Informationen und für die Wahrnehmung mediatisierter Politik nach wie vor eine „Filterwirkung" zu.[29] Im Rahmen innerparteilicher Willensbildung spielt sie nach wie vor – insbesondere an der Basis – eine Schlüsselrolle.

Eingangs wurde die Frage aufgeworfen, ob die Demokratie zum Opfer einer kampagnenpolitischen Aufrüstung wird, wie sie in Wahlkämpfen exemplarisch zu besichtigen ist, zunehmend aber auch die Politik insgesamt zu beeinflussen scheint. Die Frage wäre dann mit einem einfachen „Ja" zu beantworten, wenn man die gegenwärtige Ausprägung des parlamentarisch-repräsentativen Systems mit Parteiendominanz als Demokratiemodell schlechthin zum Maßstab nähme. Dieses System erodiert, erfährt eine mediendemokratische Transformation, wenn auch in einem insgesamt längerfristigeren und voraussetzungsvolleren Prozess als dies vielfach angenommen wurde und wird. Erste Versuche, die These vom Wandel der „Parteiendemokratie zur Mediendemokratie" im Wahlkampfkontext umfassend empirisch zu testen,[30] gemahnen zu einem eher zurückhaltenden Urteil. Doch auch Veränderungen, die sich langfristig vollziehen und die sich deshalb einer auf eher kurze Phasen angelegten sozialwissenschaftlichen Forschung entziehen, sind Veränderungen.

Zu diesen langfristigen Veränderungen gehört, dass mit den skizzierten gesellschaftlichen Modernisierungserscheinungen die Medien stärker ins Spiel kommen und Politik insgesamt kommunikationsabhängiger wird. Obwohl die für Parteibildung, Interessenvermittlung und letztlich auch für Wahlkampfführung maßgeblichen Konfliktlagen (cleavages) keineswegs verschwunden sind,[31]

---

28 Vgl. Schulz, Winfried (1998), a. a. O.

29 Schmitt-Beck, Rüdiger (2000): Politische Kommunikation und Wählerverhalten – Ein internationaler Vergleich. Wiesbaden., S. 415

30 Vgl. Sarcinelli, Ulrich/Schatz, Heribert (Hrsg.) (2002): Mediendemokratie im Medienland: Inszenierungen und Themensetzungsstrategien im Spannungsfeld von Medien und Parteieliten am Beispiel der nordrhein-westfälischen Landtagswahl 2000, Opladen.

31 Mielke, Gerd (1991): Gesellschaftliche Konflikte und ihre Repräsentation im deutschen Parteiensystem. In: Eidt, Ulrich/Mielke, Gerd (Hrsg.): Gesellschaftliche Konflikte und Parteiensysteme, Wiesbaden, S. 77-95.

verlieren sie doch an Prägekraft für die Wahrnehmung von Politik ebenso wie dann in der Folge für die (medien-)öffentliche Politikdarstellung. Immer schwerer wird es, politische Alternativen auf politisch-weltanschauliche Differenzen zu gründen. Das Verschwinden politisch-prinzipieller Differenzen zwingt die Parteien zur Dramatisierung politisch marineller Differenzen. Zugleich gewinnt die Orientierung an der politischen Seismographie an Bedeutung: Die Ausrichtung der Politikvermittlung an der Logik dieser „Marktdemokratie", die Orientierung der Darstellungspolitik am Medien- und Meinungsmarkt, die auf eine kontinuierliche Beobachtung und Beeinflussung von Medientenor und Meinungsverteilungen hinausläuft, bringt die Politik – nicht nur in Wahlkampfzeiten – in den zunehmenden Kommunikationsstress eines richtungspolitisch mehr und mehr ausgedünnten Wettbewerbssystems.

Das Modernisierungsdilemma dieses Systems besteht in dem tatsächlichen oder auch nur vermeintlichen Zwang zur permanenten Steigerung medialer Thematisierungskompetenz bei gleichzeitiger Ungewissheit über den Thematisierungserfolg. Der steigende Kapitaleinsatz für spezifische Kommunikationsmaßnahmen in Wahlkämpfen bei gleichzeitig abnehmendem Grenznutzen macht dies deutlich. Zur Modernisierungsfalle würde diese Entwicklung für die Demokratie dann, wenn sich der Wettbewerb um personelle und politische Alternative im Wahlkampf und darüber hinaus nur noch am Maßstab kommunikationsstrategischer Professionalität von – in Parteien verkleideten – Eventagenturen entschiede und nicht mehr an identifizierbaren Politikalternativen.

Wenn die Modernisierung der Wahlkampfkommunikation nicht in der Sackgasse eines entpolitisierten Schaulaufens politischer Promis enden soll, dann muss mit gleicher Intensität innerhalb und außerhalb der demokratischen Parteien auch die Modernisierung einer „Beteiligungsdemokratie" (Sartori) vorangetrieben werden. Dies betrifft insbesondere die nicht auf Kampagnenfähigkeit reduzierte Modernisierung der Parteiorganisation als lebendige Organismen politischer Binnenkommunikation und demokratischer Willensbildung. Oder, um die eingangs gebrauchte Theatermetapher wieder aufzugreifen: Dann müssen die Zuschauer auf der Galerie des politischen Theaters Chancen zur Übernahme aktiver Rollen auf den Bühnen der Politik ebenso erhalten wie Beteiligungsrechte in den Regieräumen. Denn mit dem richtigen Theater hat das „Politische Theater" gemein, dass über dessen Qualität nicht allein von der Galerie entschieden wird.

Anna Greenberg und Stanley B. Greenberg

Werte im Wahlkampf:
Eine Sicht aus dem amerikanischen Wahljahr 2000

Damit die Demokraten ihre politische Macht in der Post-Clinton-Ära festigen, müssen sie über mehr als Wirtschaft reden. Sie müssen familienzentrierte Werte fördern.

Macht uns nicht etwas in der aktuellen politischen Debatte stutzig? Mit einem beliebten Demokraten seit zwei Amtsperioden im Weißen Haus hat das Land anhaltendes Wirtschaftswachstum mit niedriger Arbeitslosigkeit und niedriger Inflation erfahren. Ein gut qualifizierter Vize-Präsident wird aufgestellt, um demokratische Politik weiterzuführen. Sollte er die Mehrheiten der Demokraten im Kongress gewinnen, könnte er vielleicht drängende Probleme wie Ungleichheit trotz Wohlstand angehen.

Die Öffentlichkeit vertraut immerhin bei fast allen wichtigen Belangen auf die Demokraten: der Festigung einer stabilen sozialen Absicherung, der Reform des Gesundheitswesens, der Hebung des Bildungsniveaus und der Schutz der Umwelt. Umfragen zeigen, dass sie mehr Vertrauen in den Umgang der Demokraten mit Wirtschaft und Haushalt setzt; zwar wird den Republikanern mehr Zuversicht im Umgang mit Steuern und Kriminalität entgegengebracht, doch weniger deutlich als vor der Clinton-Regierung. Die Öffentlichkeit wendet sich an die Republikaner bei nur wenigen sonstigen Fragen. Dieser denkbare Auftrag für die Demokraten, die Regierung zu übernehmen, hat bislang nicht das Kräfte>verhältnis am Boden geändert. Statt eines Laufstegs für die Demokraten zeichnet sich eine harte Wahlrunde ab – eine, die vielleicht doch den Republikanern die Kontrolle über die drei Regierungszweige gibt. Wie kann man sich diesen Zustand erklären?

Das geht weit über Wirtschaft hinaus: Es hat mit Werten zu tun. An diesem Punkt haben die Republikaner einen entscheidenden Vorteil, denn eigentlich respektieren die Menschen die Demokraten für ihre Offenheit gegenüber neuen Ideen, ihr Engagement für die Gemeinschaft und ihre Verteidigung von Toleranz und Persönlichkeitsrechten. Doch gerade jetzt, da Familien unter enormem Druck stehen, sind Wähler von dem Beharren der Republikaner auf Eigenverantwortung, Disziplin und darauf, Kindern den Unterschied zwischen Richtig und Falsch beizubringen, mehr beeindruckt. Die Wähler wollen, dass junge Menschen bestimmte Normen und Grenzen lernen; in dieser Hinsicht werden Demokraten jedoch allgemein als lax angesehen.

In den neunziger Jahren haben die Demokraten ihren Standpunkt bezüglich dieser Fragen verändert, doch hat der zweijährige Streit um Clintons Amtsenthebung diese Weiterentwicklung untergraben. Zu einer Zeit, da die Wählerschaft zunehmend offen gegenüber den Demokraten als Partei mit vernünftigen Anliegen ist, hat die Partei im Kampf um Werte an Boden verloren.

Auf diesem Gebiet muss man sich nicht verstecken. Damit die Progressiven Amerikas Werte wieder entdecken, brauchen sie nicht die rechte Version der „Familienwerte" zu übernehmen. Den Rechten ist die sich verändernde Rolle der Frau zuwider, ganz zu schweigen von Abtreibungsrechten und sexueller Freiheit. Doch während Amerikaner über den Moralverfall bestürzt sind, haben sie auch ihre Vorbehalte gegenüber Lösungen, die Familie eng definieren oder die eine unitarische Vision religiösen Glaubens aufdrängen wollen.

Das öffentliche Unbehagen mit der Rechten gibt jenen Progressiven eine Möglichkeit, wieder in die Wertedebatte einzusteigen. Wähler wollen politische Führer, die die Familie ins Zentrum politischer Diskussion stellen, und die sich einer politischen Agenda widmen, die den Familien bei ihren unzähligen Herausforderungen hilft. Sie fühlen sich zu Demokraten hingezogen, die den religiösen Glauben der Familie respektieren, an persönliche Verantwortung glauben, und die Vielzahl der sozialen und ökonomischen Kräfte verstehen, die die Familien belastet.

Ein progressiver, sich auf die Familie konzentrierender Diskurs über Werte würde es den Wählern erleichtern, auf Demokraten in sozialen und ökonomischen Fragen anzusprechen, bei denen diese offenbar einen Vorteil haben. Ein solcher Diskurs könnte das Machtverhältnis im Lande ändern.

Das Aufkommen demokratischer Werte

Die historischen Schlachten der Sechziger und Siebziger erweiterten die Rechte der Schwarzen, der Frauen und der Schwulen, hinterließen jedoch auch eine Narbe: die anscheinende Gleichgültigkeit der Linken hinsichtlich Eigenverantwortung. Diejenigen, die das Richtige taten, nämlich hart arbeiten und ihre Familie ernähren, besaßen in der demokratischen Welt der Werte keine besonderen Tugenden. Seit mehr als drei Jahrzehnten schon haben Konservative Krieg gegen die Werte der Sechziger geführt. Eine große Mehrheit der Amerikaner hat in den Achtzigern die konservative Kritik übernommen, wenn ihnen auch gleichzeitig widerstrebte, die Vorstöße der Frauen und Minderheiten zurückzunehmen. Für die Rechte und einen großen Teil des Landes verkörperte Ronald Reagan die Nostalgie für vernachlässigte Werte.

Der Clinton-Wahlkampf von 1992 und die demokratische Führungsspitze konzentrierten sich auf dieses Thema der vernachlässigten Werte. Sie wollten, dass Demokraten sich für Verantwortung sowie Chancen einsetzen. Während Clinton ein ehrgeiziges Investmentprogramm anbot, schlug er zugleich die Reform des Wohlfahrtsstaates vor, unterstützte die Todesstrafe und versprach Steuererleichterungen für den Mittelstand sowie ein deutliches Bemühen, die Defizitausgaben zu reduzieren. Er bestand darauf, dass Demokraten für Chancen und Möglichkeiten stehen, aber Verantwortung als Gegenleistung wollten, und das auf allen Ebenen – vom obersten Geschäftsführer bis zur von Sozialhilfe lebenden Mutter.

Demokraten waren dabei, Teil dieser familienzentrierten Wertedebatte zu werden, als Monika Lewinsky und ein Klüngel von Anti-Clinton Gruppen des rechten Spektrums das Rampenlicht auf sich zogen. Zwei Jahre lang war das Land gezwungen, sich mit dem privaten Sexualverhalten des Präsidenten und seiner öffentlichen Verteidigung auseinanderzusetzen. Die Demokraten retteten Clintons Präsidentschaft und erzielten sogar Gewinne in der Wahl nach seiner ersten Amtsperiode 1998, aber dies auf Kosten ihres Images, denn wiederum wurden sie mit der Unverantwortlichkeit à la 60er gleichgesetzt.

Man kann den Schaden an kürzlich durchgeführten Meinungsumfragen über Werte ablesen, zum Beispiel einer, die Anfang des Jahres durch das Democracy Corps erstellt wurde, einer unabhängigen Organisation, die gegründet wurde zwecks strategischer Forschung für die Demokraten in der Zeit nach dem Amtsenthebungsverfahren gegen Clinton. Im weitestgehenden Sinne war die Frage: Welche Partei teilt Ihre Werte? Demokraten folgen Republikanern mit vier Punkten (36 % gegenüber 40 %) bei der Wählerschaft als ganzes, mit 15 Punkten bei weißen Wählern und bei alarmierenden 25 Punkten bei weißen verheirateten Wählern. Das Problem der Werte bei den Demokraten vertieft sich, wenn man sich die Einzelheiten ansieht. Demokraten folgen Republikanern mit 18 Punkten hinsichtlich des Wissens um Richtig und Falsch, mit 24 Punkten bei Eigenverantwortlichkeit und mit 33 Punkten bei Disziplin. Demokraten werden als weniger interessiert angesehen, wenn es darum geht, den Menschen beizubringen, dass gewisse antisoziale Handlungen einfach nicht erlaubt sind. Hingegen treten die Republikaner, so meint man, für eine Art Individualismus ein, der gelernte Normen verlangt, persönliche Verantwortung und Selbstbeschränkung.

Geht es daher um das Verstehen der Herausforderungen des Eltern-Seins und das Bedürfnis, dass Kinder Respekt erlernen, ist es wahrscheinlicher, dass die Öffentlichkeit zu den Republikanern blickt: 42 % der Befragten denken, Republikaner verstünden das Bedürfnis, die Familie zu stärken, verglichen mit 28 %, die dieses über die Demokraten denken, einer anderen Umfrage zufolge.

Für viele sind internalisierte Grenzen oder Normen von Richtig und Falsch von einer religiösen Weltsicht inspiriert. Von den westlichen Industrieländern beachten am meisten die Amerikaner religiöse Feste, d. h. zwei Fünftel besuchen die Kirche oder Synagoge mindestens einmal pro Woche und zwei Drittel gehören einer Gemeinde an. Zwei Drittel der Befragten glauben, dass Religion auf alle bzw. die meisten der heutigen Probleme eine Antwort hat.

Doch auch hier gibt es einen parteilichen Unterschied. In einem 2:1-Verhältnis tendiert die Öffentlichkeit dazu, die Republikaner mit dem „Glauben an Gott" zu assoziieren (40 % zu 22 %). Unter der weißen Wählerschaft unterstützen die meisten säkular orientierten Wähler die Demokraten mit mehr als 2:1, doch die zahlreicheren regelmäßigen Kirchgänger unterstützen die Republikaner im gleichen Verhältnis.

Wen wundert es also, dass die Wähler am Vorabend der 2000er Wahl von den Demokraten abrücken, auch wenn Demokraten den besseren Regierungsansatz haben.

Das Problem der Werte

Die Rechte ist bereit, Amerikas kampfbereiten Familien zu helfen, doch wie? Indem Nachgiebigkeit und nicht-traditionelle Geschlechterrollen attackiert werden, indem sich auf Charakter konzentriert wird und indem für eine besondere Vision religiösen Glaubens und Institutionen geworben wird. Die Konservativen haben die Linke an den Rand gedrängt, und damit Platz wettgemacht.

Die amerikanische Öffentlichkeit denkt jedoch über Werte nicht wirklich in solch engen Schemata. Die Menschen wollen ein besseres Leben für ihre Familie ohne den Fortschritt bei Toleranz und Zivilrechten über Bord zu werfen. Der Vorsitzende des Middle Class Morality Project, Alan Wolfe, bemerkt hierzu, die Menschen würden sich Sorgen darüber machen, dass die sich ändernde Familienstruktur den Kinder nicht gut bekommen ist, dass sie aber gleichzeitig nicht erpicht darauf sind, den Gewinn an persönlicher Autonomie und Möglichkeiten für Frauen aufzugeben.

Eltern machen sich in jedem Fall Sorgen über den Zusammenbruch von Regeln und Disziplin. In einer landesweiten Umfrage sagten 45 %, dass das größte Problem für Familien heutzutage darin besteht, Kindern Regeln und Respekt beizubringen (laut 39 % ist die Qualität der Schulen das größte Problem). 77 % drückten ihre Besorgnis darüber aus, dass Kinder in amerikanischen Schulen nicht mehr sicher sind.

Größtenteils stehen diese Besorgnisse in Verbindung mit Zeit und Arbeitsdruck und gemäß einer anderen nationalen Erhebung sorgen sich 45 % sogar sehr, dass Eltern „aufgrund von Arbeit und anderen Belastungen nicht genug Zeit für die Kinder haben." Die große Mehrheit der Öffentlichkeit meint, dass die sich verändernde Rolle der Frau und des Mannes es erschwert haben, Kinder großzuziehen und eine Ehe erfolgreich zu führen.

Dieses sind keine von der Rechten künstlich geschaffenen Anliegen. Bei mehr alleinerziehenden Haushalten und mehr Haushalten, in denen beide Elternteile arbeiten, gibt es mehr „Schlüsselkinder". Die Menschen haben wirkliche Sorgen um das Familienleben und suchen nach Hilfe – bei anderen Eltern, der Gemeinschaft, der Kirche, Schulen und sogar der Regierung. Haben Progressive diesen Familien etwas zu sagen?

Fortschrittliche Ansätze

Viele Progressive haben das und es gibt drei Lehrmeinungen unter denen, die über Werte nachdenken. Die ersten zwei dieser Meinungen sind wohl etabliert. Die Dritte, die sich klarer um familiäre Belange dreht, spiegelt die von den Demokraten und Progressiven unterstützte Politik wider, allerdings werden hier nicht immer Werte als solche auch ausgedrückt. Diese dritte ist es, die mehr herausgestellt werden muss.

Eine der etablierten Haltungen betont materielle Werte. Ein glaubwürdiger Ansatz, dargelegt in dem Buch „America's Forgotten Majority: Why the White Working Class Still Matters" von Ruy Teixeira und Joel Rogers. Die Autoren argumentieren auf überzeugende Weise, dass die Demokraten ihre Mehrheit durch den Verlust der Unterstützung der weißen Arbeiterklasse eingebüßt haben, insbesondere der Männer. Demokraten beeilten sich dann, um die soccer moms (Mütter, die sich ausschließlich um Kinder und ihre Familie kümmern) zu kämpfen, vergaßen dabei aber die weißen Arbeiter, deren Einkommen gesunken waren und die mit der Unsicherheit der neuen Wirtschaft zurechtkommen mussten.

Diese Wähler, so Teixeira und Rogers, bringen wichtige Werturteile in ihre politischen Entscheidungen ein. Diese Urteile sind „tiefe und weithin geteilte Überzeugungen zu Chancen und Möglichkeiten, gerechtem Lohn für Anstrengung, der zentralen Bedeutung harter Arbeit, individueller Leistung und sozialem Engagement." Diese Werte sind eng verknüpft mit Arbeit und Einkommen. Das Augenmerk auf diese „materiellen Werte" zu legen, wird ein wichtiger Teil jedweden Bemühens um eine demokratische Mehrheit sein. Der Öffentlichkeit ist in der Tat wohler bei dieser Betonung des Materiellen als einer, die strikt auf moralischem Charakter und Religion liegt. Einer landesweiten Umfrage zufolge bevorzugten Wähler mit überwältigender Mehrheit einen demokratischen Kandidaten, der „Familien mit genügend Einkommen und bezahlbarer Gesundheitsvorsorge und Bildung" betont, als einen republikanischen Kandidaten, der das moralische Klima schützen und „Religion eine größere gesellschaftliche Rolle zuraten" will.

Der Diskurs um materielle Werte ist noch immer von Glaube und Familie getrennt. Die parteiliche Sackgasse bleibt bestehen. Seit des Gingrich-Kongresses haben Demokraten einen Feldzug gegen Gesundheitswesen, Bildung und die Wirtschaft geführt und haben seither nur ein geringes Comeback geschafft. Das nationale politische Rennen bleibt festgefahren.

Es gibt auch eine starke progressive Tradition, die die Werte der sozialen Gerechtigkeit hervorhebt. In dieser Hinsicht haben die Demokraten heroische Schlachten zur Ausweitung der Rechte gefochten, und eigentlich bräuchte niemand den Demokraten etwas über Werte vorzuhalten. Tatsächlich jedoch ist die Schlacht um Werte und Gleichheit noch nicht beendet. Der Abgeordnete John Lewis, ein kampferprobter Bürgerrechtler, verkörpert diese Ansicht; es kommt auch in den Stimmen der afro-amerikanischen Geistlichen und vieler demokratischen Führer zum Ausdruck. In seinen Memoiren „Walking with the Wind" fordert Lewis die Progressiven auf, den Kampf für eine „Humanisierung" des politischen Systems fortzuführen, welches noch immer auf die Eliten und die Wohlhabenden hört, und nicht auf die „Armen, Kranken und Entrechteten." Dieses Land bleibt durch Rasse und Klasse geteilt, auch wenn diese Tatsache durch den gegenwärtigen Aufschwung verschleiert wird: „Ein ganz paar wenige, die sichtbar und üppig einen Exzess ausleben, während der Rest des Landes in Angst und Furcht lebt … zwei Gesellschaften, immer weiter auseinander treibend."

Lewis, der explizit auf die Lehren des Bürgerrechtskampfes Bezug nimmt, erinnert uns an eine notwendige Förderung sozialer Gerechtigkeit und Gleichheit heutzutage. Die Antwort, seiner Meinung nach, ist sowohl ein materielle als auch spirituelle Investment in unsere jungen Leute, durch die Bemühungen der Basis entzündet, um die Regierung zum Handeln zu bewegen. Lewis fordert eine „Revolution der Werte. Eine Umkehr der Einstellungen."

Der Marsch für Fairness und Gleichheit, Gemeinschaft und soziale Verantwortung, Toleranz und Veränderung, sowie individuelle Freiheit und Privatsphäre hat die Gewinne der Demokraten bei Wählern der Minoritäten, Berufstätigen und gut gebildeten Frauen gefestigt. Die Affirmation dieser Werte wird auch weiterhin den republikanischen religiösen Konservatismus in vielerlei Hinsicht in die Defensive drängen. Diese Werte jedoch nur zu bestätigen, wird nicht direkt die momentanen Belange der Familien ansprechen. Es wird keine einzige neue Wahlgleichung schaffen, die das derzeitige Gleichgewicht der Kräfte bei Wahlen ändern könnte. Dafür braucht es ein neues Element.

Familienzentrierte Werte

Mehr Progressive haben zu verstehen begonnen, dass das zukünftige progressive Programm sich nicht bloß auf das Arbeitsleben der Menschen konzentrieren muss, sondern auf ihre Familienleben. Theda Skocpol bietet in ihrem Buch „The Missing Middle" dazu die bislang klarste Formulierung: Sie schlägt eine neue Politik vor, die sich um die „Schwierigkeiten arbeitender Mütter und Väter dreht, insbesondere denen, die nur über bescheidene Mittel verfügen." Die größte Herausforderung bei diesen Schwierigkeiten ist, „die Eltern besser zu unterstützen", und das in einer Gesellschaft, die die Familie untergräbt und abwertet. Skocpol argumentiert, dass „die meisten Amerikaner sich über die materiellen Umstände als auch das moralische Klima für das heutige Familienleben Sorgen machen." Sie sind empfänglich für progressive Politik, die zu einer progressiven Mission für Eltern werden kann: ausgeweitete und intergenerationale Anwendung der sozialen Sicherung, gesicherte Unterstützung für Kinder, bezahlbare Jugendfürsorge, eine stetig wachsende medizinische Versorgung und universale Inanspruchnahme von Urlaub bei Krankheit in der Familie.

Ihr soziales Ziel ist die Stärkung der Eltern, so dass diese ihre Kinder besser unterstützen und sie moralisch leiten können. Ihr politisches Ziel ist es, den Eltern soziale Unterstützungen bereitzustellen, da auf ihnen sehr viel gesellschaftliche Verantwortung lastet. In Hinblick hierauf bewegen die Probleme, denen sich Familien gegenübersehen, die Gemüter der Progressiven und geben unserem Diskurs Gestalt. Wie gehen Familien mit zunehmendem Arbeitsdruck und erhöhter Arbeitszeit um, ohne ihre Verantwortung zu vernachlässigen? Wie finden Familien gute und sichere Gemeinschaften und Schulen? Wie können Kinder lernen? Ebenso, wie lernen sie persönliche Verantwortung und Respekt für andere? Wie sichern die Menschen ihren Ruhestand und halten gleichzeitig eine Familie zusammen, die dann mit den intergenerationalen Aufgaben umgehen kann, die dem Älterwerden zu eigen sind?

Als erstes müssen Demokraten die religiösen Traditionen innerhalb ihrer Partei anerkennen. Einige ihrer ältesten Befürworter – Afro-Amerikaner, Katholiken und Latinos – stellen religiösen Glauben und Praxis in den Mittelpunkt ihres familiären Lebens. Von der baptistischen und der afrikanischen methodistisch-episkopalen Kirche in Chicago über evangelische Kirchen in Los Angeles bis hin zu katholischen Kirchen in Detroit und Milwaukee, praktizieren diese Amerikaner die Lehren persönlicher Verantwortung und Pflicht anderen gegenüber, insbesondere den Benachteiligten. Demokraten sollten sich angesichts dieser Praxis wohl fühlen. Die progressive Linke hat eine stolze Tradition, die in den sozialen Prinzipien und den sozialen Lehren der katholischen Kirche wurzelt. Überdies sind Amerikaner religiös, doch sind sie es nicht in der Art und Weise, wie es die Rechte meint. Die moderate Mitte will Werte oder Glaube nicht politisieren. Sie will den Glauben als Quelle für Werte und möchte, dass sich Regierungsbeamte solch einen Glauben zu eigen machen. Sie will jedoch nicht die Freiheit der Glaubensausübung beeinflussen – sie will Werte anderen nicht aufdrängen.

Auch Progressive müssen die Familie wiederentdecken. Seit knapp drei Jahrzehnten hat es die Linke versäumt, der zentralen Bedeutung der Familie Rechnung zu tragen, speziell bei Haushalten mit beiden Elternteilen. Die Linke muss es sich erlauben, den Nutzen eben dieser Familien für Kinder zu erkennen. Demokraten müssen den Wert einer solchen Familienstruktur schätzen lernen, auch wenn sie zur gleichen Zeit ihre Bemühungen im Interesse alleinerziehender Familien verdoppeln, deren Schwierigkeiten ungleich härter sind.

Die Wähler fühlen sich am meisten von den Werten eines Kandidaten angezogen, wenn er oder sie sich für Fragen ausspricht, die explizit mit den Bedürfnissen der Familie verknüpft sind – besonders Gesundheitsvorsorge, Bildung, Sicherheit und Alterssicherung. Wie die landesweite *Democracy-Corps*-Studie zeigt, fühlen sich Amerikaner zu Kandidaten hingezogen, die eine bezahlbare Gesundheitsvorsorge (64 %), das Bildungssystem (61 %), sichere Gemeinschaften (58 %) und Ruhestand für ihre Eltern (57 %) herausstellen. Die am wenigsten attraktiven Kandidaten sind, laut Studie diejenigen, die eindringlich eine größere Rolle für die Religion in der Gesellschaft verfechten, beispielsweise beginnend „mit der Wiedereinführung des Gebets an den öffentlichen Schulen" (nur mit 43 % Zustimmung). Den Menschen ist nicht wohl bei Politikern, die durch diese Wertedebatte durchhetzen, indem sie einen Bedarf an mehr Religiosität hinaustrompeten.

Noch ein Beispiel: Wenn Leute gefragt wurden, welchen Kandidaten sie im Hinblick auf Werte bevorzugen – einen Republikaner, der ein moralisches Beispiel setzt und der Religion eine größere Rolle in der Gesellschaft zukommen lassen will oder einen Demokraten, der sagt, „junge Leute lernen keinen Respekt für Regeln, deshalb sollten wir kleinere und sichere Klassenzimmer schaffen, indem es mehr Disziplin und höhere Standards gibt" – da gewinnt der Demokrat mit 51 % zu 31 %.

Es stellt sich also heraus, dass, um bei den Werten zu gewinnen, der beste Weg nicht das Hineindrängen von Religion in öffentliche Räume ist, sondern Rahmenbedingungen zu schaffen, die Eltern bei ihrer Arbeit helfen und die Orte zu verbessern, an denen Werte gelernt werden können. Das Klassenzimmer ist ein solcher Ort, an dem Demokraten gegenwärtig mehr Glaubwürdigkeit besitzen, als es Republikaner tun.

Demokraten können ihre eigene Stimme bei Werten finden, auch in einer Zeit, wenn viele Wähler nach einer Rückkehr zu moralischen Werten suchen, einer gestärkten Familie und Normen individueller Verantwortung. Um gehört zu werden, müssen Demokraten religiöse Traditionen in Ehren halten, die Richtig und Falsch lehren, Disziplin, Verantwortung und Respekt. Demokraten müssen die Familie wieder entdecken, wo Kinder aufgezogen werden und ihre Lektionen und Werte erlernen. Und schließlich müssen Demokraten ihre Motivation im öffentlichen Bereich deutlich machen, nämlich Politik zu fördern, die den Menschen dabei hilft, ihre Hoffnungen und Träume für ihre eigenen Familien zu realisieren.

Donna L. Brazile

Der Wert moderner politischer Parteien
Eine amerikanische Perspektive

Die beiden großen amerikanischen Parteien sind in einer Phase, in der die Wahlergebnisse immer schlechter ausfallen. Um die ausgefahrenen Gleise der herkömmlichen politischen Institutionen zu schützen und die gewählten Vertreter, die in ihrem Amt immer unnahbarer werden, zu verteidigen, haben sich die beiden großen amerikanischen Parteien der Gruppen und Verbände angenommen, die spezielle Interessen und bestimmte Themen vertreten.

Die modernen Parteien spielen in der amerikanischen Politik nach wie vor eine führende Rolle. Sie wählen die Kandidaten für die öffentlichen Ämter, mobilisieren ihre Basis oder Stammwähler und vermitteln eine Botschaft, die auch bei den unabhängigen oder Wechselwählern im gesamten politischen Spektrum auf Widerhall stoßen soll. Doch sowohl die Demokratische als auch die Republikanische Partei müssen heute immer mehr um Anerkennung und Unterstützung bei der Wählerschaft ringen.

Wenn die beiden großen Parteien überleben und gewappnet sein wollen, um im 21. Jahrhundert Wahlen zu gewinnen, müssen die Demokratische und die Republikanische Partei dazu beitragen, eine neue Ära der amerikanischen Politik einzuleiten, indem sie das Vertrauen der Wähler in das Zweiparteiensystem wieder herstellen. Sie müssen nach neuen Wegen suchen, um die parteiunabhängigen Wähler für sich zu gewinnen, und sie müssen ihre engen Bindungen zu bestimmten Interessengruppen aufgeben.

Die Vertrauenskrise

Seit der Mitte der sechziger Jahre befindet sich das Zweiparteiensystem in einer ernsthaften Vertrauenskrise. Das führte sowohl bei der Präsidentschaftswahl als auch bei den anderen Wahlen zu einer Verringerung der Wahlbeteiligung, einem Aufschwung dritter Parteien auf bundesstaatlicher und kommunaler Ebene und einer Verschiebung der Identifizierung der Neuwähler mit den Parteien. Um dieser Krise entgegenzuwirken, wendeten die beiden großen amerikanischen Parteien enorme Mittel auf, um eine immer kleinere Gruppe von Wählern zu erreichen, die dazu tendieren, ihre Stimme von einer Wahl zur anderen für eine andere Partei abzugeben.

Die Folge war, dass sich die beiden großen Parteien aggressiv darum bemühten, Brücken zu diesen unabhängigen oder Wechselwählern zu schlagen. Die Strategie ist einfach: Die Kandidaten für die kommunalen und bundesstaatlichen

Wahlen spielen ihre Parteimitgliedschaft herunter und lenken die Aufmerksamkeit der Wähler eher auf einige persönliche Eigenschaften, auf das Leben des Kandidaten, bevor er in die Politik eintrat, und auf wertespezifische Themen, als dass sie kontroverse Themen angehen. Dieser neue Ansatz funktionierte bei der Republikanischen Partei 1994, als der ultrakonservative Kandidat des rechten Flügels gegen „Washington" antrat, um zum ersten Mal seit über 40 Jahren die Kontrolle über das Repräsentantenhaus zu erlangen.

Die politischen Strategen und Mitarbeiter der Demokratischen Partei, die im 20. Jahrhundert hauptsächlich an der Macht war, konzentrierten sich darauf, die Wechselwähler für bestimmte Themen wie Wirtschaft, Bildung und Umwelt zu gewinnen, die einen unmittelbaren Einfluss auf die Lebensqualität haben. Dennoch setzten beide Parteien in ihrer Strategie die traditionelle Botschaft „wir stehen gegen spezielle Interessen auf Ihrer Seite" ein, um zu diesen Wählern eine emotionale Beziehung aufzubauen, und sie nutzten die alte Methode, zu versprechen, die entscheidenden Dienstleistungen auf regionaler und kommunaler Ebene zu gewährleisten.

Dass die Republikanische Partei 1994 die Kontrolle über das US-Repräsentantenhaus und den US-Senat gewann, lag zum Teil an ihrer nationalen Botschaft und der Medienstrategie („Contract with America"), war aber in erster Linie eine unmittelbare Folge der geringen Wahlbeteiligung (siehe Tabelle 1).

Seit den Präsidentschaftswahlen 1960 hat sich die Wahlbeteiligung bei den Wahlen zum Kongress in der Mitte der Präsidentschaftslegislaturperiode für beide Parteien dramatisch verringert. Durch diese Vertrauenskrise bezüglich der beiden großen amerikanischen Parteien ist meines Erachtens den Verantwortlichen klar geworden, dass sie ihren Kurs ändern und neue Taktiken einsetzen müssen, um das Vertrauen der Wähler in den politischen Prozess wieder herzustellen. Die Wahlbeteiligung in Amerika befindet sich dennoch in einer bedenklichen Phase. Wenn die Beteiligung der Bürger erhöht und der politische Stillstand überwunden werden sollen, damit regierungsfähige Mehrheiten zustande kommen, müssen die beiden großen Parteien zu ihren Grundlagen zurückkehren.

Neue Taktiken – alte Mittel: Die Organisation der Basis

In der zweiten Hälfte des 20. Jahrhunderts und während der letzten US-Präsidentschaftswahlen 1992, 1996 und 2000 starteten die beiden großen amerikanischen Parteien neue Initiativen, um auf die Parteimitarbeiter und Wähler zuzugehen.

Zu diesen Initiativen gehörte die Übertragung automatischer Botschaften unter Einsatz der Stimmen des Kandidaten oder seiner Frau, prominenter Wahlkampfführer oder berühmter Persönlichkeiten, um die unentschlossenen Wähler direkt und persönlich anzusprechen und die Basis zu mobilisieren. Eine weitere Taktik, die von den politischen Experten bevorzugt angewandt wird, ist die

Übertragung von Botschaften per Fax oder über spezielle Internetseiten. Diese Informationen dienen dazu, die Wähler aufzuklären und zu motivieren, sofort auf ein Thema zu reagieren oder die Wähler zu den Wahlkampfveranstaltungen einzuladen. Alle diese Methoden haben zusammen mit den traditionellen Kontaktaufnahmen über E-Mail und telefonische Datenbanken die Basis der Partei vergrößert und die Beziehung zu den lokalen und regionalen Parteigliederungen gestärkt.

Während des Präsidentschaftswahlkampfes Clinton-Gore 1992 hielten die führenden Wahlkampfmanager täglich Sitzungen durch moderne Telefonkonferenzen ab. Zum ersten Mal waren die Leiter der Wahlkampfzentralen, die Mitglieder auf Wahlkampftour und die Mitarbeiter vor Ort alle miteinander vernetzt, um gemeinsam eine Strategie zu entwerfen und auf die Angriffe der Opposition zu reagieren. Der ehemalige Präsident Bill Clinton und der ehemalige Vizepräsident Al Gore nahmen an diesen Konferenzschaltungen teil. Dabei sprachen sie nicht nur mit dem eigenen Personal, sondern sie nutzten diese Technik auch, um sich an Hunderte möglicher Sympathisanten und anderer freiwilliger Wahlkampfhelfer zu wenden.

Im Zuge der Entstehung und der Effektivität des Internets, das sich bei den politischen Kandidaten zunehmender Beliebtheit erfreut, haben sich die beiden großen Parteien eifrigst darum bemüht, aktualisierte Daten der Wähler zu erhalten, um ihre E-Mail-Datenbanken einzurichten. Das Internet ist auch ein interessantes Mittel für die Darstellung der Kandidaten und Kleinspenden („small dollar donations") geworden. Die Mitarbeiter sowohl der Demokratischen als auch der Republikanischen Partei entschlossen sich schließlich, aggressivere Strategien unter Einsatz der modernen Technologie und neuer politischer Strategien anzuwenden, um die Wähler zu erreichen. Die Organisation der Basis und die Aktivitäten vor Ort entwickeln sich im politischen Wahlkampf schnell zu einem beliebten und kostenwirksamen Mittel, um den Kontakt zu den Wählern vom Beginn der Kampagne bis zum Wahltag aufrecht zu erhalten. Bei den Präsidentschaftswahlen 2000 wurde zum ersten Mal seit zwei Jahrzehnten eine Zunahme der prozentualen Wahlbeteiligung verzeichnet. (Siehe Tabelle 3).

Die gesteigerte Mobilisierung der Basis durch die Partei hat wieder das Gefühl verstärkt, dass die beiden großen Parteien die Wähler dort erreichen wollen, wo sie leben, arbeiten, spielen, einkaufen oder beten. Die demokratischen Kandidaten und Mitarbeiter nutzten diese neuen Instrumente, um die Modernisierung des Parteiapparates – durch „Coordinated Campaigns" – von unten (Schulleitung, Stadtrat, Polizeichef und Richter in den Kommunen) nach oben (Gouverneur, Kongress und Präsident) zu fördern.

Die „Coordinated Campaigns", die nach der Wahlperiode 2002 verboten werden, spielten bei den politischen Aktionen Gore-Lieberman und Bush-Cheney eine große Rolle. Zum ersten Mal seit Jahrzehnten wetteiferte die Republikanische Partei unter Leitung von Karl Rove, dem erfahrenen politischen Strategen und leitenden Wahlkampfberater von Bush, mit der Demokratischen Partei um die Unterstützung an der Basis. Die Demokraten führten in ihren „Coordinated Campaigns" in den umkämpften Staaten (wo es ein Kopf-an-Kopf-Rennen von Bush und Gore gab) folgende Aktionen durch:

40.195.024 Postsendungen, in Form von Briefen oder Postkarten
13 Millionen freiwillige Telefonanrufe
3.510.772 Telefonanrufe bei Wählern („voter ID phone calls")
35.448.093 Telefonanrufe, um für die Stimmabgabe zu werben („GOTV")
Über 100.000 am Tag der Wahl landesweit eingesetzte freiwillige Helfer
Über 50.000 Stimmenwerber, die ältere und andere Bürger zur Wahl begleiteten
Über 10 Millionen automatische Telefonanrufe
8 Millionen Wähler, die Online kontaktiert wurden

Diese Zahlen verdeutlichen den aggressiven Kontakt zu den Wählern und die von der Demokratischen Partei und ihren regionalen und kommunalen Verbündeten im Jahre 2000 durchgeführten Aktivitäten, um die Präsidentschaftswahlen zu gewinnen und den US-Senat und Sitze im US-Repräsentantenhaus zurückzugewinnen. Die Demokraten gewannen auch viele regionale und kommunale Ämter im ganzen Land. Trotz dieses neuen Erfolgs und der Ressourcen, die aufgewendet wurden, um die wichtigsten Aktivitäten an der Basis zu finanzieren, setzten die beiden großen Parteien zusätzliche Mittel und Personal ein, um eine breite Unterstützung durch ihre politischen Verbündeten auf der linken oder rechten Seite und gemeinnützige Interessengruppen (NRO) zu erhalten. Diese Verbündeten und Organisationen stellten den Parteien zwar gewaltige Ressourcen zur Verfügung, verlangen dafür aber auch die Beachtung ihrer Themen, wodurch die gemäßigten Wähler oft abgeschreckt werden.

Die beiden großen Parteien und die Kraft der Überzeugung

Die wachsende Rolle und Stärke der Interessengruppen, deren Anliegen vom Recht auf Abtreibung bis zum Waffenbesitz reichen, und die strategische Rolle der Arbeitnehmer- und Unternehmervereinigungen treten auf der politischen Bühne immer deutlicher zutage. Diese Gruppen verfügen nicht nur über ein moralisches Gewicht und stark ausgeprägte organisatorische Fähigkeiten, sondern sie helfen den Parteien, die Botschaften nach innen und außen an die Wähler zu kommunizieren (die Botschaft nach innen richtet sich an eigenen Unterstützer, wohingegen die Botschaft sich an die allgemeine Öffentlichkeit richtet). In jeder Wahlperiode bringen sie auch erhebliche Geldsummen zugunsten der Parteien und ihrer Kandidaten auf. In den letzten beiden Jahrzehnten sind diese Gruppen in dem hohen Spiel der Politik zu bedeutenden Akteuren geworden. Ich würde sogar sagen, dass ihre Rolle im politischen Geschehen unverzichtbar geworden ist, um die beiden großen Parteien am Leben zu erhalten, zumal die Arbeitnehmerorganisationen der Demokratischen Partei und die Unternehmens- und Geschäftsverbände der Republikanischen Partei Geldmittel in Form von „soft money" zur Verfügung stellen, mit denen ein Großteil des Gesamtbudgets der Parteien abgedeckt wird und die politischen Aktivitäten und oft auch die Aktionen vor Ort finanziert werden.[1]

Die Gruppen haben zusammen mit ihrem Geld und ihren Freiwilligen die beiden großen Parteien „überzeugt", ihre politischen Ziele und Botschaften zu unterstützen. Die Demokraten „kämpfen für die arbeitenden Familien", wogegen die Republikaner „Steuersenkungen" als Lösung für fast jedes Problem vorschlagen, vor dem die USA stehen.

Der wachsende Einfluss gemeinnütziger Interessengruppen stößt bei einigen Wählern auf Widerstand, die glauben, dass die beiden großen Parteien dadurch ihre politische Unabhängigkeit und mutige Botschaften einbüßen. Diese Erscheinung trägt wiederum zu einer sinkenden Wahlbeteiligung und einem geringeren Engagement der Bürger für die beiden großen Parteien bei. Einige Mitglieder und Funktionäre dieser beiden Parteien haben zwar auf lokaler Ebene andere Wege gefunden, um die politischen Aktivitäten vor Ort zu fördern, aber die Interessengruppen, die sich für ein bestimmtes Thema einsetzen, gewinnen weiterhin an Gewicht und entwickeln sich zu Hauptakteuren bei den „Get-Out-the-Vote-Aktionen", mit denen die Wähler zur Stimmabgabe bewegt werden sollen, während die Leute in den Parteizentralen beschäftigt sind, Finanzierungsmöglichkeiten und freiwillige Helfer zu finden.

In welche Richtung bewegen wir uns nun?

Am Dienstag, den 5. November 2002 haben die Wähler in den Vereinigten Staaten die Möglichkeit, zur Wahl zu gehen. Das wird die erste große bundesweite Wahl seit den Präsidentschaftswahlen von 2000 sein, die erst zu Ende waren, nachdem der Oberste Gerichtshof die kontroverse 5:4-Entscheidung getroffen hatte, die Zählung der „under votes" in Florida einzustellen. Zusätzlich zu den 435 Mitgliedern des Kongresses und 34 von 100 Sitzen im US-Senat werden 36 Staaten ihre Gouverneure wählen, und in 46 Staaten finden bundesstaatliche Wahlen statt. Diese Wahl wird von den beiden großen politischen Parteien als wichtigster Prüfstein dafür betrachtet, ob sie in der Lage sind, ihre Wähler-

---

Anmerkung der Redaktion: Das US-amerikanische Politiksystem unterscheidet bei Spenden an Kandidaten zwischen „hard money" und „soft money". Ersteres unterliegt strengen rechtlichen Regeln, die zwischen den Staaten variieren. Das sogenannte „soft money" ist die weniger regulierte Variante, einem Kandidaten Geld zukommen zu lassen. Um sie dreht sich die Parteifinanzierungsdebatte in den USA: Die Spende geht an die Parteiorganisation und wird von dieser an den Kandidaten weitergeleitet. Sie unterliegt, vor allem was die Höhe des Betrags anbelangt, kaum bis gar keiner gesetzlichen Regulierung.

basis zu erweitern. Die Wahlkampfstrategie wird ganz anders sein, als die der letzten Wahlen zum Kongress, die 1998 stattfanden.

Die Demokraten, die größtenteils noch über den Ausgang der Entscheidung zwischen Bush und Gore entsetzt sind, müssen sich der Herausforderung stellen, ihre Stammwähler zu mobilisieren und gleichzeitig die unabhängigen Wechselwähler zu erreichen. Wie in der Wahlperiode 2000 werden diese Wechselwähler eine wichtige Rolle spielen, um den festgefahrenen politischen Betrieb in Washington wieder in Gang zu bringen.

Die Republikanische Partei, die von einem populären Präsidenten in Kriegszeiten angeführt wird, glaubt, dass sie ihre Basis auf der Grundlage von „Steuern und Terrorismus" mobilisieren kann. Um aber entscheidende Stimmen im ganzen Land zu gewinnen, muss sich die Republikanische Partei an die „Unabhängigen, die Älteren und die Frauen" wenden. Diese Wahlen werden ähnlich wie die Präsidentschaftswahlen 2000 möglicherweise durch einige wenige Stimmen entschieden. Der entscheidende Faktor ist die Wahlbeteiligung. Die Partei, die ihre Basis mit attraktiven Slogans und Themen anspricht, wird die Stimmung dominieren und die unabhängigen und gemäßigten Wähler anziehen. Die wachsende Gefahr, der sich die beiden großen Parteien jedoch stellen müssen, ist die politische Gleichgültigkeit.

Wenn die beiden großen Parteien ihre politische Strategie oder Wahlkampftaktik nicht ändern, werden sie erneut eine Verringerung der Wahlbeteiligung und eine Verschlechterung ihres Wahlergebnisses erfahren.

Wenn ich während des Wahlkampfes im mittleren Teil der USA bin, sagen mir die Wähler immer wieder, ich solle die „alten abgedroschenen Slogans" ablegen und wieder auf die Grundlagen zurückkommen. Diese Wähler sind es überdrüssig, die Versprechungen der Kandidaten anzuhören, dass sie die Schulen ausstatten, Brücken erneuern, die Parks säubern und den Mindestlohn anheben wollen. Sobald sie gewählt sind, verlassen sie sich dann auf das Spiel der Schuldzuweisungen, um die Aufmerksamkeit von der Tatsache abzulenken, dass sie keine großen Veränderungen zur Lösung der Probleme bewirkt haben.

Ich glaube, es gibt eine direkte Beziehung zwischen der Gleichgültigkeit der Wähler und ihrer Enttäuschung von den beiden großen Parteien. Es muss etwas geschehen, um das Vertrauen der Wähler in die politischen Parteien wieder herzustellen.

Die amerikanische Präsidentschaftswahl 2004 steht vor der Tür. Obwohl der Ärger von 2000 noch einige Jahre anhalten wird, wage ich die Voraussage, dass die Demokratische Partei 2004 einen Neuanfang machen und die Republikaner zwingen wird, einen gemäßigteren Weg in der öffentlichen Politik einzuschlagen, zu denen solche Themen wie Bildung und Umwelt gehören. Vielleicht wird eine neue Generation durch diesen Ansatz der stufenweisen Modernisierung der Partei angespornt, sich in die politischen Parteien einzubringen und dazu beizutragen, das Zweiparteiensystem wieder neu aufzubauen.

Die Wähler erwarten keine sanften, sondern mutige Botschaften. Sie wollen keine Halbherzigkeiten, sondern Überzeugung. Wenn die beiden großen Parteien im 21. Jahrhundert erfolgreich sein wollen, besteht die einzige Möglichkeit darin, dass sie den Menschen das bieten, was sie erwarten, nämlich Aufrichtigkeit, Klarheit und eine Zukunftsvision. Die Partei, die die Sorgen der Wähler aufgreift und eine kühne Vision und eine Botschaft entwickelt, die alle einschließt, kann den Niedergang an den Wahlurnen beenden. Eine solche Partei wird auch in der Lage sein, eine erfolgreiche Mehrheit zu gewinnen, um Amerika im 21. Jahrhundert zu regieren und zu führen.

Tabelle 1:
Wahlen zum Kongress: Tendenzen der Wahlbeteiligung der Parteianhänger

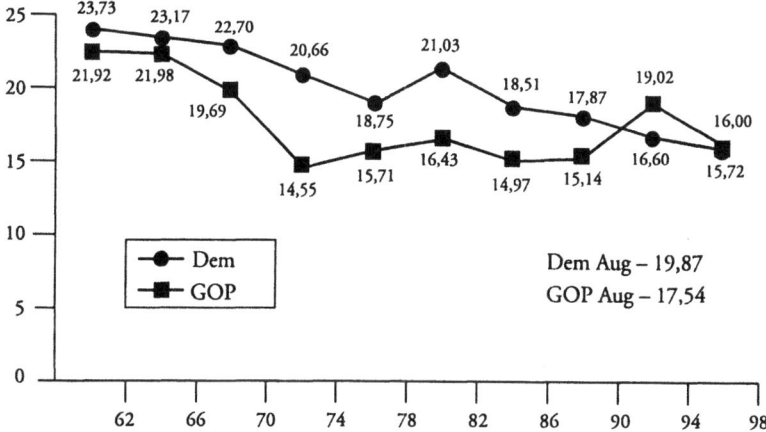

Quelle: Center for the Study of the American Electorate

179

Tabelle 2:
Wahlen zum Kongress: Wahlbeteiligung von 1962 bis 1998

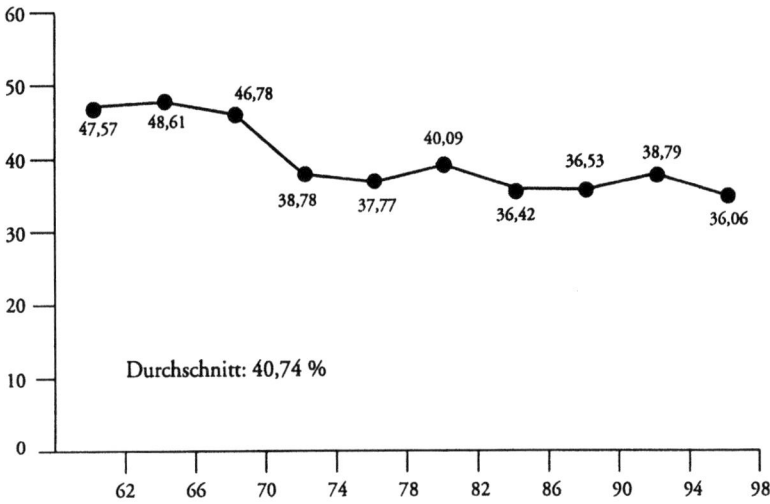

Quelle: Center for the Study of the American Electorate

180

Philip Gould

Der Kampf geht weiter

Eine Rede über die Linke nach dem Ende des Kommunismus, über Wut und Entfremdung, den Zynismus der Medien und die Wahlsiege der Zukunft

Vor neun Jahren, im Frühjahr 1993, machte ich eine Rundreise, die mich zu allen sozialistischen und sozialdemokratischen Parteien innerhalb der Europäischen Union führte. Ich war von der sozialistischen Gruppe des Europäischen Parlamentes mit der Koordination der Wahlkampagne für die im darauffolgenden Jahr stattfindende Wahl des Europaparlamentes beauftragt worden. Bei diesen Besuchen fiel mir auf, dass die Parteien den Zusammenbruch des Kommunismus zwar optimistisch beurteilten, sich jedoch pessimistisch über die Zukunft der Sozialdemokratie äußerten. In den meisten Parteien war man der Ansicht, dass die Konservativen in Inhalt und Aussage immer noch einen gewissen Vorteil für sich verbuchen konnten, und bei vielen hatte der Zusammenbruch des Kommunismus dieses Gefühl nur noch verstärkt. Dies führte zu einer Desorientierung der Linken, die davon ausging, dass die Rechte in gewisser Weise doch die Oberhand hatte.

Die Wurzel dieses Pessimismus lag in der Annahme, dass die Sozialdemokratie in der modernen Welt in zweierlei Hinsicht bedroht sei: Zum einen glaubte man, dass die Gesetze der Wirtschaft nicht mit denen der Gesellschaft zu vereinbaren seien, und dass der Aufbau einer starken Wirtschaft den sozialen Fortschritt gefährden würde. Diese Meinungen hörte ich regelmäßig und fast überall. Zum anderen befürchtete man das Entstehen eines Konfliktes zwischen der traditionellen, mittlerweile abnehmenden Stammwählerschaft aus der Arbeiterschicht und einer immer stärker werdenden Mittelschicht.

Zwar war der Fall der Berliner Mauer für die Linke ein Moment beispiellosen Jubels, doch löste er auch Ungewissheit und Angst um die Zukunft der Linken aus. Am Freudenhimmel zogen Wolken auf. Das Gefühl des Pessimismus war damals sehr ausgeprägt. Heute herrscht eine andere Stimmung.

Die damals aufkommenden Bedenken haben sich größtenteils als unbegründet erwiesen. Es hat sich gezeigt, dass der Zusammenbruch des Kommunismus die konservativen Parteien und weniger die Linke politisch manövrierunfähig gemacht hat. Der Kommunismus war für die Konservativen der – bröckelnde – Träger einer Architektur, deren gänzlicher Zusammenbruch viele ihrer Grundprinzipien überflüssig machte. Der Kommunismus hatte Völker in Ketten gelegt, auf der anderen Seite aber der Rechten einen Sinn und einen eindeutigen politischen Feind zugeordnet. Ohne den Kommunismus war es die Rechte und nicht die Linke, die auf verlorenem Posten stand.

Auch den mit dem Wandel einhergehenden politischen Herausforderungen konnte die Linke besser begegnen. Denn der moderne Bürger will keine starren politischen Lösungen, die eine Anpassung an veränderte Bedingungen erschweren. Gleichzeitig möchte sich jedoch auch niemand ungeschützt der Willkür des freien Marktes aussetzen. Heute brauchen die Menschen reformierte, progressive Parteien, die wandlungsfähig sind, sich für die Macht von Staat und Gesellschaft einsetzen und die Menschen für die Zukunft rüsten.

Auch besteht die Zweiteilung in eine alte Arbeiterklasse und eine neue Mittelschicht in dieser neuen Welt nicht mehr. Im Gegenteil, sie sind zusammengewachsen, weil sie sich gemeinsam den gewaltigen Herausforderungen des Wandels stellen müssen. Nicht die Arbeiterschicht oder die Mittelschicht, sondern alle brauchen ein funktionierendes Gesundheitssystem, gute Schulen und vor allem eine menschenwürdige Gesellschaft. Nur eine Gesellschaft mit festen und sicheren Werten kann den Einzelnen vor Straftaten und vor den Auswirkungen von Armut und sozialer Ausgrenzung schützen. Daher müssen wir allen Menschen dieselben Bildungschancen einräumen, denn sonst wird letztendlich keine Nation in der Lage sein, im internationalen Wettbewerb zu bestehen, und wir werden alle die Verlierer sein.

Heute ist es die Linke, die die Antwort auf viele Fragen hat, und die Konservativen verlieren zunehmend an Selbstbewusstsein.

Doch als ich im beginnenden Frühjahr des Jahres 1993 durch Europa reiste, wurden auch andere Bedenken an mich herangetragen. Schon damals deuteten klare Zeichen auf ein nachlassendes politisches Interesse der Menschen hin, insbesondere der jungen Menschen. Zu der Zeit handelte es sich noch weniger um ernste Bedenken, eher um Vorahnungen darüber, welche Konsequenzen diese Haltung haben werde. Doch es waren bereits die Vorboten einer neuen politischen Welt, die einen radikalen Umbruch mit sich brachte.

Genau diese Veränderung im Verhältnis zwischen Bürger und Regierung mit ihren konkreten Auswirkungen auf Wahlkampagnen und politische Inhalte beschäftigt mich heute.

Die neue Stimmung der Menschen ist von zwei an sich gegensätzlichen Regungen gekennzeichnet, zum einen Wut, zum anderen Gleichgültigkeit und Entfremdung. Der Begriff „Wut" steht in vielerlei Hinsicht für das politische Empfinden des vergangenen Jahres: Wut über die Benzinpreise, Wut über die Welthandelsorganisation, Wut über genmanipulierte Lebensmittel. Manche meinen, dass diese Wut ein Regieren schwierig, wenn nicht sogar unmöglich machen kann.

Noorena Hertz, Wissenschaftlerin an der Universität Cambridge, sagte einmal: „Der Verbraucher hat die Macht; die Politiker haben sie verloren, und die Unternehmen sind dabei, sie zu verlieren." Doch die Wut geht einher mit ihrem augenscheinlichen Antagonisten, Entfremdung und Gleichgültigkeit. Ich zitiere nun einige Aussprüche, die mir in ähnlicher Form immer wieder zu Ohren kommen:

„Ich glaube nicht, dass ich wählen gehen werde. Sie sind doch eh alle gleich."
(Junger Wähler aus dem Londoner Norden, November 2000)

„Politiker sind alle gleich, sie haben keine Ahnung, wie es im wirklichen Leben zugeht."
(Northhampton, November 2000)

„Ich höre nie auf sie. Sie sagen doch nur das, was wir ihrer Meinung nach hören wollen. Ich glaube nicht, dass es jemanden gibt, der sie wirklich ernst nimmt."
(Putney, September 2000)

„Sie setzen sich nicht wirklich auseinander. Wenn der eine „weiß" sagt, sagt der andere „schwarz". Das hat mit den eigentlichen Tatsachen nichts zu tun. Ich beachte sie gar nicht."
(Northhampton, November 2000)

„Die halten uns alle für dumm. Die würden uns alles Mögliche erzählen, damit wir sie wählen."
(Londoner Norden, November 2000)

Wut und Entfremdung – das sind die beiden Seiten der neuen politischen Welt. Es ist nicht möglich, sie zu verstehen, ohne ein Gefühl dafür zu entwickeln, wie die Menschen auf diese neue Welt der Veränderungen reagieren, in ihrem Dasein als Bürger, aber auch als Konsumenten.

Sehen wir uns zunächst einmal die außergewöhnlichen, umwälzenden Kräfte an, die auf die Menschen eingewirkt haben: In den letzten fünfzig Jahren hat sich die Zahl der traditionellen Kernfamilien im Vereinigten Königreich ungefähr halbiert. Der einfach auf räumlicher Nähe basierende Gemeinschaftsgedanke besteht nicht mehr und wird nach und nach ersetzt durch ein neues, kompliziertes Netzwerk von Beziehungen, die am Arbeitsplatz, in der Freizeit oder beim Einkaufen aufgebaut werden.

Mit der Auflösung der traditionellen Familien- und Gesellschaftsstrukturen gewinnt die Arbeit immer mehr an Bedeutung. Amitai Etzioni schrieb hierzu: „Die Menschen haben immer weniger Zeit für ihre Kinder, füreinander, für die Gemeinschaft und ehrenamtliche Tätigkeiten sowie für praktisch alles andere, was nicht in direktem Zusammenhang mit ihrer Arbeit steht." Ich glaube, dass der Arbeitsdruck und damit das Gefühl, immer härter für etwas arbeiten zu müssen und gleichzeitig immer weniger damit zu erreichen, ausschlaggebend ist für die gegenwärtige Stimmung in der Bevölkerung, und dies nicht nur in Großbritannien, sondern auch in Europa und in den USA.

Gleichzeitig leben wir in einer Zeit der kulturellen Unsicherheit. Schon für Erwachsene ist es unglaublich schwierig geworden, sicher zwischen Richtig und Falsch zu unterscheiden, von Kindern ganz zu schweigen. Die rasante Entwicklung der Technologie und insbesondere das Internet tragen ihren Teil bei zur Verunsicherung.

Kommen wir zu den Medien: Hier sind einige der umwälzendsten Veränderungen überhaupt vonstatten gegangen. Vor zwanzig Jahren wurde der Durchschnittsbürger mit nur 500 Werbeanzeigen am Tag konfrontiert, heute sind es 3.000. Noch vor einigen Jahren gab es in Großbritannien gerade einmal vier Fernsehsender, heute gibt es über 250 Privatsender. Am deutlichsten wird die Situation, wenn man sich klarmacht, dass 40 % aller Bürger Großbritanniens einen Internetanschluss besitzen. Man kann kaum glauben, dass eine einzige Ausgabe einer Wochenzeitung heute ebenso viele Informationen enthält, wie der durchschnittliche Mensch des 17. Jahrhunderts in seinem ganzen Leben aufnahm.

Das Medienangebot übersteigt mittlerweile bei weitem die Nachfrage. Nachrichten sind eine Ware und stehen nur in begrenztem Umfang zur Verfügung. Wenn es keine neuen Nachrichten gibt, müssen sie erfunden werden. Das bedeutet auch, dass die Zeitungen unter einem enorm großen Druck stehen, die ihnen zur Verfügung stehenden Nachrichten so schnell und so weiträumig wie möglich zu verbreiten. Verleger, Journalisten und Kolumnisten kämpfen nicht nur um Aufmerksamkeit, sondern auch ums Überleben. Wie von dem britischen Journalisten Will Hutton beschrieben, führt das dazu, dass „Zeitungen oder Zeitschriften, die sich Gehör verschaffen wollen, immer lauter schreien müssen als die anderen, was wiederum dazu führt, dass sich die Berichterstattung immer weiter auf noch intimere, noch aktuellere und noch persönlichere Einzelheiten konzentriert."

Wir leben im Zeitalter der Sensationsnachrichten. Das wiederum führt zu einer Kultur des Zynismus. Der amerikanische Wissenschaftler Stephen L. Carter beschreibt diesen Prozess am Beispiel der USA: „Der Zynismus ist der Feind der Zivilisation. Der Zynismus der Medien zeigt sich an der Bedeutung von Nachrichten. Es wird wenig über die eigentlichen Themen berichtet, stattdessen wird viel darüber berichtet, was Leute zu diesen Themen zu sagen haben. Die Massenmedien, die verrückt sind nach jeder Art von Kontroverse, legen ein besonderes Augenmerk auf die extremsten Stimmen, was die Bevölkerung gespaltener erscheinen läßt, als sie tatsächlich ist."

Aber die Medien machen beim Zynismus nicht Halt. In Großbritannien hat sich die Grenze zwischen Berichterstattung und Meinung verwischt. So kritisierte beispielsweise ein führender britischer Kolumnist in einem in der Times erschienenen Artikel die Aufteilung der amerikanischen Zeitungen in „Nachrichten" und „Kommentare". Es sei besser, so schrieb er, wenn die Zeitung sich einer Meinung anschließe und sich damit auf eine bestimmte Seite stelle. Mittlerweile wollen Zeitungen die Tagesordnung bestimmen, ihr nicht nur folgen. Ein Beispiel hierfür bieten die unzähligen reißerischen Überschriften, die das Fremdenproblem verschärfen, mal die eine, mal die andere Minderheit für alles verantwortlich machen und auf diese Weise die Öffentlichkeit in Rage bringen.

Wir leben also in einer Zeit des Umbruchs. Aber die Menschen, die in Vorstädten und Dörfern leben, sehen nicht unbedingt aus wie Revolutionäre. Trotz der turbulenten Veränderungen, die auf sie einwirken, sind die Menschen oft noch an das ihnen Vertraute und Bekannte gebunden. Die Veränderungen verwirren sie, und mental sind sie dafür nicht gerüstet. Sie sind hin- und hergerissen zwischen dem Althergebrachten und dem Neuen, sie leben in einer Zeit des Übergangs und der Ablösung.

Was hat sich verändert?

Heute
* tragen wir mehr Verantwortung für uns selbst, haben jedoch weniger Einfluss auf unsere Umwelt
* brauchen wir mehr Sicherheit, haben aber weniger Unterstützung durch Familie und Gemeinschaft
* arbeiten wir mehr, bekommen aber weniger Anerkennung
* sind wir besser informiert, haben aber weniger Wissen und Verständnis.

Das führt zu:
Zynismus, Vertrauensverlust, Ohnmacht, Angst, Unzufriedenheit und Schuldzuweisungen, Verwirrung, Entfremdung.

Daraus entstehen zwei auf den ersten Blick gegensätzliche Impulse, der Wunsch nach Aufrührei und der, sich gänzlich von der Politik abzuwenden. Doch sowohl der Aufruhr als auch die Politikverdrossenheit sind Symptome der gleichen Frustration, hervorgerufen durch das Gefühl, keinen wirklichen Einfluss mehr auf sein Leben und auf die Politik zu haben. Stiften Menschen Aufruhr, versuchen sie gewaltsam politische Kontrolle auszuüben. Wenn jemand der Politik den Rücken kehrt, lehnt er sie ab, weil sie für ihn sinnentleert und egal geworden ist, weil „die alles bestimmen und ich nichts".

Unweigerlich kommt es vor diesem neuen Hintergrund dazu, dass sich das Verhältnis aller Strukturen zueinander verändern wird. Als Bürger und Konsumenten werden die Wähler neue Fragen aufwerfen, neue Ansprüche stellen und darauf bestehen, dass ihr Verhältnis zu den Politikern in dieser neuen Ära eine andere Gestalt annimmt. Neue Begriffe werden wichtig, neue Fragen werden aufkommen. Die Menschen werden in Zukunft die Forderung stellen nach:

* Vertrauen und fragen: „Kann ich mich auf Sie verlassen?"
* Aufrichtigkeit und fragen: „Sind Sie integer?"
* Gefühl und fragen: „Berührt mich das?"
* Achtung und fragen: „Werde ich ernstgenommen; wird mein Tun honoriert?"
* Individualität und fragen: „Ist das etwas für mich?"
* Mitspracherecht und fragen: „Kann ich etwas entscheiden?"

Die Politiker müssen wissen, dass sie an neuen und anderen Maßstäben gemessen werden. Pflichterfüllung und Leistung allein werden nicht mehr ausreichen. Das Glas kann immer halb voll oder halb leer sein. Ob ein Politiker bei den Wählern gut oder schlecht ankommt, wird davon abhängen, ob man ihm vertrauen kann, ob er in persönlicher Hinsicht gefällt und ob er einem das Gefühl gibt, dass der Einzelne zählt und dass er den täglichen Kampf des Einzelnen um das Überleben anerkennt.

Ein Politiker darf niemals selbstgefällig werden. Er darf sich noch nicht einmal eine Sekunde lang auf seinen Lorbeeren ausruhen. Heute sind die Wähler kritischer und launischer. Die Politiker werden Wege finden müssen, die korrupten und zynischen Medien zu bekämpfen. Das bedeutet: zunehmender Kontakt zur Wählerschaft, der die herkömmliche Berichterstattung der Medien umgeht und zunehmende Konzentration auf wichtige Themen, mit denen der Mediendschungel durchbrochen werden kann.

Vor allen Dingen geht es darum, bei den Bürgern ein neues Verhältnis zu ihrer Regierung herzustellen. Die Politiker werden einsehen müssen, dass eine Regierung die Zustimmung des Volkes ebenso braucht wie das Volk eine Regierung. Das größte Paradox der neuen Politik des Wandels ist die Tatsache, dass mehr Mitbestimmung des Volkes auch die Möglichkeit erhöht, politische Führung zu übernehmen. Mitbestimmung ist der Schlüssel zur politischen Führung. Politiker, die das einsehen, werden im nächsten Jahrhundert Erfolg haben.

Dieser scheinbare Widerspruch ist einfach aufzulösen. Je mehr Mitspracherecht Menschen haben, umso wahrscheinlicher ist es, dass sie einer starken und entschiedenen Regierung folgen. Je mehr Menschen jedoch, bedingt durch ein Gefühl der Ohnmacht, politikverdrossen und unzufrieden sind, um so wahrscheinlicher ist es, dass sie für gar keine Partei votieren.

Es gibt in dieser neuen politischen Welt viele Regeln für den Wahlkampf. Aber auf einen ganz einfachen Nenner gebracht sind dies die wichtigsten: Der Politiker sollte den Wähler stets ehren, er darf sich seiner Stimme nie sicher sein. Er sollte mit dem Wähler so oft und so viel wie möglich auf persönlicher und individueller Ebene und ohne den Kommentar der Massenmedien kommunizieren. Der Politiker sollte Gerüchte vermeiden, nach Authentizität streben und Themen mit echtem Gehalt an die Spitze der politischen Tagesordnung bringen. Für den Politiker ist es wichtiger, die Zukunft für sich zu gewinnen, statt sich auf alten Lorbeeren auszuruhen. Der Politiker sollte permanent bestrebt sein, die Wähler einzubeziehen, wenn er mit ihnen im Dialog steht. Das sind die wesentlichen Punkte, die wir in der Danksagungs-Kampagne der Labour-Party umgesetzt haben, die vor kurzem durchgeführt wurde. Wir haben damit unserer Wählerschaft für ihre Beteiligung und ihre Stimmen gedankt, die im Jahr 1997 zum Machtwechsel geführt haben.

Die Linke hat im letzten Jahrzehnt viel erreicht, aber der Kampf geht weiter. Wir werden diesen Kampf gewinnen, weil wir der Zukunft mit mehr Selbstvertrauen und Wissen als unsere Gegner entgegensehen können. Wir sind es, die dem arbeitenden Volk Anerkennung und Achtung entgegenbringen, nicht die Konservativen. Und wir verfügen über die Mittel und den Willen, ihnen zu Erfolg und Wohlstand in der sich verändernden Welt zu verhelfen.

Mein letztes Buch wurde als unvollendete Revolution bezeichnet. Es ist ein Aufruf zur permanenten Modernisierung. Modernisierung bedeutete zum damaligen Zeitpunkt, eine Partei neu zu formieren und alten Werten eine neue Bedeutung zu geben. Modernisierung bedeutet heute, fast jeden Aspekt, unter dem wir die Politik und politische Kampagnen beleuchten, zu ändern oder wenigstens neu zu bewerten. Die zentrale Zielsetzung bleibt jedoch: Wir werden die Rechten zu Fall bringen; die Linke wird siegen, um der großen Mehrheit der schwer arbeitenden Menschen ein besseres Leben zu ermöglichen, mehr Chancen und mehr Recht auf Selbstbestimmung zu bieten.

Glücklicherweise decken sich unsere Ziele mit den Ansprüchen der Zeit. Das 21. Jahrhundert soll unser Jahrhundert werden. Das wird passieren, wenn wir wirklich Vertrauen in unser Volk setzen. Wenn wir die Menschen ehren, werden sie uns ebenfalls ehren. Wenn wir den Menschen Macht geben, werden auch sie uns Macht geben. Diesen Widerspruch können nur die Sozialisten wirklich auflösen.

Dick Morris

Die sozialdemokratische Herausforderung
Der Übergang von Wirtschaftsthemen zu Wertvorstellungen

In der bisherigen Geschichte bildeten wirtschaftspolitische Fragen die Grundlage für die Grundsatz- und Wahlkampfprogramme der fortschrittlichen Parteien der Welt. Vollbeschäftigung, annehmbare Löhne, Umverteilung von Einkommen mittels Steuerpolitik, angemessene Altersrenten und faire Arbeitskampfpraktiken waren die traditionellen Schwerpunktthemen der sozialdemokratischen Parteien in Europa, der britischen Labour Party und der Demokratischen Partei in den Vereinigten Staaten.

Die jüngsten Erfahrungen dieser Parteien, besonders in den USA und im Vereinigten Königreich, lassen jedoch erkennen, dass der Zeitpunkt näher rückt, an dem die sozialdemokratischen Parteien der Welt ihren Schwerpunkt und ihre Ausrichtung von wirtschaftlichen Werten hin zu sozialen Werten verlagern müssen.

Der Bereich der Werte ist bisher in der Regel ausschließlich von Mitte-Rechts-Parteien dominiert worden, die oft bestrebt sind, ihre wirtschaftliche Ausrichtung auf die Belange der Wohlhabenden hinter einer vorrangigen Behandlung von Fragen in Verbindung mit Werten wie Patriotismus, Familie, Zuwanderung und Ähnlichem zu verbergen. Da sie ihr Interesse an einer Umverteilung der Einkommen nach oben nicht offen zugeben können, haben sie in der Vergangenheit ihr wirtschaftspolitisches Programm mit einer Reihe von sozialen Themen geläutert.

Schnell kommt der Zeitpunkt, an dem die sozialdemokratischen Parteien der Welt eine kompetitive Werteagenda entwickeln müssen, mit der sie die konservativen Parteien in deren eigenem Revier besiegen können. Wirtschaft und Einkommensumverteilung werden als Themen nicht mehr ausreichen.

Natürlich werden die wirtschaftspolitischen Fragen nicht von der Tagesordnung verschwinden. Solange der Kapitalismus mit den ihm innewohnenden Ungerechtigkeiten und seiner ungleichen Verteilung finanzieller Vergütungen existiert, wird es stets politische Probleme wirtschaftlicher Natur geben. Aber diese Probleme entwickeln sich in zunehmendem Maße eher auf internationaler als auf innerstaatlicher Ebene. Die Wähler spüren das und zeigen sich oft ungerührt, wenn sie auf diese Fragen angesprochen werden. Vielmehr fordern sie, dass die Parteien auf die sozialen Werte eingehen, die wirklich von Belang sind, wenn sie die Stimmen der Wähler gewinnen wollen.

Die Fähigkeit, wirtschaftliche Ergebnisse politisch zu beeinflussen, nimmt immer weiter ab.

Den Wählern leuchtet ein, dass die sozialdemokratischen Parteien ihre Versprechen in puncto Wohlstand und Lebensstandard nicht einlösen können. Mit steigendem Bildungsniveau und wachsenden Ansprüchen der Wähler wird angesichts der Globalisierung vielen klar, dass die wirtschaftlichen Aussichten einer einzelnen Nation in hohem Maße von Faktoren abhängen, auf die nationale Regierungen nur wenig Einfluss haben. Wenn sie beobachten, wie der Zusammenbruch der ostasiatischen Märkte ihre Volkswirtschaften in Mitleidenschaft zieht und die Verlangsamung des Wirtschaftswachstums in den Vereinigten Staaten die materiellen Aussichten ihrer eigenen Familien trübt, dann sind diese Zusammenhänge auch für den nicht so versierten Wähler offensichtlich.

Es deutet sehr wenig darauf hin, dass die Regierungen in Berlin, London oder Paris, ganz zu schweigen von denen in Amsterdam, Stockholm oder Dublin für ihre Inlandsprodukte tatsächlich Nachfrage erzeugen oder die Kaufkraft im Inland erhöhen können.

Das, was getan werden kann, wurde wiederum weitgehend von den politischen Entscheidungsträgern auf nationaler Ebene an die Zentralbanken delegiert. Durch die zunehmende Technokratie wird die politische Macht und damit die Verantwortlichkeit der national gewählten Volksvertreter für die wirtschaftlichen Bedingungen innerhalb ihrer Landesgrenzen immer weiter geschmälert.

In den Vereinigten Staaten zum Beispiel wurden die politischen Entscheidungen des Federal Reserve Board (Zentralbankrat) bis in die 90er Jahre gewöhnlich von ambitionierten Politikern angegriffen. Als die Bank Anfang der 80er Jahre die Zinsen in Rekordhöhen schraubte, war das Entsetzen der Wähler so groß, dass einige sogar bildlich Fed-Präsident Paul Volker „erhängten".

Mit dem Amtsantritt von Clinton 1992 setzte sich aber eine Maxime bei den progressiven Kräften in den USA durch – keine Kritik mehr an der Fed. Auf Verlangen der Wähler wurde das Thema Zinspolitik vom nationalen politischen Dialog ausgeklammert und unter den Wählern ein Konsens entwickelt, wonach derartige Entscheidungen am besten den Experten überlassen werden. Präsident Clinton erteilte seinem Stab strikte Anweisung, weder die Fed noch die geldpolitischen Entscheidungen ihres Vorsitzenden Alan Greenspan zu kritisieren.

In Europa, und insbesondere in Deutschland – mit seiner historischen Inflationserfahrung zwischen den beiden Weltkriegen – stößt die Forderung der Wähler, dass die Politiker die Finger von der Geldpolitik lassen sollen, noch immer auf Resonanz, was jeden geldpolitischen Einfluss, den die Regierungen einmal ausübten, verringert.

Wie der ohnehin begrenzte Einfluss der Politiker auf die wirtschaftlichen Geschicke immer mehr an die Zentralbanken delegiert wird, ist besonders in Europa sichtbar, wo die Macht den europaweit tätigen Banken regelrecht zufliegt. Vor allem die Wähler in den Euroländern erkennen, dass die wichtigsten wirtschaftspolitischen Entscheidungen in der Europäischen Zentralbank und nicht mehr in ihren eigenen nationalen Hauptstädten getroffen werden.

Sogar an seinem eigenen Arbeitsplatz sieht der durchschnittliche Lohnempfänger jeden Tag in aller Deutlichkeit, welche Bedeutung einzelstaatliche

Entscheidungen für wirtschaftliche Ergebnisse überhaupt noch haben. Viele arbeiten für Firmen in ausländischem Besitz oder deren regionale Tochterunternehmen. Andere sind für multinationale Gesellschaften tätig, die keine eindeutigen Bindungen zu einer Nation haben. Sogar diejenigen, die für traditionelle französische oder deutsche Unternehmen arbeiten, verbringen einen Großteil ihrer Arbeitszeit mit dem Herstellen von Gütern oder dem Erbringen von Dienstleistungen für den Export oder den Konsum im Ausland.

In dieser Atmosphäre des Globalismus ist der Einfluss der Politik auf die Wirtschaft offensichtlich begrenzt. Sollten die politischen Organe Europas erweitert werden und wirklich kontinentale Dimensionen annehmen, würde die Politik mehr Macht zurückgewinnen. Aber angesichts des weitgehend machtlosen Europäischen Parlaments sind sich die Wähler bewusst, dass sie keinen wirklichen Einfluss auf die Entscheidungen ausüben, was einer der Gründe für die geringe Beteiligung an den Europawahlen ist.

Die Fähigkeit zur Umverteilung von Einkommen und Wohlstand nimmt immer weiter ab.

Die traditionell wichtigste Plattform sozialdemokratischer und fortschrittlicher Parteien ist die Förderung einer ausgewogeneren und gerechteren Verteilung von Einkommen und Wohlstand. Das Versprechen, zu progressiven Steuersystemen, höheren Erbschaftssteuern und Sondersteuern für Mehrgewinne überzugehen, ist ein zentrales Politikfeld der Sozialdemokraten.

Den Wählern wird aber immer klarer, dass solche Versprechen nicht zu halten sind. Nationale Politiker, so progressiv sie auch geneigt sein mögen, verfügen nur über einen sehr begrenzten Spielraum, wenn es darum geht, politische Maßnahmen zur Umverteilung von Einkommen vorzuschlagen.

Durch die Beweglichkeit des Kapitals und die Leichtigkeit, mit der es nationale Grenzen überschreitet, werden die Staaten in zunehmendem Maße gezwungen, ihre Steuersysteme anzugleichen. Würde Deutschland seine Steuern unverhältnismäßig stark erhöhen, so würde das Kapital einfach ein paar hundert Kilometer weiter nach Frankreich abwandern, um von dort auf den europäischen Markt zu gelangen. Selbst wenn das Kapital den Atlantik überquert und sich an den geschäftsfreundlicheren Küsten der Vereinigten Staaten ansiedelt, wo die Steuern niedriger und die Regulierungen geringer sind, wären erfolgreiche Geschäfte in Europa möglich.

So wie die Wähler in den verschiedenen Bundesstaaten der USA seit langem erkannt haben, dass ihr Bundesstaat bei Steuererhöhungen an Wirtschaftskraft einbüßen würde, sehen auch die Wähler in Europa immer mehr ein, dass sich Veränderungen in der nationalen Steuerpolitik oft kontraproduktiv auswirken. Die Erfahrung Frankreichs, als Mitterrand 1981 erstmals an die Macht kam, ist dafür ein typisches Beispiel. Da die französischen Sozialisten weite Teile der Wirtschaft des Landes verstaatlichten, floss das Kapital im Rekordtempo ab und suchte Anlagemöglichkeiten in Margaret Thatchers Großbritannien oder Ronald Reagans Vereinigten Staaten. Dies wirkte sich derart nachteilig auf die französische Wirtschaft aus, dass Mitterrand zurückstecken und Chirac die Privatisierung der meisten zuvor verstaatlichten Industrien gestatten musste, nachdem die Konservativen 1985 die Parlamentswahlen gewonnen hatten.

Die Politiker der einzelnen Länder können auch keine bedeutenden Veränderungen in der Lohnpolitik, an den Löhnen, der Arbeitszeit, den Urlaubsregelungen oder in der Gesundheitsversorgung ihrer Arbeitnehmer durchsetzen, ohne dabei die Kapitalflucht zu begünstigen oder Kapital anzulocken, je nachdem, in welche Richtung diese Veränderungen gehen. Großbritannien und Irland zum Beispiel profitieren enorm von ihren relativ großzügigen Arbeitsbestimmungen, verglichen mit der strengeren Reglementierung der Wirtschaft auf dem Kontinent. Dies verschafft insbesondere Irland, das zur Eurozone gehört, große Vorteile. Die Unternehmen wissen, dass sie nach Belieben Personal einstellen und entlassen, weniger zahlen, den Urlaub einschränken können und eine freiere Hand beim Umgang mit ihren Mitarbeitern haben, wenn ihr Unternehmen in Dublin und nicht in Berlin angesiedelt ist. Durch die einheitliche Währung haben sie von Irland aus trotzdem genauso leicht und billig Zugang zum deutschen Markt.

Wenn die Staaten untereinander im Wettbewerb stehen, um Kapital und Unternehmen anzuziehen, kann sich kein einzelner Staat erlauben, strengere steuer- oder arbeitsmarktpolitische Maßnahmen als die anderen Staaten zu ergreifen, ohne dafür erhebliche Einbußen in puncto Arbeitsplätze und Wohlstand zu erleiden.

Die Wähler stellen fest, dass den Politikern durch diese internationalen Gegebenheiten die Hände weitgehend gebunden sind. Sie wissen, dass derjenige, der vorgibt, den Reichen zu nehmen und den Armen zu geben, im allgemeinen ein Demagoge ist, der seine Versprechen nicht einhalten kann.

Die Fähigkeit der sozialdemokratischen Parteien, ihren traditionellen Verbündeten in den Gewerkschaften beizustehen, wird durch die zunehmende Globalisierung ebenfalls immer weiter eingeschränkt. Deutsche, französische, britische oder italienische Politiker schließen sich den Forderungen ihrer Gewerkschaften nur auf eigene Gefahr an. Bei einer Gewerkschaftsquote in den Vereinigten Staaten von nur 12 % und den in Japan traditionell schwachen und uneffektiven Gewerkschaften laufen sie Gefahr, die Unternehmen aus ihren Ländern nach Japan oder in die USA zu vertreiben.

In der heutigen globalen Wirtschaft ist eine Kette nur so stark wie ihr schwächstes Glied. Die Gewerkschaften können keine deutlich höheren Leistungen fordern, und die Wohlhabenden dürfen keiner erheblich höheren Steuerlast unterworfen werden, als es in den großen Wirtschaftsregionen der Erde der Fall ist, wo die Gewerkschaften am schwächsten organisiert und die Steuerlasten am geringsten sind.

In Anbetracht dessen, dass die Menschen in den meisten europäischen Staaten etwa 45 % ihres Einkommens als Steuern und Abgaben abführen müssen, wogegen dieser Anteil in Japan und den Vereinigten Staaten nur bei etwa

32 % liegt, werden die Schranken der Umverteilung durch Veränderungen der Grenzsteuersätze offensichtlich.

Die Bedeutung von Wertefragen nimmt zu

Während das Thema der Wirtschaftspolitik an Gewicht verliert, gewinnen Fragen der sozialen Werte an Bedeutung. Die Wähler konzentrieren sich zunehmend auf die Probleme, die die von ihnen gewählten Spitzenpolitiker ihrer Einschätzung nach lösen können, während sie die Probleme, bei denen sie im großen und ganzen ohnmächtig sind, ausklammern.

Westliche Wähler ziehen immer häufiger den Schluss, dass die wichtigsten Probleme, die sich in ihrem Leben stellen, nicht durch Wachstums- oder Umverteilungspolitik gelöst werden können. Ein paar Dollar, Pfund oder Euro mehr pro Arbeitsstunde würden die Lebensqualität der Arbeitnehmer und ihrer Familien nicht annähernd so stark verbessern wie gute Schulen, geringe Kriminalität, eine saubere Umwelt und stabile Familienwerte.

Unter den an Bedeutung gewinnenden Werten stehen die Qualität der Bildung und der Zugang zu den Bildungseinrichtungen an vorderster Stelle. Präsident Clinton unterstrich einst die Bedeutung von Bildung als Thema, als er mit Stolz feststellte, dass aktuellsten demographischen Erhebungen in den Vereinigten Staaten zufolge das Bildungsniveau als Indikator für das zukünftige Einkommensniveau aussagekräftiger sei als die Rasse oder das Geschlecht. Eine schwarze Amerikanerin, die nach vier Jahren ihren Abschluss am College oder an der Universität gemacht hat, wird Zeit ihres Lebens erheblich mehr verdienen als ein Weißer, der nur ein paar Jahre auf dem College zugebracht hat.

In einer Zeit, in der sich die Volkswirtschaften in aller Welt von der Industrie- zur Informationsgesellschaft wandeln, spielt die Bildung als Schlüssel für eine höhere wirtschaftliche Dynamik eine immer größere Rolle. Die Wähler stellen fest, dass das Versprechen der Spitzenpolitiker der sozialdemokratischen Parteien Europas, der britischen Labour Party und der US-amerikanischen Demokratischen Partei, die Einkommen nach unten umzuverteilen, am besten durch Bildungspolitik und nicht durch Steuern oder Arbeitsmarktreglementierung einzulösen ist.

Diese Tendenz hin zu einer stärkeren Betonung der Bildung als politischem Thema zeigt sich in den Vereinigten Staaten und in Großbritannien besonders deutlich. Im US-Präsidentschaftswahlkampf 2000 konzentrierte sich der Kandidat der Republikaner, George W. Bush, ausgiebig auf bildungspolitische Themen, Slogan: „Kein Kind soll zurückbleiben". Bush widmete diesem Thema ein ganzes Viertel seiner Nominierungsrede. Bush war ziemlich erfolgreich und machte den 20-Punkte-Vorsprung zunichte, den die Demokraten in der Bildungsthematik besaßen.

Die Bildungsthematik lässt sich in drei grobe Kategorien einteilen: größere finanzielle Unterstützung für das Schulwesen, höhere akademische Qualität und Standards und bessere Disziplin und Moral unter den Studenten. Im Allgemeinen neigt die Linke eher dazu, höhere Ausgaben vorzuschlagen, während die Rechte wahrscheinlich für mehr Disziplin und Moral eintritt. Die Frage der Normen und der Qualität steht zwischen der Linken und der Rechten auf Messers Schneide und entscheidet im Allgemeinen darüber, welche Partei in der Bildungsfrage die Oberhand gewinnt, wie Bushs erfolgreiche Belegung des Themas in den USA zeigte.

Das umweltpolitische Thema gewinnt ebenfalls auf beiden Seiten des Atlantiks an Bedeutung. Während die Erderwärmung eine immer größere Geahr darstellt und internationale Handelsabkommen die Umweltpolitik zu untergraben scheinen, finden umweltpolitische Fragen Monat für Monat mehr Beachtung. In den Vereinigten Staaten, wo Präsident Bushs Widerstand gegen das Kyoto-Abkommen zur Bekämpfung der globalen Erderwärmung scharfe Kritik auslöste, erhöhte sich laut einer Umfrage der Washington Post der Anteil der Wähler, der Umwelt als wichtigstes Anliegen nennt, von 2 % bei der Amtsübernahme von Bush auf 10 % Anfang Juni. Die zunehmende politische Stärke der grünen Parteien in Europa (und in den USA, wo Gore durch Nader die Wahl verlor) bestätigt die immer stärkere Betonung der Umwelt als politisches Thema insbesondere bei jüngeren Wählern.

Da die globale Energienachfrage das Angebot übersteigt, nimmt die politische Bedeutung des Themas entsprechend zu. Es bekommt wieder die herausragende Position, die es in den 70er Jahren hatte. Der Ausgleich zwischen dem Umweltschutz, der Erschließung alternativer Energiequellen und neuen Ölvorkommen und Bohrtechniken wird im nächsten Jahrzehnt ein beherrschendes Thema sein.

Auch die Zuwanderung zeichnet sich als ein Schlüsselthema der sozialen Werte ab, da die zunehmende grenzüberschreitende Mobilität der legalen und illegalen Arbeitskräfte soziale Probleme in einer noch nicht da gewesenen Dimension mit sich bringt.

Kriminalität wird als politisches Problem in Japan und in Teilen Europas wichtiger, auch wenn sich durch erfolgreiche politische Maßnahmen der Verbrechensbekämpfung die Bedeutung dieses Themas in der US-amerikanischen Politik verringert hat. Bill Clinton verdankt einen großen Teil seiner Popularität seinen energischen Maßnahmen zur Verbrechensbekämpfung. Während er typische Forderungen der Demokraten nach strengeren Waffenkontrollen aufgriff, bediente er sich auch republikanischer Themen, indem er das Personal der US-Polizei um 20 % aufstockte, Strafurteile verlängerte und die vorzeitige Entlassung von Gewaltverbrechern einschränkte.

Wir beobachten uns oft selbst, wie wir bestimmte Themen wie Bildung oder Umwelt linker Politik zuordnen und bei anderen Aspekten wie der Verbrechensbekämpfung oder der Zuwanderung eher der Meinung sind, diese gehören zur rechten Politik. Tatsächlich kennen Probleme wie Verbrechensbekämpfung, Umweltschutz, Zuwanderung, Bildung oder Energie keine solche politische Orientierung. Es handelt sich nur um Probleme, von denen sich die Wähler rechts wie links wünschen, dass sie von ihren Politikern gelöst werden.

Um Erfolg zu haben, muss die Linke diese und andere soziale Probleme kühn in Angriff nehmen und darf sie nicht der rechten Politik überlassen. Die Erfahrung von Bill Clinton und von Tony Blair lehrt nämlich, dass ein Kandidat der Linken, der sich auf Probleme konzentriert, die normalerweise rechter Politik zugeschrieben werden – zum Beispiel Verbrechensbekämpfung –, oft außerordentlichen und lang anhaltenden politischen Erfolg verbucht.

Das ehemalige Monopol der Konservativen Partei bei Wertvorstellungen

Die Rechte hat ihren politischen Anspruch auf sozialen Wertvorstellungen aufgebaut und ist wirtschaftlichen Debatten nach Möglichkeit ausgewichen. Während die christdemokratischen Parteien Europas, die Republikanische Partei in den USA und die Torys im Vereinigten Königreich dazu neigten, finanz-, steuer-, arbeitsmarkt- und wirtschaftspolitische Maßnahmen zum Vorteil der oberen Schichten zu gestalten, wagen sie nicht, dies öffentlich zu bekennen. Indem sie über Patriotismus, Recht und Ordnung, Familienwerte und andere konservative Positionen sprach, konnte die Rechte auch die Unterstützung derer gewinnen, deren wirtschaftliche Interessen sie zu vernachlässigen geneigt ist.

Als ein Ergebnis des Zwangs, ihre wirtschaftspolitischen Positionen zu verhüllen, verfügt die Rechte über eine lange Erfahrung, wenn es darum geht, auf sozialpolitische Themen aufmerksam zu machen, um von wirtschaftlichen Belangen abzulenken. Wahlen sind oft Auseinandersetzungen zwischen den wirtschaftlichen Themen der Linken – Löhne, Steuern, Arbeitsmarktpolitik, Beschäftigung – und den sozialen Themen der Rechten: Verbrechensbekämpfung, Moral, Zuwanderung, Verteidigung.

Als Bill Clinton und Tony Blair feststellten, dass sie ihren Schwerpunkt auf soziale Themen verlagern mussten, überraschten sie die Rechten, indem sie sich in traditionell von den Konservativen beherrschte Bereiche vorwagten. Clinton forderte eine Reform des Wohlfahrtssystems, womit er ins Herz der republikanischen Agenda traf. Er unterstützte Forderungen der Republikaner nach zeitlichen Beschränkungen der Sozialhilfe für Familien und Arbeitsauflagen für den Erhalt von Sozialleistungen und verknüpfte diese Ideen mit traditionellen Konzepten der Demokraten wie Berufsausbildung, Kinderfürsorge und Steueranreizen zur Schaffung von Arbeitsplätzen.

Das Thema Verbrechensbekämpfung entwendete er ebenfalls den Rechten, indem er für höhere Strafen und eine stärkere Polizei eintrat. Als Clinton aus dem Amt schied, schenkten die Wähler bei den Themen Verbrechensbekämpfung und Wohlfahrtssystem den Demokraten mehr Vertrauen als den Republikanern, obwohl diese beiden Punkte einst die Hauptpfeiler republikanischer Politik gewesen waren.

Clintons wichtigstes Politikfeld war natürlich der Abbau des Haushaltsdefizits, das die Präsidenten der USA seit vierzig Jahren umtreibt. Durch Erwirtschaftung eines Etatüberschusses nahm Clinton den Republikanern das Thema Steuerpolitik aus den Händen. Da die Republikaner im Wahlkampf nicht mehr die Themen Verbrechensbekämpfung, Wohlfahrtssystem und Finanzpolitik für sich nutzen konnten, waren sie bei den Wahlen 1996 machtlos. Bush wiederum entschied den Wahlkampf 2000 vor allem deshalb für sich, weil er Themen der Demokraten wie Bildung und soziales Mitgefühl besetzte und nicht versuchte, Themen der Republikaner (ausgenommen Steuersenkungen) erneut aufzugreifen.

Indem Bill Clinton durch strengere Waffengesetze das Thema Verbrechensbekämpfung und durch Kindertagesstätten und Berufsausbildung das Wohlfahrtsthema anging, bediente er sich der Mittel der Linken, um die Probleme der Rechten zu lösen. Sowohl Clinton als auch Blair bewiesen, dass die Linke durch die Behandlung sozialer Fragen Wahlen zu ihren Gunsten entscheiden kann, selbst wenn diese Themen früher eine Spezialität der Rechten waren. Selbstverständlich gewinnen auch die sozialen Fragen der Linken an Einfluss. Bildung und Umwelt beherrschen die politische Debatte immer mehr.

Eine Sprache linker Wertvorstellungen

Fragen der sozialen Werte sind mehr als eine Sammlung von Problemen oder Themen. Sie lassen sich nicht vollständig durch Programme oder politische Maßnahmen beantworten. Vielmehr muss die Linke einen neuen Wortschatz entwickeln, um auf wertspezifische Fragen einzugehen, ebenso wie es die Rechte getan hat.

Wenn konservative Politiker außen- oder verteidigungspolitische Fragen erörtern, geschieht dies in einer Sprache des Patriotismus und Nationalismus. Wenn sie über das Thema Verbrechensbekämpfung reden, beschwören sie ihre Treue zu den Werten von Recht und Ordnung. Ihr Interesse an Bildung äußert sich oft in Ausdrücken sexueller Moral und Disziplin. Die Rechte besitzt jedoch kein Wertemonopol. Die Linke muss ihre Rhetorik verändern, um wertspezifische Fragen in einer Sprache der Werte zu erörtern. Statt über Zahlen und Geld zu diskutieren, muss sich die Linke auf Grundbegriffe stützen, die Werte verkörpern, um auf diesem neuen Gebiet bestehen zu können.

Als zum Beispiel Clinton anfing, über Bildung zu reden und sich anschickte, dieses Thema zu einer Bundesangelegenheit auszurufen – Bildung war lange Zeit alleinige Zuständigkeit bundesstaatlicher und lokaler Verwaltungen –, äußerte er sich in Form von Wertbegriffen. Er redete nicht nur darüber, die Anzahl der Kinder im Vorschulunterricht zu verdoppeln. Er versprach, „allen eine

Chance" zu geben. Clinton sprach nicht nur über den zusätzlichen Bedarf an Finanzmitteln für das Bildungswesen, sondern auch über „das Geburtsrecht aller auf eine gute Bildung". Als er Sozialrentenprogramme wie „Medicare", den Gesundheitsdienst für Rentner, und die Sozialversicherung verteidigte, sprach er von der „Ehrung unserer Mütter und Väter".

Wenn die Linke über Umwelt spricht, sollte sie dies in einer Sprache der Werte tun und über unsere Aufgabe als Verwalter von Gottes Planeten und der von ihm erschaffenen Welt diskutieren. Indem sich die Linke in geistigen Begriffen und weniger in Chemikalien und Emissionen ausdrückt, kann sie neuen Unterstützern die Tür öffnen und dabei helfen, die Kluft zu überbrücken, die zwischen jüngeren Wählern der Grünen und weniger umweltbewussten älteren Wählern besteht. Wenn die Linke in ihrer Diskussion über Ölbohrungen und den Schutz der Arktis moralische und geistige Begriffe verwendet, wird sie mehr Anhänger gewinnen, als wenn sie das Paarungsverhalten der Karibus erläutert.

Clinton war mit der Sprache der Werte in seiner Rhetorik so wenig vertraut, dass sein Stab, der ihn in solche Begriffe einführte, das Vorhaben mit den Worten beschrieb: „Wir bringen dem Präsidenten Italienisch bei". Der Aufgabe war er aber gewachsen, und die neue Sprache leistete ihm gute politische Dienste.

Die Linke sollte keine Angst davor haben, sich auf die Sprache der Werte zu konzentrieren, die lange Zeit ein zentrales Thema rechtspolitischer Rhetorik war. In einigen Bereichen hat die Linke dies mit beachtlicher Wirkung getan. Auf dem Gebiet der Menschenrechte hat sie zum Beispiel seit langem die legalistische Sprache aufgegeben und Fragen, die sich auf die unantastbaren Grundrechte unserer Menschheit beziehen, offen ausgesprochen.

Die Linke sollte auch über außen- und verteidigungspolitische Fragen in einer Sprache der Werte reden. Als Präsident Clinton die Amerikaner für die Entsendung von Truppen nach Bosnien gewinnen sollte, drängten ihn seine Berater, über Amerikas vitale nationale Interessen und strategische Verpflichtung zur Stabilität Europas zu reden. Aus den Meinungsumfragen ging indes hervor, dass die Wähler sich leichter für die Unterstützung unpopulärer Auslandsinterventionen gewinnen ließen, wenn eine Diskussion über den notwendigen Schutz von Frauen und Kindern angeregt würde und Fragen in Verbindung mit den sozialen Werten in den Vordergrund gestellt würden. Auch als Clinton die Truppenentsendung verteidigte, sprach er von der Notwendigkeit, Leben zu retten und Amerikas moralischer Verantwortung gerecht zu werden.

Die Linke sollte nicht nostalgisch vergangenen Zeiten wirtschaftsbasierter Politik nachtrauern, sondern begeistert die Gelegenheit nutzen, die sich durch die Orientierung der Wähler an neuen Werten bietet. Die Wertepolitik wird der Linken neue Anziehungskraft und Relevanz in allen westlichen Demokratien geben.

Kampagnen und ihre Berater

Bo Krogvig

Wahlkampf nach dem IKEA-Prinzip –
Der Weg vom Wahlkampforganisator zum politischen Berater

Seit 29 Jahren arbeite ich mehr oder weniger ganztägig in der Politik. Angefangen habe ich als Mitglied in der Jugendorganisation meiner Partei. Während dieser Zeit hat sich die Art und Weise, wie Wahlkampagnen geplant und durchgeführt werden, sehr geändert. Seit 1990 bin ich für Kampagnen außerhalb Schwedens aktiv.

Meine Erfahrungen kommen hauptsächlich aus politischen Systemen mit Verhältniswahlrecht, die sich sehr von jenen mit Mehrheitswahlrecht unterscheiden. Ich denke jedoch, dass einige meiner Erfahrungen sich auch auf Systeme mit Mehrheitswahlrecht anwenden lassen.

Wahlkampf zu Beginn der Siebziger

Wir waren jung und kompensierten unseren Mangel an Erfahrung mit Enthusiasmus, der aus heutiger Sicht doch sehr weit links war. Ich kann mich erinnern, wie wir zusammen mit der Partei den 73er Wahlkampf planten. Eines frühen Morgens versammelten wir uns mit einem Lautsprecher und ein paar roten Fahnen um einen alten, verrosteten Saab. Es war 6.40 Uhr früh, und unsere Absicht war es, die 1500 Stahlarbeiter zu agitieren, die gerade ihre Nachtschicht beendet hatten, sowie jene 1500, die gerade zur Morgenschicht kamen. 1500 müde Zombies, die von ihrem wohlverdienten Schlaf träumten, zogen an uns vorbei – zu Fuß oder auf ihren Fahrrädern. Die anderen 1500 gerade aufgewachten bemühten sich, rechtzeitig zur Stechuhr zu kommen, damit ihnen wegen Verspätung kein Lohn abgezogen würde.

Wir spielten ihnen traditionelle Kampflieder vor und riefen einige kurze, sehr altbackene Slogans, die nicht im entferntesten etwas mit dem Alltag zu tun hatten, in den Lautsprecher. Nach 15 Minuten war alles vorbei. Anschließend gingen wir in ein Café um die Ecke und bei einer Tasse Kaffee und frischem Plunderkunden diskutierten wir die ganze Aktion und kamen zu dem Ergebnis, dass wir die Stahlarbeiter für den Sozialismus gewonnen hatten.

Wir lagen jedoch schief. Wir erzielten ein richtig schlechtes Ergebnis in jener Wahl und verloren viele Wähler aus der Arbeiterschaft.

Woran lag es? Schauen wir mal hinter die Kulissen des Wahlkampfes von damals: Erstens ging es in dem Wahlkampf mehr um Sachfragen und Bilanzen als um gesellschaftliche Werte und politische Richtung. Das System unserer Wahlkampfplanung hatte seine Wurzeln noch in den Fünfzigern, als es im Wahlkampf hauptsächlich darum ging, die eigenen Kader zu mobilisieren. Wir nahmen also den Plan der 1970er Kampagne und haben lediglich die Daten der Aktivitäten geändert, so dass Samstags-Aktionen wieder samstags stattfanden. Die einzige Änderung lag nur im Kalender begründet.

Zweitens verteilten wir die gleiche Anzahl Flugblätter, die gleiche Anzahl Plakate, und die Kandidaten wurden nach dem gleichen Zeitplan aufgestellt wie das Mal zuvor. Nur ja nichts am System der Kampagne ändern: Das war die Losung der politischen Führung damals. Mir war es egal, ob es gebrochen wurde oder nicht.

Wahlkämpfe zu gewinnen war eigentlich eine Aufgabe für die Organisation, und die war weit entfernt von den politischen Entscheidungszentren innerhalb der Partei. Das Ergebnis für den Verlauf der Kampagne war, dass Tradition eine weitaus wichtigere Rolle spielte als Strategie.

Die Berater, die wir normalerweise trafen, kamen in den schlimmsten Fällen aus der Druckerei, in besseren Fällen aus der Werbung. Doch weder die Drucker noch die Werbeleute wussten irgend etwas über politische Kommunikation und Strategien. Wir verbrachten deshalb viel Zeit damit, so wichtige Fragen wie die der Farben der Autoaufkleber zu diskutieren.

Der Einsatz von Meinungsforschern hingegen war wie eine noch unberührte Jungfrau. Ein paar wenige wurden durchgeführt, die, ein oder zwei Monate vor dem Wahltag, lediglich auf dem Aufzeichnen von Parteisympathien und Glaubhaftigkeit basierten.

Hatten wir je von Kommunikation gehört? Ich bezweifele dies. Wir waren auf unserem Weg von politischer Propaganda hin zu politischer Information. Die Stufe politischer Kommunikation war noch fern.

Information: der Schlüssel für die Neunziger

Unser Wahlkampfteam, dem ich angehörte und dessen Leiter ich zehn Jahre lang gewesen war, führte in den achtziger und den frühen neunziger Jahre eine Kampagne nach der anderen auf Grundlage von politischer Information durch. Wir wollten die Wähler, alle Wähler, darüber informieren, was wir erreicht hatten, wo wir jetzt standen und manchmal auch darüber, was wir in der Zukunft machen wollten.

Jede Kampagne war jedoch noch immer ein Resultat historischer Prozesse und basierte mehr oder weniger auf dem Plan der letzten Wahlkampagnen. Der einzige Unterschied war, dass wir vermehrt professionelle Werbefachleute zu treffen begannen. Wir bezogen sie ein in die Erstellung von Filmen, Plakaten und

Flugblättern. Danach fragten wir die regionalen und örtlichen Organisationen, wie viele Exemplare dieser Produkte sie abnehmen und verteilen wollten, woraufhin aber nicht viel passierte.

Die Werbeleute und unsere alten Kader, begannen erst nach und nach auch über Strategie zu sprechen, noch sehr vage, auf eher statische Weise und auf Grundlage ihrer eigenen politischen Ansichten. Es war interessant zu sehen, dass diese ersten strategischen Gespräche einen Monat vor dem Wahltag und bei der Auswertung einige Wochen nach dem Wahltag absolut identisch waren. Es ging nicht wirklich um Strategie.

Im Zeitalter der Information spielten die Themen und die Details eine zentrale Rolle. Gib den Wählern die Fakten und sie werden dich wählen, lautete die Devise dieses Jahrzehnts.

Apropos Ziele: In der 1991er Kampagne hatten wir alle Erst- und Jungwähler, alle Pensionäre, alle in den drei großen Städten, alle Frauen, alle im nördlichen Teil des Landes, die ganze Arbeiterschaft und alle Beschäftigten im öffentlichen Dienst als unsere Zielgruppe. Und es gab noch mehr Ziele als Gruppen ... Und so verloren wir.

Als Konsequenz machten wir noch ein paar Umfragen und hatten so etwas mehr Information darüber, was der Wählerschaft am Herzen lag. Allerdings wussten wir nicht so recht, was wir mit den Daten anfangen sollten.

Mitte der Neunziger – Anfang der Veränderung

Während wir noch dabei waren, alte Pläne zu kopieren und unklare Diskussionen über Strategien führten, veränderte sich die Gesellschaft um uns sehr schnell. Als wir uns umsahen, was wir schließlich taten, konnten wir eine Veränderung des Informationsflusses in der Gesellschaft feststellen: eine Veränderung des Wahlverhaltens, das immer weniger klassenabhängig war; Veränderungen der gesellschaftlichen Werte und des alltäglichen Ausdrucks dieser Werte; Veränderungen der Gesellschaft, Dienstleistungsorientierung, sowie Veränderungen im Bildungsverhalten. Tag für Tag wurde uns klarer, dass wir die Dinge neu und anders anpacken mussten, um unsere politischen Ziele, neue und ältere, auch wirklich zu erreichen.

Die wirtschaftliche Rezession zu Beginn der 90er Jahre gab uns einen Anlass für eine grundlegende Veränderung der Kampagnenstrukturen. Denn die Rezession hatte großen Einfluss auch auf die Art und Weise, wie die Medien mit Politik und dem Wahlkampf umgingen.

Die Medieneigentümer fingen nun mit Verschlankungskuren an, d. h. weniger qualifizierte Journalisten waren mit mehr Informationen konfrontiert als jemals zuvor. Das hatte zum Ergebnis, dass die politische Berichterstattung vereinfacht wurde, zugleich aber auch detaillierter. Vereinfacht insofern, als weniger Fragen behandelt wurden. Und detaillierter, weil die Reporter lediglich Zeit hatten, sich in komplizierten Sachverhalten auf einfache Daten zu konzentrieren, wie Geld, Zeit und anderen messbaren Dingen.

Die magersüchtigen Medien vereinfachten auch durch Konfrontation. Es war leichter und billiger, einen von der Pro-Seite und einen von der Contra-Seite über ein Thema streiten zu lassen, denn so brauchten die Journalisten selbst keine Fakten und Recherche mehr besteuern. Das Resultat: Mehr und mehr Wähler verloren den Überblick über das, was in der politischen Szene los war.

Die Rezession hatte überdies eine große Auswirkung darauf, wie die Parteien organisiert waren. Die meisten der Parteien in Nordeuropa, reduzierten ihren Mitarbeiterbestand um 30 bis 50 %. Die meisten reduzierten die Zahl der politischen Spezialisten, als jene Mitarbeiter, die eine direkte Verbindung zwischen Organisationseinheiten, den Wahlkämpfern und der politischen Führung blockieren konnten. Es wurden auch weniger Personen in den Organisations- und Wahlkampfabteilungen beschäftigt. Das Resultat war, dass wir nur noch wenige Dinge so machen konnten wie zuvor. Wir mussten also neue Wege finden, um unsere Aufgaben zu bewältigen.

Diese Krise schaffte eine neue Situation, in der einige Parteien nach neuen Wegen der Wahlkampfführung zu suchen begannen: Strategie wurde wichtig und hieß nicht nur, Flugblätter an bestimmte Segmente der Wählerschaft zu verteilen. Strategie wurde etwas, bei dem wir die politischen Prozesse mit den Informations- und den Organisationsprozessen kombinieren wollten. Es ging nicht länger allein um die Frage des „was" und „wem", sondern auch des „wie" und „warum".

Die drei Jahre stattfindenden Wahlen lehrten uns, dass, obwohl wir seit Jahren in diesem Geschäft waren, wir doch sehr wenig Erfahrung hatten. Es gab Bedarf an mehr Wissen: mehr Wissen über politische Kommunikation. Wir versuchten, dieses aus Europa und den USA zu importieren.

Wir begannen, mit politischen Beratern zu sprechen – Leute, die bei Hunderten von Wahlkämpfen mitgearbeitet und hoffentlich früher die gleichen Fehler gemacht hatten, die wir nun vermeiden wollten. Diese Kontaktsuche war nicht immer leicht, denn viele einflussreiche Leute der Parteien betrachteten die politischen Berater als eine Spezies, die noch unter den Rechtsanwälten stehend auf der Liste glaubwürdiger Berufe steht.

Recht bald merkten wir, dass die Berater bereits fertige Modelle für den Aufbau unserer Kampagne hatten. Besonders die Amerikaner tendierten dazu, uns mit Komplettlösungen für den Wahlsieg, die sie zuhause benutzten, bedienen zu wollen. Sie wollten alles so machen, wie sie es mit Kandidaten daheim machen würden. Das wollten wir jedoch nicht. Wir wollten nicht ihre Kampagne, aber ihre Fachkenntnis, und zwar in drei spezifischen Bereichen:

Die Rolle von Meinungsforschung als Teil der strategischen Planungen. Wir wollten althergebrachte Methoden unserer Umfragen, von denen wir zuviel Erfahrung hatten, modernisieren.

Moderne Feldarbeit: Wie man mit einer Organisation, mit begrenzten personellen und wirtschaftlichen Mitteln, die Menschen für politische Ziele mobilisiert.

202

Unterstützung im Aufbau von Strategie und politischer Planung: Wie macht man eine Strategie und eine Botschaft zum zentralen Teil der Kampagnen-Organisation?

Immerhin fanden wir Berater und Unterstützung in den USA und in Deutschland, die uns bei der Erfüllung unserer Suche nach modernen Wahlkampfformen helfen konnten. Dies war neu für uns, und ich glaube auch für die beteiligten Berater.

1994 starteten wir eine völlig neue Kampagne, die auf Strategie basierte und auch mit neuen organisatorischen Elementen durchgeführt wurde. Aber auch diese war noch weit von dem entfernt, was wir heute benötigen.

Aber immerhin: Wir haben damals gewonnen.

Ankunft eines neuen Jahrhunderts – umfassende Kommunikation: der Schlüssel zum Wahlerfolg

Nach einigen Jahren als Vollzeit-Politiker in der Stockholmer Provinz wendete ich mich der Tätigkeit als Berater zu. Der erste Schritt des neuen Berater-Daseins war hauptsächlich, so aufzutreten, wie wir es bei den Amerikanern gesehen haben, nach dem Motto: Mach's so wie wir, und du gewinnst.

Aber es war egal, wo wir hinkamen; Die Reaktion war fast die gleiche: „Wir machen das hier aber nicht so. Funktioniert vielleicht in Schweden, aber nicht hier." Um zu überleben, mussten wir zurück nach Hause gehen, auswerten und das ganze Projekt auf andere Weise und mit neuem Ansatz wieder von vorne anfangen.

Wir begannen, Fragen zu stellen – den Spitzenkandidaten, den Führungspersonen der Parteien, den Wahlkämpfern, Organisatoren und Beratern. Da wir mit Parteien zusammenarbeiteten, die ihre eigene Kultur, ihre etablierten Machtzentren in Partei, Parlament, Ämtern und manchmal in der Regierung hatten, mussten wir unsere Rolle als ungefährliche Ausländer unterstreichen, die nur das Instrument verkaufen, mit dem die Parteien bei richtiger Handhabung einen einfacheren Weg zum Sieg haben würden.

Wir wurden von traditionellen Politikberatern zu strategischen Berater. Aufgrund Jahrzehnte langer Arbeitserfahrung in demokratischen Organisationen, werteorientierten Organisationen und dem öffentlichen Sektor entwickelten wir das „Schwedische Do-it-yourself-Wahlkampfstrategie-Instrument."

Das Wahlkampf-Instrument, das wir entwickelten, sollte sehr einfach sein; Leicht zu verstehen, sowohl für Spitzenpolitiker als auch Verantwortliche der Kampagne. So etwa wie das Verkaufen von Möbeln bei IKEA: Alles selbst machen. Wir leiten Sie lediglich dabei an.

So funktioniert es

Zu Beginn der Zusammenarbeit unterhalten wir uns viel über Transparenz, die Transparenz der Arbeit eingeschlossen: Methode, Offenheit und geteilte Verantwortung. Wir unterstreichen, dass wir nur zur Unterstützung da sind, und dass der Kunde die eigentliche Arbeit selbst macht. Zwar ist das Produkt – die Strategie – von größter Bedeutung für den Wahlsieg, aber der Weg hin zu diesem Produkt ist noch wichtiger für die Wahlkampagne an sich.

Wir haben mit diesem Verfahren sowohl in geschlossenen Gruppen innerhalb der Hauptverantwortlichen der Kampagne gearbeitet und haben dies mit einem hohen Maß an Offenheit gegenüber verschiedenen Parteiebenen, befreundeten Organisationen und anderen hilfreichen Partnern getan. Wir empfehlen, den Prozess der Strategieplanung offen zu halten. Je mehr Menschen man schon während des Prozesses erreicht, desto mehr hat man um sich, die verstehen, was man tut, und wohin man will, wenn der eigentliche Wahlkampf beginnt. Offen zu sein erlaubt es einem auch, das Herausgefundene in die Praxis umzusetzen, während der Prozess am Laufen ist. Die Führungsspitze kann vom ersten Tag an testen, ob die Arbeit Ergebnisse bringt. Der Prozess selbst schafft eine kontinuierliche Entwicklung der Kommunikation und Auswertung der geplanten Kommunikationslinien.

Unser wesentlichster Grund, es so zu machen, ist das Problem, das entsteht, wenn man Berater in komplexen Organisationen einsetzt. Ob die Berater die Arbeit erfolgreich oder erfolglos abschließen wird sich nicht im institutionellen Gedächtnis der Partei speichern. Die Arbeit wird innerhalb von ein, zwei Jahren vergessen sein, und die Organisation muss dann wieder von vorne beginnen. Das nächste Mal braucht man also eine Strategie.

Nachdem wir so den Boden für die Strategie bereitet haben, beginnen wir mit ihrer schrittweisen Ausarbeitung. Der Weg zur Strategie ist in 10 Schritte unterteilt.

1. Schritt: Wir müssen uns darüber verständigen, worum es bei einer politischen Kampagne eigentlich geht: Wie sie funktioniert, wo die Unterschiede zwischen politischen Kampagnen und kommerziellem Marketing liegen, die Bedeutung von politischer Kommunikation, der Bedarf an Offenheit, die politischen Ziele und der Unterschied zwischen Links und Rechts: Das alles ist relevant bei der Auswahl der Wahlkampfstrategie.

2. Schritt: Ist dieser Grundstein gelegt, fangen wir an, Fragen über die Umfeldbedingungen zu stellen, in der die Kampagne arbeiten muss. Analyse und Beschreibung der politischen Landschaft und Prüfung der aktuellen Umfragetechniken, Beschreibung der momentanen Parteistrukturen mit formalen und informellen Interessenspunkten für die Kampagne.

3. Schritt: Jetzt wissen wir, woran wir sind. Jetzt heißt es, die Ziele für die Kampagne festzusetzen. Das Ziel wird auf kurzfristige Sicht und langfristige Sicht hin beschrieben. Die kurzfristige Sicht ist bis zum und einen Tag nach dem Wahltag. Das langfristige Ziel deckt normalerweise einen Zeitraum von drei bis fünf Jahren ab. Die Ziele werden in Zahlen beschrieben.

4. Schritt: Jetzt wissen wir wo und warum. Bei diesem Schritt geht es darum, sich selbst zu definieren sowie die Kräfte, die gegen einen arbeiten. Was haben die Gegner vor? Gibt es andere Faktoren, die gegen einen sind, wie z. B. Trägheit der Wählerschaft, der man Rechnung tragen muss? Was ist unser Profil und was soll es unserem Verständnis nach sein?

5. Schritt: Nun fangen wir an, alle Fakten zusammenzubringen. Dies tun wir mittels einer sehr simplen „SWOT-Analyse" und einer traditionellen „Four-Boxes Exercise". Diese Four-Boxes Exercise wird von ersten Tag des Prozesses an genutzt und sie ist ein wunderbares Instrument, um die Entwicklung des Prozesses zu zeigen. Vom Vagen und Reaktiven zum Klaren und Aktiven.

6. Schritt: Aufbauend auf dem, was wir bisher getan haben und mit Daten aus kontinuierlichen Umfragen, versuchen wir, die Botschaft der Kampagne in eine Dramaturgie, eine Story umzusetzen, in eine Kampagnengeschichte, in der man viel mehr entdecken kann als in einem Slogan oder einer Botschaft. Die Erzählung ist der psychologische Ausgangspunkt für die Kampagne. Das Zentrum oder die Sonne, worum sich die ganze Kampagne dreht.

7. Schritt: Die Story ist fertig gestellt, die Botschaft und wie wir uns und den Gegner im Lichte dessen definieren, was wir kommunizieren wollen. Nun ist es fast an der Zeit, sich eine Organisation zu besorgen, die all das umsetzen kann. Wenn man es von dieser Seite angeht, sollte man sich eine Organisation zusammenbauen, die zu der Strategie passt, anstelle einer Organisation, die nach einer neuen Aufgabe sucht. Sie entsprechend der Strategie aufzubauen eröffnet die Möglichkeit, die Mitarbeiter direkt danach auszuwählen, ob man sie braucht, aufgrund ihrer Fähigkeiten, Positionen und Funktionen in formalen oder informellen Strukturen. Es ist dadurch auch viel einfacher, nicht-hierarchische und einfach strukturierte Organisationen aufzubauen, die für einen modernen Wahlkampf so wesentlich sind.

8. Schritt: Zumeist parallel mit dem 8. Schritt geht es um die Verteilung der vorhandenen Ressourcen. In der Vergangenheit haben zu viele Kampagnen aufgrund schlechter Planung und zu wenig Strategie zuviel Geld ausgegeben. Dies kann leicht die Möglichkeiten beschränken, die eigentlichen Ziele der Kampagne zu erreichen.

9. Schritt: Sich für die richtigen Botschaften und Instrumente entscheiden, entsprechend der Strategie und den vorhandenen Ressourcen. Hierunter fällt auch die Planung der Kampagne des/der führenden Spitzenkandidaten.

10. Schritt: Eingerahmt werden muss all dies von einer Langzeitplanung mit genauen Plänen für die politischen Ziele, die Regionen, die Rolle der politischen Führung sowie der Medien – vertikal sowie horizontal. Die Strategie und der Plan sind die Instrumente für die Kampagnenleitung, um den Stand der Kampagne zu übersehen und um jederzeit abschätzen zu können, ob oder inwieweit sie ihr Ziel erreicht.

Wo bleibt die Politik dabei?

Oft kommt es vor, dass, nachdem wir unseren Arbeitsstil präsentiert haben, Fragen kommen wie „Das ist ja alles toll, aber wo bleibt die Politik dabei?" Eigentlich ist es wie mit dem Zusammenbauen von IKEA Bücherregalen: Hier geht es darum zu zeigen, wie man es zusammenbauen kann, nicht darum welches Bücherregal wir zusammenbauen. Das gilt auch für die Politik. Politik ist und bleibt Zentrum und Gerüst jeder Kampagne. Eine Parteiführung und der demokratische Aufbau einer Partei sind die Initiatoren des politischen Programms oder eines Zukunftskonzepts.

Die politische Führung bringt die politischen Themen wie Bildung, Steuern, Straßenbau, Verteidigung, Gesundheit usw. in die Kampagne ein. Grundsätzlich besteht ein Wahlkampf aus drei Abschnitten: Politik, Themen, einem politischen Programm und seiner Illustration.

Erstens: die Politik: Ein Konzept oder ein Programm muss von der Parteiführung im Einklang mit ihren Zukunftsplänen gebracht werden. Zweitens: die Themen: Die politische Führung bringt die Schwerpunkte in die Kampagne ein. Mit Hilfe der Umfragen und weiterer Schritten im strategischen Prozess können nun bestimmte Schwerpunkte für die Zielgruppe erarbeitet werden. Politische Themen machen nichts anderes als die Botschaft und die Story zu veranschaulichen. Das politische Programm wird für Wähler erst durch Illustrationen relevant. Drittens: Das Programm und seine Veranschaulichung, die eine sehr wichtige Rolle in den Medien spielt.

In Wahlkämpfen geht es darum, die Gesellschaft in der wir leben, treffend zu beschreiben; ein politisches Programm, das sich in diesen Realitäten bewegt, zu erstellen; eine Strategie, einen Plan und eine Taktik, die es erlauben, mit einer politischen Vorstellung und einem Programm den Menschen die Hand zu geben.

Und es geht darum, Spaß zu haben.

Peter Radunski

Die Zukunft des Political Consultings –
Politische Berater in Deutschland

Zukunftsjob

In unserer schnelllebigen Zeit sind Zukunftsprognosen über Jobchancen mit Vorsicht zu genießen. Aber diese Voraussage darf man wagen: Der Job des Politischen Beraters in Deutschland hat Zukunft. Berater mit strategischen Kompetenzen und medialen Erfahrungen aber auch Demoskopen, Ereignismanager, PR-Leute und Spezialisten im Online-Marketing, im Fundrasing sowie im Direct-Marketing werden in der politischen Kommunikation nicht nur gebraucht, für erfolgreiche Politik sind sie unverzichtbar.

Die letzte Barriere vor dem Durchbruch dieser modernen politischen Berater sind heute nur noch die knappen finanziellen Mittel der Parteien und vieler politischer Institutionen. Doch die Einsicht in die Notwendigkeit qualifizierter und effektiver Beratung wächst. Wer sich in der Mediengesellschaft behaupten will, wer Aufmerksamkeit und Gehör für seine Botschaften sucht, muss die finanziellen Mittel zur wirksamen Kommunikationsorganisation bereitstellen.

Betrachtet man das Bedingungsfeld moderner Politik im Wahlkampf und im täglichen Geschäft, wird schnell deutlich, dass nur überlegte, gut organisierte Kommunikation heute noch erfolgreich sein kann. Wollen politische Parteien und ihre Akteure im Zeitalter der Mediendemokratie Gestalter und nicht Getriebene sein, müssen sie den modernen Rahmenbedingungen ein effektives Kommunikationsmanagement gegenüber stellen. Der Eindruck wächst, dass die SPD seit 1998 hier neue Maßstäbe gesetzt hat. Sie ist mit ihrer Kampa den anderen Parteien in der modernen Organisation des Kommunikationsmanagementes voraus und bietet damit auch jungen Wahlkampfberatern den besseren Einstieg. Nicht zu übersehen sind auch die Fortschritte der FDP, die Dank der kommunikativen Kompetenzen und Einsichten von Westerwelle und Möllemann ihren politischen Markt gut erfasst. Ob die späte, weniger professionelle Aufstellung der Union im Bundestagswahlkampf 2002 Nachteile bringt, wird man am Ergebnis ablesen können. Politische Trends und Ereignisse, nicht die Wahlkampfberater, sind die wichtige Komponente der Wahlkampfentscheidung. Wahlkampf ist Politik, aber in den knappen Entscheidungskonstellationen im deutschen Fünf-Parteien-System kann der professionellere Wahlkampf den Ausschlag geben. Ein guter Kanzlerkandidat ist wichtiger als ein gutes Wahlkampfmanagement, aber er wird noch besser, wenn er gut beraten und gemanagt wird. Diese Erkenntnis begründet schon heute und in Zukunft noch stärker den Markt der Berater in Deutschland.

Moderne Kommunikation

Die politische Öffentlichkeit ist nach Inhalt, Struktur und in ihren Prozessen medial beeinflusst. Auf die Bedingungen der Mediengesellschaft müssen sich alle einstellen, die öffentlich agieren wollen.

Ohne Berater geht das nicht. Medienbezogene Strategien müssen entworfen und PR-Organisation aufgebaut werden. Die Personalisierung hat die Politik zu einem Rennen zwischen Personen gemacht (*horse-race* sagen die Amerikaner), in das kein Verantwortlicher ohne Hilfe von Coaches gehen sollte. Erfolgreich ist, wer in den Massenmedien seine politischen Ziele und Pläne herausbringen kann. Es gibt zwei Arten von Politikern: Die im Fernsehen und die davor.

Nur gute Medienberater und Strategen können diesen Unterschied ausgleichen helfen.

Da es im Mediengeschehen immer schwieriger wird, Entscheidungsprozesse zu verdeutlichen, müssen kompetente Berater die Marketingstrategie mit den Politikern so entwickeln, dass sie durchdringen. Wer eine politische Zielsetzung hat, muss ihre Kommunikation mitdenken und sich dabei helfen lassen. Ohne politische Inszenierung können selbst ernsthafte Entscheidungen nicht die notwendige Bedeutung in den Medien erzielen. Ein gelungenes Beispiel dafür war Gerhard Schröders Vertrauensfrage im Zusammenhang mit der Entscheidung über Truppenentsendungen nach Afghanistan. Hier wurde der Entscheidungsprozess fast 10 Tage lang zur TV-Serie. Auch hier zeigte sich: Politik muss redaktionell verstanden werden. Die Wahlkampf- oder Politikstäbe müssen sich selbst als Redaktion begreifen und so handeln. Das können nur Profis.

Die politischen Berater weisen gern darauf hin, dass die Wähler nur noch in geringer Zahl an Parteien gebunden sind und so das Consulting noch wichtiger geworden ist.

Tatsächlich entscheiden die Wähler ungebundener, wechselhafter, enthaltungsfreudiger und differenzierter, als das in vergangenen Jahrzehnten der Fall war und die Parteien ein hohes Stammwählerpotential hatten. Da Klingeln zum Geschäft gehört, wird von den Beratern aber oft übertrieben, wenn sie das feste Potenzial der Parteien heute bei 20 % ansiedeln wollen. Mobilisierbare politische Mentalitäten und Milieus gibt es auch heute noch. Aber sie reichen nicht zum Wahlsieg auf der Bundesebene und man kann sich auf ihre Mobilisierung nicht verlassen. Vor allem kann sich niemand mehr auf die Stärke seiner Basisorganisationen verlassen. Parteiorganisationen können den Wahlkampf der Bundesparteien unterstützen, aber auch schwächen, wenn keine professionelle Mobilisierungskampagne entwickelt wurde. Ein weites Feld für Wahlkampfberater. Jedem aufmerksamen Betrachter ist längst bewusst, wie stark Medienwirklichkeit und politisch soziale Realität sich vermischen können, so dass Themenmanagement, Krisenkommunikation, Personenkampagnen, wichtige Erfahrungen und Einsichten für die Bürger und Wähler durch die Medien begründen helfen. Die Differenzierungen von Medienkampagnen bedürfen vielfältiger Beratungskapazitäten, weil es nicht nur um Images und Emotionen sowie Botschaften im Fernsehen geht, sondern auch um sachliche Ausdifferenzierung von Themen in Presse, Hörfunk und Internet.

Das Fernsehen hat die Struktur der Kommunikation geprägt: Politik muss visualisiert, emotional unterhaltend und anschaulich inszeniert sein. Tempo, Bilder, Botschaften und Unterhaltung sind der Rohstoff effektiver Kommunikation. Das kann kein Beratungsprofi allein konzipieren und managen. Hier bedarf es eines guten Teams mehrerer Berater. Wo die Talkshow zum wichtigen Arbeitsplatz des Politikers geworden ist, haben die PR-Leute eine wichtige Funktion in jedem Beratungsteam. PR-Leute und Berater bilden ein wichtiges Gegengewicht zu den Journalisten in den Medien. Es geht um die Ballance im Kampf um Aufmerksamkeit. Während in den USA 150.000 PR-Leute 130.000 Journalisten gegenüber stehen, ist es hierzulande umgekehrt: 40.000 Journalisten dominieren 20.000 PR-Leute. Ein Grund mehr, das Beraterbusiness zu erweitern.

Drei Elemente charakterisieren die Bedingungen des modernen Wahlkampfes und der Politikvermittlung. Sie zeigen zugleich die Wachstumsfelder der Beratung:

Personen verkörpern die politischen Botschaften

Studien, Umfragen und politische Konzepte liegen den Kampagnen zugrunde. Die Kampagnen werden multimedial geführt: Fernsehen, Hörfunk, Presse, computergesteuerte Telefonate und Briefe, Internet, E-Mail in jedem dieser drei Felder wird professionelle Beratung verlangt. Politische Beratung ist ein Zukunftsjob.

Das Geschäftsfeld der politischen Beratung erweitert sich aber auch, weil durch Direktwahlen in Städten und Landkreisen und sich abzeichnende Volksentscheide neue Aufgaben entstehen.

Know-how

Die Stäbe der politischen Parteien stehen vor Aufgabenveränderungen und neuen personellen Zusammensetzungen. Veränderungen, die einer Revolution in der Parteiorganisation gleichkommen. Die Vielfalt der Medien eröffnet der Politik Zugangsmöglichkeiten, die nur professionell von Medienberatern dargestellt werden können. Medienberater mit Personenkenntnissen, Einsichten in Medienstrukturen, Erfahrungen in der medialen Arbeit als Journalisten werden wichtige Berater der Politiker als Pressesprecher, Medienberater oder Kommunikationsstrategen.

Sie müssen Barrieren zwischen Politikern und Medien abbauen, die Medien zur Brücke für die Politiker zum Wähler machen. Für Journalisten immer ein

Wagnis, weil sie schnell einen parteipolitischen Stempel aufgedrückt bekommen, der ihre weiteren Karrierechancen in den Medien mindert. Auch könnte im Fall einer Wahlniederlage ihre Professionalität in Frage gestellt werden. Doch mit einer interessanten finanziellen Honorierung wird das Interesse der Journalisten an der sportiven Aufgabe des Wahlkampfes steigen. Für die Kommunikatoren in den Parteizentralen werden sie eine ernstzunehmende Konkurrenz, da sie das Innenleben der Medien gut kennen. Aber auch die Generalisten, die eine Gesamtkampagne überblicken, steuern und konzipieren können, sind gefragt. Sie arbeiten als Chefberater und Wahlkampfmanager. Mit wichtigen strategischen Aufgaben werden oft auch Demoskopen beauftragt, die aus den von ihnen durchgeführten Umfragen Strategien entwerfen, Zielgruppen oder das strategische Wählerpotential der Kampagne definieren.

Schließlich – wenn auch mit abnehmender Bedeutung – können auch Chefs der Werbeagenturen Kommunikationsstrategien und Medienkampagnen konzipieren und umsetzen. Weiteres Know-how wird von den Spezialisten der Gegnerbeobachtung, den Redenschreibern und Eventmanagern eingebracht. Direct-Marketing, Fund-rasing, Online-Management sowie Print- und Versandhandling ergänzen die Erfordernisse an Berater im modernen Wahlkampf. Vom Wahlkampfexperten, der alles versteht und die Kampagne leitet und koordiniert, bis zum hochqualifizierten Spezialisten geht es um vielfältige Formen des Political Consultings. Alle, die in diesen Bereichen arbeiten, können sich Political Consultant nennen. Während man in Deutschland noch immer nur wenige Berater im Wahlkampf verpflichtet, spezialisiert sich das US-Wahlkampfmanagement weiter. Hoch spezialisierte, differenzierte Teams entstehen. Die Vielfalt der Gesellschaft und ihrer Probleme, die sich auch in vielen Formen der Wahlkampfführung widerspiegelt, wird durch Wahlkampfführung amerikanischer Art weiterentwickelt und diversifiziert. Noch ist das deutsche Management der Politikvermittlung von der amerikanischen Professionalisierung und Spezialisierung entfernt: geringere Honorare, weniger Instrumente der Kommunikation, weil sie zu kostspielig (Telefon, Briefe) oder nicht zulässig (Kauf von Fernsehzeiten) sind.

Background

Einen Background müssen alle deutschen Berater haben, sie müssen parteinah und politisch sein. Auch wenn mit der Parteinähe heute großzügiger umgegangen wird, kann man prognostizieren, dass es in mittelfristiger Perspektive der nächsten zehn Jahre keine wesentlichen Beratungsverhältnisse geben wird, die nicht von der Parteinähe des Beraters gekennzeichnet sind. Der Wechsel einer Beratungstätigkeit von der SPD zur CDU oder umgekehrt bleibt noch lange undenkbar und wenig wahrscheinlich. Undenkbar auch, dass führende Berater – mit Ausnahme einiger Spezialisten – nicht politisch versiert oder interessiert sind. Das Studium der Kommunikationswissenschaften und der Sozialwissenschaften, insbesondere der Politologie ist eine gute Grundlage. Mitarbeiter in einer Partei zu sein oder in einem politischen Verband ist noch immer das beste Training on the job. Man muss feststellen, dass es kaum möglich ist, ernsthafter politischer Berater zu sein, ohne Tätigkeiten in Parteien. Bei aller Spezialisierung des Know-hows – der politische Background zählt ebenso wie der fachliche – beide sind in diesen Beratungsjobs wohl auch gar nicht zu trennen. Die Berater brauchen die Parteien zum Einstieg in den Job. Die Parteien brauchen die Berater, die sich ihrerseits die Kandidaten und Parteien genau ansehen, für die sie sich engagieren wollen. Das Honorar ist längst nicht das einzige Motiv für politische Beratung, Überzeugung und Sympatie für die politische Sache kommen hinzu. Alle wichtigen politischen Berater haben einen akademischen Background, aber studieren kann man das Fach „Politisches Management" in Deutschland nicht. Ansätze im Rahmen verschiedener Studiengänge gibt es, aber keinen Gesamtstudiengang. Anders in Amerika, wo an der George-Washington-University eine „Graduate School for Political Management" eingerichtet wurde. Marco Althaus aus Deutschland und Christian Scheucher aus Österreich sind die ersten erfolgreichen Politikberater aus dieser Schule. Die Parteien sollten ihre Talente dort hinschicken und dann zur Beratung zurückholen, denn die US-Wahlkampfmethoden sind noch immer die beste professionelle Grundlage für Wahlkämpfe. Alle wichtigen Profis haben in den USA gelernt und sich dort immer wieder getroffen: in den Head-Quarters amerikanischer Politiker, in den Büros der Consultants, in verschiedenen Fachseminaren zur Wahlkampfführung und in den IAPC (International Associations of Political Consultants), die heute auch einen europäischen Ableger hat. US-Wahlkampfliteratur, Wahlkampfbeobachtung in den USA und nationale wie internationale Kommunikationsstudien sind Pflicht zur Fortbildung für alle, die Political Consulting betreiben. Genügend Einstiegs- und Ausbildungsmöglichkeiten gibt es also für jeden jungen mutigen Akademiker, der sich in ein spannendes Berufsfeld wie Political Consultant begeben will. Das politische Gefühl, das er braucht, lernt er erst in praktischen Kampagnen: Wahlkampfstress auszuhalten, erst wenn es um gewinnen und verlieren geht, denn Wahlkampf ist ein „One day-sale". Man muss sich auf den Wahlkampftag in einem ungewöhnlich temporeichen, hektischen Geschäft konzentrieren und sich darin bewähren. In den USA wurde 1933 der Beraterjob geboren. Clemm Whitacker und Leone Baxter haben damals ihr Campaigns Inc. gegründet und, wie Frau Baxter dem Autor erzählte, 75 Kampagnen in Kalifornien bestritten. Sie kamen aus der Werbung wie Harry Walter und Cord von und sowie Axel Wallrabenstein, die in Deutschland für die beiden großen Parteien SPD und CDU gearbeitet haben. Aus Parteimitarbeitern wurden Consultants wie Volker Riegger, Fritz Goergen, Matthias Machnig und Peter Radunski. Aus der Presse kamen Peter Bönisch, Gert Bacher, Andreas Fritzenkötter und Michael Donnermeyer. Aus der Meinungsforschung sind Elisabeth Nölle-Neumann, Wolfgang Gibowski und Hans-Joachim Veen. Hier zeigt sich, wie vielfältig Herkunft und Zugang zur politischen Beratung sind.

Honorar und Marktwert

Zum Wahlkampf braucht man drei Dinge:
- Geld
- Geld
- Geld.

Das hatten auch schon preußische Generale vom Krieg führen behauptet. Verglichen mit den 20–30 Millionen, die große deutsche Parteien für ihre Wahlkämpfe ausgeben, sind die Präsidentschaftskampagnen in den USA längst Milliarden Dollar schwer. 2000 war das teuerste Wahlkampfjahr in der amerikanischen Geschichte mit insgesamt 3 Milliarden Dollar Ausgaben. Mit welchen Summen man auch in Zukunft rechnen wird, wer in Deutschland konkurrenzfähig im Wettbewerb der Parteien bleiben will, braucht die qualifizierte Beratung und muss sie bezahlen können. Die eigene Parteiorganisation kann einen moderne Wahlkampfführung nicht mehr gewährleisten, zumal die jungen Mitarbeiter niemals so lange in der Parteizentrale bleiben, weil sie dort nicht gut bezahlt werden und weiterkommen wollen. Es ist auch ökonomisch nicht sinnvoll, in den Parteiapparaten Jahre vor der Wahl hochqualifizierte Kräfte vorzuhalten, wenn der Markt der Wahlkampfberater jederzeit gute Leute zur Verfügung stellt. Für die notwenigen Innovationsschübe in den Parteiapparaten ist es lebenswichtig, regelmäßig neue Wahlkampfberater von außen einzustellen. Wahlkampfberater müssen gut bezahlt werden: Tageshonorare zwischen 500 und 2500 Euro oder Gesamthonorare von 100.000 bis 200.000 Euro für die etwa 8 Monate der Kampagne. Es gibt viele Gestaltungsformen für Verträge mit Politikberatern, wobei drei Formen besonders häufig auftreten:

- Kampagnendesign und Überwachung der Gesamtkampagne
- Check-up der Kampagnenplanung und Organisation von Zeit zu Zeit
- Kandidatenberatung

Erfolgreiche Politikberater bleiben zwar Exoten in der PR- und Marketingbranche, aber sie haben wachsende Chancen, denn die Unternehmenskommunikation ist vor die gleichen Herausforderungen gestellt wie Politiker und Parteien in der Mediengesellschaft.

Ob es sich um Unternehmenskultur, Unternehmensführung, Image eines Unternehmens, Fusionen oder Krisen handelt, der Kampf um Aufmerksamkeit und die Notwendigkeit guter Kommunikation in den Medien ist der gleiche wie in der Politik. Die schlachterprobten Politikberater können hier der Wirtschaft helfen.

Consultant's Notebook

Berufsgeheimnis

„Wenn einer nichts gelernt hat, dann organisiert er. Wenn einer aber gar nichts gelernt hat und nicht zu tun hat, dann macht er Propaganda." *Kurt Tucholsky*

Kampagne Kunst

„Zieh viel darüber zu Rate was Du tun sollst, aber teile nur wenigen mit, was Du ausführen willst." *Nicolo Machiavelli*

Sieg

„Wenn der Kandidat gewinnt, dann wegen seines Charmes, seiner Intelligenz und seiner Beliebtheit beim Wähler. Wenn er verliert, war es Dein Fehler."

Joseph Napolitan

Niederlage

„Du kannst mehr lernen, wenn Du eine Kampagne verlierst, als wenn Du gewinnst. Wenn Du aber weiterhin verlierst, wird es Zeit sich nach einem anderen Job umzusehen ..." *Joseph Napolitan*

Parteizentrale

„Einer hackt Holz, und 33 stehen herum – die bilden die Zentrale."

Kurt Tucholsky

Entscheidungsstress

Entscheidungen sind ein so knappes Gut wie Geld und Zeit.

Umgang mit Kritik

„Was immer auch geschieht, nie dürft ihr so tief sinken, von dem Kakao durch den man Euch zieht, auch noch zu trinken." *Erich Kästner*

Presserefrain zu guter Letzt

„Diese Kampagne war langweilig, inhaltsarm und schmutzig."

Kampa 2002

„Auf den Kanzler kommt es an." *CDU 1969*

Ratschläge

„Wer sich von seiner Frau im Wahlkampf Ratschläge geben lässt, der sollte sich auch von ihr den Blinddarm herausnehmen lassen." US-Profiweisheit

Pressekontakte

„Wer Hunger hat, soll mit dem Koch nicht streiten." *US-Profiregel*

Wähler

„Nehmen 'Se die Menschen, wie sie sind. Es gibt keine anderen."

Konrad Adenauer

Frank Stauss

Wählt Markenpolitik!
Werbung und ihre Rolle in der politischen Kampagne

„Some kinds of communications
on some kinds of issues,
brought to the attention of some kinds of people
under some kinds of conditions,
have some kinds of effects. " [1]   Bernard Berelson

Wirb oder stirb

Werbung entscheidet Wahlen. Die knappen zumindest. Wenn es so aussieht, als ob es nicht knapp würde, kann man auf Werbung verzichten. Aber dann könnte es wiederum knapp werden. Wer will das immer so genau wissen?

Bei der Bundestagswahl 1994 trennten die bereits abgeschriebene SPD am Wahlabend plötzlich nur noch 140 000 Stimmen von einer Regierungsbeteiligung im Bund. Bei 60 Millionen Wahlberechtigten und einem Nettogewinn von 1,3 Millionen Stimmen für die Sozialdemokraten im Vergleich zu 1990. In den USA hat Al Gore 2000 sogar gewonnen, aber nicht gesiegt. Ein paar tausend Stimmen mehr hätten gereicht. Wahrscheinlich schon ein paar hundert. Der richtige Spot zur richtigen Zeit in Miami Dade, und wo wäre die Welt heute?

Die Stärke der Werbeagentur: Ideen durch Distanz

Parteien wie Unternehmen engagieren Werbeagenturen aus einem einzigen Grund: um durch den zusätzlichen Einsatz von Geldern mehr Erfolg zu haben als ohne ihn. Dabei geht es immer um die besondere Sicht der Dinge, die Agenturen in den Kommunikationsprozess einbringen. Denn ein Politiker, der permanent für seine Politik wirbt, hat ja eigentlich genug Erfahrung in dem Geschäft, um sich nicht auch noch eine Werbeagentur zulegen zu müssen. Ähnliches könnte man auch über CocaCola, McDonald's oder Mercedes-Benz sagen. Diese Unternehmen haben schließlich auch über die Jahrzehnte ausreichend Erfahrung in der Vermarktung ihrer Unternehmen und Produkte gesammelt.

---

1 Bernard Berelson, renommierter Sozialwissenschaftler der University of Chicago, gelangte bereits 1940 zu dieser beeindruckenden Erkenntnis über politische Kommunikation. Als Meilenstein der Wahlforschung sei empfohlen: Lazarsfeld, Paul; Berelson, Bernard; Gaudet, Hazel: The people's choice: How the voter makes up his mind in a presidential election, New York 1944.

Dennoch engagieren sie externe Agenturen für ihre Werbung.

Das hat einen einfachen Grund. Herausragende Werbung entsteht durch eine hohe Identifikation mit der Marke bei gleichzeitiger Distanz zu ihren Machern. Man muss nicht wissen, wie die Schönheit gemacht wurde, um sie begehren zu können. Ebenso wenig muss man wissen, wie Nutella gemacht wird. Wissen muss man aber, was Millionen von Menschen morgens empfinden, wenn die falsche Nugatcreme auf dem Tisch steht.[2]

Werber sind Kommunikationsexperten, die den ganzen Tag nichts anderes machen, als für andere zu werben. Ein Werbetexter kommt morgens ins Büro, beschäftigt sich dort zunächst mit Details über ein neues, erschütterungsfreies Automatikgetriebe, schreibt dann eine Broschüre zum Thema Milchverarbeitung, überwacht die Produktion eines Funkspots für Bier, lässt sich über den neuen Maschinenpark eines Bauunternehmens unterrichten und nachts, nach der *Harald-Schmidt-Show*, fällt ihm ein, dass man vielleicht mit einem Wackel-Elvis für das erschütterungsfreie Getriebe vom Vormittag werben könnte.

Werber werden dafür bezahlt, dass ihnen etwas anderes einfällt als denen, die permanent mit dem zu tun haben, was sie später auch noch bewerben sollen. Gute Werber bewahren uns vor Spots, die sagen: „Neu! Jetzt mit erschütterungsfreiem Automatikgetriebe." Das wäre zwar inhaltlich richtig, aber kaum überraschend, sympathisch, clever und damit imageträchtig. Eine Chance bliebe ungenutzt. Ähnlich Spannendes käme heraus, wenn man einen Politiker ein Plakat machen ließe. Das will niemand. Es will ja auch niemand von einem Artdirector regiert werden.

Wie die Markenwerbung ist die Politikwerbung dazu da, Inhalte auf den Punkt zu bringen, sie überraschend zu vermitteln, imagebildend zu wirken und durch große Aufmerksamkeit die eingesetzten Werbeeuros zu potenzieren. Und auch hier ist es die Distanz, die den besonderen, den anderen Blick möglich macht, der zu besonderer, anderer Werbung führt.

Ein nettes kleines Mädchen steht auf einer schönen Frühlingswiese, hält eine Blume in der Hand und zählt fröhlich die Blütenblätter: „Eins, zwei, drei, vier, fünf, sechs, sieben, acht, neun." Plötzlich wird ihr fröhliches Spiel von einer verzerrten, metallenen Stimme aus einem Lautsprecher übertönt. Ängstlich blickt die Kleine um sich.

Die Stimme zählt im Countdown: „Neun, acht, sieben, sechs, fünf, vier, drei, zwei, eins."

Die Kamera fährt immer näher an das erschrockene Gesicht der Kleinen heran, bis in ihre weit aufgerissenen Pupillen.

Wir hören das Geräusch einer Explosion.

---

2 An diesem Beispiel zeigt sich auch, dass man alles richtig machen kann und trotzdem unterirdische Werbespots produziert. Eine gute Agentur, ein wenig Mut und Geschmack gehören eben auch noch dazu, eine Marke wirklich voll ausschöpfen zu können.

Im Auge des Mädchens spiegelt sich ein Atompilz.

Darüber die Stimme von Präsident Johnson mit einem Redeausschnitt: „Darum geht es nun: eine Welt zu bauen, in der alle Kinder Gottes leben können – oder in die Dunkelheit zu gehen. Wir müssen uns lieben – oder wir müssen sterben."

Off-Sprecher, Textchart:

„Wählen Sie Präsident Johnson am 3. November.

Es geht um zu viel, um zu Hause zu bleiben."

Dieser Spot der Demokraten gegen den Herausforderer Barry Goldwater wurde am 7. September 1964 auf NBC vor rund 50 Millionen Zuschauern präsentiert. Präsident Lyndon B. Johnson war zunächst erschrocken über die heftigen Reaktionen der Republikaner und die überlastete Telefonzentrale des Weißen Hauses. „Was in Gottes Namen ist passiert?", fragte er seinen Pressechef, Bill Moyers. „Wir haben gepunktet", lautete die Antwort. „Wahrscheinlich haben wir das", gab Johnson wenig später zu.[3]

Zuvor war es Goldwater im Wahlkampf gelungen, seine harte und konfrontative Rhetorik gegenüber den Sowjets zu entschärfen. Der punktgenaue Werbespot rief den Amerikanern aber wieder den kriegstreibenden Hardliner Goldwater in Erinnerung, den sie von früher kannten. Johnson gewann die Wahl – mit 61 % der Stimmen – so deutlich wie selten in der amerikanischen Geschichte.

Die Entscheidung für eine solche Strategie war Sache der Politik. Die emotional packende Umsetzung Aufgabe der Werbeagentur DDB, die sich bis dahin vor allem durch ihre herausragende Volkswagenkampagne („Er läuft und läuft und läuft") einen Namen gemacht hatte. Im Pentagon wäre der Spot kaum entwickelt worden. Denn wer zu nahe dran ist, sieht vielleicht Zahlenkolonnen in Rüstungskontrollverträgen, aber keine kleinen Mädchen, die fröhlich Blütenblätter zählen. Der friedenspolitische Inhalt des Spots hat Präsident Johnson übrigens auch nicht davon abgehalten, nur wenig später kleine Mädchen in Vietnam zu bombardieren. Aber da waren die Werber von DDB längst wieder damit beschäftigt, Autos zu verkaufen.

Politik macht Politik.

Werbung macht Werbung.

Das ist eine simple Arbeitsteilung, die zu berücksichtigen alle Beteiligten fröhlicher stimmt.

---

3 Zitiert nach Diamond, Edwin; Bates, Stephen: The spot: The rise of political advertising on television, 3rd Edition, Cambridge, Massachusetts 1992, S. 122–28, Übersetzung des Autors.

Was klassische Werbung kann. Und was nicht.

Werbung im klassischen Sinne besteht aus Plakaten, TV-Spots, Anzeigen, Internetauftritt, Funkspots, Broschüren und weiteren Werbemitteln, die in gekauften Werbeträgern mittels Plakatflächen, Sendezeiten oder Anzeigenseiten zum Einsatz kommen. Werbeagenturen, die guten zumindest, sind jedoch nicht nur dazu da, bunte Bilder und treffende Zeilen zueinander zu bringen. Agenturen erarbeiten gemeinsam mit ihren Kunden zunächst die werbliche Positionierung einer Marke. Darauf aufbauend entsteht dann ein Konzept und erfolgen die kreative Umsetzung und schließlich die Produktion der Werbemittel.

Diese „gekaufte" Kommunikation spielt in der politischen Kampagne eine deutlich kleinere Rolle als in der traditionellen Markenkommunikation. Das liegt an dem Umstand, dass eine klassische Marke nicht wirklich lebt: Eine Hautcreme sieht man nie in der Tagesschau. Sie gibt keine Interviews, setzt sich nicht in Talkshowsessel, kocht nicht mit Bio und erlaubt sich auch keine unkontrollierten Abweichungen vom Redemanuskript. Eine Markenhautcreme wurde nahezu ausschließlich mittels Werbung über eine längere Laufzeit aufgebaut. Alles darum herum sind begleitende Maßnahmen der PR. Grundsätzlich gilt hier: Das Erscheinungsbild der Marke wird nahezu ausschließlich über ihre Werbung definiert.

Politische Werbung hingegen ist die Begleitmaßnahme zur politischen PR. Sie ist ein relativ kleiner Bestandteil im Kommunikationsmix einer modernen Kampagne. Die Hauptaustragungsstätten eines Wahlkampfes sind die redaktionellen Beiträge des Fernsehens, der Printmedien und am Rande auch noch der neuen Medien. Dort finden die inhaltlichen Auseinandersetzungen statt, dort werden Persönlichkeiten und Programme aufgebaut, unter die Lupe genommen und je nach Lage bejubelt, demontiert oder einfach akzeptiert.

Eine Werbekampagne wird nie gegen ein an diesen Orten entstandenes grundlegendes Meinungsklima arbeiten können. Sie kann aber erfolgreich mitschwingen, hin und wieder korrigierend eingreifen, Positives unterstreichen, mit kleinen Spitzen den Gegner aus dem Tritt bringen und immer wieder die Öffentlichkeit, allen voran die Meinungsbildner, überraschen. Sie wirkt im besten Sinne des Wortes imagebildend – ist Wegweiser, Orientierungspunkt und Innovationsmotor einer politischen Kampagne.

Werbung ist der einzige massenwirksame Faktor im Kommunikationsmix, der zu 100 % der Kontrolle der Wahlkampfleitung unterliegt – von der Entstehung bis zur Ankunft beim Empfänger. Und da das Streben nach Kontrolle der Botschaft zum Wichtigsten einer Wahlkampfleitung zählt, ist gekaufte Werbung die Visitenkarte einer Kampagne.[4] Hier kann die Partei sich so darstellen,

---

4 Zum Thema Kontrolle siehe auch: Bitala, Michael: „Schafft die Frau da weg!" Süddeutsche Zeitung, 24. 9. 1998, S. 21.

wie sie sich selbst und ihren Beitrag für die Zukunft der Gesellschaft sieht. Hier hat sie auch die Chance, aus den bekannten Mustern auszubrechen und sich eine zusätzliche Dimension der Politikvermittlung zu erschließen: eine emotionale Stimmungsebene aus zu 100 % selbstbestimmten Elementen. Ohne Filter durch den Journalismus.

Wenn der Wähler abends vor dem Fernseher sitzt und einen politischen Werbespot sieht, dann hat die Partei ihn für sich. In diesem Augenblick entscheidet der Empfänger allein, ob ihm das Gesehene gefällt, ob es ihn anspricht, berührt, seine Meinung festigt oder ins Wanken bringt. Und wenn er am nächsten Morgen die Zeitung aufschlägt und mit der Anzeige konfrontiert wird, auf der Straße die Plakate sieht und im Auto den Funkspot hört, dann kann Werbung entscheidend wirken. Mobilisierend auf die eigene Anhängerschaft, demotivierend auf die Anhänger der anderen Seite und anregend auf die Unentschlossenen, die beworbene Partei vielleicht doch noch einmal unter die Lupe zu nehmen. Niemand wird je zugeben, durch politische Werbung überzeugt worden zu sein. So wie niemand zugibt, durch Werbung überhaupt zum Kauf irgendeines Produktes angeregt worden zu sein. Und dennoch wirkt Werbung. Immer dann, wenn sie ganz individuell wirken kann. Allein mit dem Empfänger.[5]

Der Einfluss von Werbeagenturen auf die Politikformulierung wird gerne überschätzt, ihr Einfluss auf das Gesamterscheinungsbild einer Kampagne dafür unterschätzt. Wenn Werbung stattfindet, ist die Politik längst formuliert. Aber erst wenn Werbung sichtbar wird, findet für die breite Öffentlichkeit tatsächlich ein Wahlkampf statt. Dann werden Slogans, Plakate und Spots selbst zu Nachrichten – und damit zu Politik.

Von Marken lernen: Grundlagen der Positionierung

„Den Geschmack der Masse zu treffen ist ein schwieriges Geschäft. Ich selbst habe schon mehrfach vergeblich am vereinbarten Treffpunkt gewartet." [6]

Werner Butter

Die größten Unterschiede zwischen der Werbung für eine klassische Marke und der für eine Partei sind die hohe Aufmerksamkeit in der Öffentlichkeit und

---

5 Dick Morris, Chefstratege von Clinton/Gore 1996, ist überzeugt davon, dass der frühe Einsatz von Werbespots der Schlüssel zur Wiederwahl des Präsidenten war. Siehe: Morris, Dick: Behind the oval office, 2nd Edition, Los Angeles 1999, S. 138. Beiträge zur Werbewirksamkeit politischer Kampagnen in Deutschland finden sich in den Büchern von Christina Holtz-Bacha: Wahlwerbung als politische Kultur, Wiesbaden 2000; Wahlkampf in den Medienwahlkampf mit den Medien, Wiesbaden 1999 (Hrsg.); Wahlen und Wahlkampf in den Medien (Hrsg. mit Lynda Lee Kaid), Opladen 1996.

6 Werner Butter, Jahrgang 1932, einer der erfolgreichsten Werbekreativen Deutschlands, betreute über fast ein Jahrzehnt den SPD-Parteivorstand. Mit RSCG, BUTTER, RANG engagierte die SPD 1987 erstmals eine etablierte Markenagentur, die auch das bis heute gültige Corporate Design mit den zwei Quadraten entwickelte.

die Repräsentation der Marke „Partei" durch ihre Spitzenpolitiker. Diese Faktoren machen die Arbeit spannend, aber nicht grundsätzlich anders. Parteienwerbung ist Markenwerbung und unterliegt den gleichen Grundgesetzen der Kommunikation. Beide haben die gleichen Wurzeln und immer schon viel voneinander gelernt.

Werbung ist so alt wie die Menschheit. Wer um die Zuneigung eines anderen Menschen wirbt, will sich in ein möglichst positives Licht rücken, setzt sein strahlendstes Lächeln auf und versucht durch Charme und intelligenten Witz zu verführen. Oder durch einen tiefer gelegten Opel Manta. Je nach Stil des Werbenden und des Rezipienten.

Nichts anderes versucht die klassische Markenwerbung mit den ihr anvertrauten Produkten. Man baut „Markenpersönlichkeiten" auf, haucht ihnen Leben ein, entwickelt sie weiter und lässt sie im besten Falle auch noch Kinder kriegen, die selbst erfolgreich im Markt agieren. Die heißen dann Coke Light oder Nivea Deo.

Erfolgreiche Marken erfüllen dabei mindestens die folgenden Funktionen:
• rationaler Nutzen – die Marke bietet einen konkreten Vorteil
• emotionaler Nutzen – die Marke bietet einen emotionalen Mehrwert
• Qualität – die Marke bietet dauerhaft überdurchschnittliche Qualität
• Innovationskraft – die Marke wird regelmäßig aktualisiert
• Orientierung – die Marke bietet klare Orientierung und damit Sicherheit[7]

Und alles zusammen funktioniert nur, wenn die Marke im Kern glaubwürdig ist. Dann verzeiht man ihr auch einmal einen Fehltritt wie den Elchtest oder New Coke.

Beides Beispiele für die unbezahlbare Kraft einer Marke in der Krise.

Oberstes Markenziel: Orientierung bieten

Zwischen den einzelnen Faktoren haben sich über die Jahrzehnte die Gewichtungen verschoben. Überdurchschnittliche Qualität selbst bei preiswerten No-Name-Produkten und immer rasanter auf den Markt drängende Nachahmer von Produktinnovationen haben die produktspezifischen Faktoren in den Hintergrund rücken lassen. So zählt heute bei vielen Marken der emotionale Nutzen mehr als der rationale, die Unique-Selling-Proposition (USP) weicht dem Emotional Selling Proposition (ESP). Es geht immer weniger darum, was die Marke tatsächlich kann (weiß waschen), sondern was sie mir persönlich bringt (Sicherheit bei der Auswahl und Anerkennung durch die Familie). Anders ausgedrückt: Wenn Marken Ähnliches oder Gleiches bieten, entscheidet die Sympathie.

---

7 Zur Markendefinition siehe: Schrickel, Rolf: Marken auf dem Prüfstand, in: W & V, Nr. 48/1999, S. 130–131.

Unabhängig von der Gewichtung Nutzen, Qualität und Innovationskraft ist und bleibt der wichtigste Erfolgsfaktor für eine Marke jedoch ihre Orientierungsfunktion.

Ihr Urlaub hat Sie mal wieder in ein Land geführt, dessen Sprache Sie nicht sprechen, dessen Schrift Ihnen unbekannt ist und das Sie noch nie zuvor betreten haben. Ihre Abenteuerlust lässt es aber dennoch nicht zu, den Urlaub im Hilton- oder Pauschalghetto zu verbringen. Müde nehmen Sie nach anstrengender Reise Ihr Ferienhäuschen in Besitz und fahren nach einem Blick in den leeren Kühlschrank erst mal zum Einkaufen in den Supermarkt. Völlig irritiert stehen Sie vor Dosen und Packungen, die Sie noch nie zuvor gesehen haben. Um Sie herum Menschen, die Ihnen freundlich nicht weiterhelfen können. Plötzlich wird Ihnen warm ums Herz. „Die Packung dort hat doch die gleiche Farbe wie die zu Hause. Es heißt zwar anders, aber wenn das nicht mein gutes Buntwaschmittel ist. Und da sind auch mein Lieblingsmüsli, mein Deo, mein Whiskey ... ach, und das superflauschige Toilettenpapier gibt es hier auch!" Deutlicher als Winston Fletcher, renommierter britischer Markenwerber, kann man die Orientierungsfunktion einer Marke kaum beschreiben.[8] Es geht um eine der höchsten Stufen der Emotionalität – um Vertrauen. Wenn eine Marke dieses Vertrauen einmal erworben hat, nimmt sie einen festen Platz im Orientierungssystem eines Menschen ein. Dort angekommen zu sein macht Markenmenschen glücklich.

Etablierte Marken, die diese Vertrauensstufe bereits erreicht haben, führen ab einem bestimmten Zeitpunkt ein Eigenleben, das sie der vollständigen Kontrolle durch die zuständigen Marketingfachleute entzieht. Eine eingeführte Marke bewegt sich in der Gesellschaft und in den Augen der Gesellschaft wie eine prominente Person. Ihr werden Attribute zugeordnet, an denen ihr Verhalten gemessen wird. Lässt ein Marketingmann seine Marke Dinge tun, die nicht zu ihr passen, dann wird das umgehend bestraft.

Werber machen sich daher mit der Persönlichkeit einer Marke und ihrer Entwicklung vertraut. Woher kommt die Marke, welches Fundament hat sie, welche Attribute werden ihr zugeordnet, welche zukünftigen Schritte sind stimmig und damit glaubwürdig, welche gehen zu weit und wären destruktiv?

Exkurs: ein Fallbeispiel für Markenarbeit

Lange vor der kreativen Kampagnenarbeit stehen das Ergründen des so genannten Markenkerns, das Durchleuchten der Markengeschichte, die Einordnung der Marke in ihrem Wettbewerbsumfeld und die Erforschung ihres aktuellen Bildes in der Öffentlichkeit.[9]

---

8 Fletcher, Winston: How to capture the advertising high ground, London 1994, S. 9 ff.
9 Jede Agentur verfolgt ihre eigene Variation der Markentechnik. Das folgende Beispiel basiert auf der Arbeitsweise von BUTTER., Agentur für Werbung, Düsseldorf, die sich zu Teilen am „Brand Steering Wheel" des Marktforschungsinstitutes ICON orientiert.

Auf Basis dieser Erkenntnisse werden die zentralen Koordinaten der Markenführung erstellt:

- Positionierung
- Werte/Persönlichkeit/Charakter
- rationaler und emotionaler Nutzen für den Verbraucher
- Markensignale (Brand-Signals)

Danach erst wird die aktuelle Aufgabe definiert, ein Briefing erstellt, und die Kreation beginnt mit der Suche nach einer tragfähigen, emotional packenden und überraschenden Idee für die Markenkampagne.

Dieser um einige Wege verkürzte Prozess kann sehr gut am Beispiel der allgemein bekannten Marke Nivea demonstriert werden.[10]

Markenkern:	Pflege
Positionierung:	pflegende Kosmetikprodukte für den ganzen Körper
Werte:	traditionsreich, verlässlich
Persönlichkeit:	emotional, innovativ
Charakter:	ehrlich, sanft
Rationaler Nutzen:	spürbare Pflege, schöne Haut und schöne Haare
Emotionaler Nutzen:	die Sicherheit, das Richtige zu kaufen, Geborgenheit, Anerkennung für mein Aussehen
Brand-Signals:	Logo und Typographie, Farbe Blau

Auf Basis dieses Koordinatensystems lassen sich schon eine Menge Dinge festschreiben, die man mit der Marke Nivea nicht anstellen darf. Nivea ist nicht hip, sondern immer auf der Höhe der Zeit. Bei Nivea geht man nie ein Risiko ein, sondern bekommt immer erprobte und zuverlässige Produkte. Die Marke Nivea ist nie schrill, sondern sanft, nie laut, aber bestimmt, nie bunt, aber wohltuend. Nivea ist weniger aufregende Verführung als vielmehr beruhigende Heimat.

---

10 Die Eckwerte der Marke wurden zur Veranschaulichung dieses Beitrages entwickelt und sind keine offiziellen Angaben des Herstellers oder der betreuenden Agentur. Der Wert der Marke Nivea wird heute mit zwei Milliarden US-$ beziffert, einem Fünftel des Börsenwertes von Beiersdorf. Siehe „Mit Creme zur Jugend" Frankfurter Allgemeine Sonntagszeitung, 24. 3. 2002, S. 56.

Im Kern ist die Marke ihrer Positionierung immer treu geblieben: Nivea ist Pflege. Die Sonnencreme schützt und pflegt die Haut, der Lippenstift macht attraktiv und pflegt die Lippen, das Deo wirkt und pflegt die Achseln. Die Marke Nivea bietet im Kosmetikregal eine ganz klare Orientierung. Und das ist wichtig. Weil die Verantwortlichen in Unternehmen und Agenturen diese Markenkoordinaten ernst genommen haben, ist Nivea heute ein Mythos im Badeschrank mit zahlreichen erfolgreichen Kindern, Enkeln und Urenkeln.

Nicht weniger verantwortungsbewusst muss der Umgang mit einer Partei sein. Zunächst einmal unabhängig von der Person einzelner Kandidaten.

III. Die Partei als Marke

„Je einfacher Denken ist ne jute Jabe Jottes"   Konrad Adenauer

SPD, CDU/CSU, FDP und Bündnis 90/die Grünen sind Parteien mit ausgeprägten Markenpersönlichkeiten. Die über 120jährige Geschichte der SPD macht diese zur am längsten eingeführten Parteienmarke auf dem deutschen Demokratiemarkt. Sie führt als Marke ein Eigenleben, das sie unabhängig von kurzfristigen personellen Besetzungen oder tagespolitischen Ereignissen agieren lässt. Veränderungen sind nur behutsam möglich – und dies nicht nur aus innerparteilichen, sondern auch aus marketingtechnischen Gründen. Eine Werbekampagne, die zwar zu dem jeweiligen Kandidaten, nicht aber zur Partei passt, würde diesen Widerspruch aufdecken und damit kontraproduktiv wirken. Der Kandidat spielt natürlich eine herausragende Rolle. Aber erst später.

Politische Positionierung: What's the message?

Am Beginn einer politischen Kampagne steht ebenso wie in der Markenkommunikation die Bestandsaufnahme. Ihr folgt die wichtigste Komponente: die Orientierungsfunktion. Wie lautet die zentrale, allem zugrunde liegende Botschaft? Hier geht es noch nicht um werbliche Umsetzungen oder thematische Einzelkomponenten, sondern um die grundlegende Positionierung durch die Politik.

Mary Matalin und James Carville haben die Kunst, politische Überzeugungen griffig zu formulieren, in ihrem gemeinsamen Buch eindrucksvoll demonstriert. Beide stammen aus einfachen Verhältnissen und haben es im Leben weit gebracht. Sie lernten sich als Rivalen kennen, schätzen und lieben. Mary Matalin war stellvertretende Kampagnenmanagerin von Bush/Quayle 92 und James Carville Kampagnenleiter der Demokraten Clinton/Gore 92. Wenige Monate nach der Wahl haben sie geheiratet. Den Unterschied zwischen Republikanern und Demokraten beschreiben sie so:

Mary Matalin: Als Enkelin armer jugoslawischer Einwanderer habe ich erlebt, wie man sich ohne staatliche Hilfe aus einfachen Verhältnissen hocharbeiten kann. Soziale Sicherungssysteme hätten uns träge gemacht und den Selbstantrieb behindert. Ich bin mir sicher, dass durch staatliche Förderprogramme Potenziale für unser Land mit gut gemeinter Hilfe erstickt werden. „Staatliche Programme sind nicht nur unnütz, sie sind wie meine Mutter, die ihren kleinen Bruder verhätschelte: gut gemeint, aber letztendlich destruktiv."

James Carville: Aus einfachen Verhältnissen stammend, musste ich mich selbst hocharbeiten und habe dabei viele Ungerechtigkeiten beobachtet. Besonders was die Behandlung von Minderheiten im Süden anging. Ich möchte, dass es in Zukunft den Kindern aus einfachen Verhältnissen leichter gemacht wird, ihre Begabungen zu entdecken und einzusetzen. Ich bin mir sicher, dass wir durch mangelnde staatliche Unterstützung Potenziale für unser Land brachliegen lassen. „Anhänger der Demokraten glauben an die Kraft des Staates, Gutes zu tun. Und in meiner Jugend hat der Staat bei dem alles entscheidenden Thema zu 100 % Recht behalten, und alle anderen hatten Unrecht."[11]

Beide bringen ihre Position auf den Punkt, emotionalisieren die Botschaft durch Mitmenschlichkeit und rationalisieren sie durch ökonomische Vernunft.

Und beide kommen zu völlig unterschiedlichen Ergebnissen.

Ob die reale Politik beider Parteien tatsächlich so unterschiedlich ist, spielt dabei keine Rolle. Die zugrunde liegenden Denkhaltungen werden aber klar. Die Wähler haben eine Wahl.

Interessant ist, dass alles auf die letztendlich wahlentscheidende Ökonomie zuläuft, dass sich aber kein Lager der Emotionalisierung entziehen kann. Beide Grundhaltungen sind als Botschaft von Volksparteien für das gesamte Land und nicht nur für eine Klientel angelegt.

Vor allem aber sind die Botschaften klar und einfach. Entlang diesen Grundlinien lässt sich die Programmatik einer Partei durchdeklinieren. Von der lokalen bis zur globalen Politik. Auf Basis dieser Markenpositionierung kann man klare politische Kampagnen aufbauen und eine der Hauptaufgaben einer Marke erfüllen: Orientierung bieten.

Gesellschaftliche Orientierung: der Wert der Werte

Die Partei als Marke führt durch den Politikdschungel, der für immer mehr Menschen immer undurchschaubarer wird. Und sie führt durch einen Informationsdschungel, der stetig wächst und von niemandem mehr beherrscht wird.

Die erfolgreiche Marke „Partei" bietet Orientierung und damit Sicherheit. Sie zeigt dem überforderten Wähler eine Richtung an. Und sie tut dies, indem sie durch die Informationsflut dringt und Aufmerksamkeit erweckt.

---

11 Zusammenfassung nach Carville, James; Matalin, Mary: All's Fair: Love, war and running for president, New York 1994, S. 18–26, Übersetzung des Autors. Als kleines Meisterwerk der politischen Positionierung siehe auch: Carville, James: We're right, they're wrong, New York 1994.

In „The reasoning voter" beschreibt Samuel Popkin den Bürger als abwägenden Wähler. Dieser abwägende Wähler kennt zwar nicht jedes politische Detail und ist im Einzelnen auch nicht über Regierungsabläufe informiert. Er erkennt aber sehr wohl, wer für die Zukunft des Landes einen Plan zu haben scheint und wer nicht. Er nimmt „Abkürzungen" durch den Infodschungel und orientiert sich auf Basis einer „low-information-rationality" am Gesamteindruck, der sich ihm bietet.[12]

Hier liegt die Chance und Aufgabe der Politikvermittlung, aus den Einzelmaßnahmen des politischen Tagesgeschäftes ein stimmiges Ganzes zu formen: eine Vision mit übergeordneter Bedeutung, die Orientierung bietet.

Was George Bush senior verächtlich als „the vision thing" bezeichnete oder so genannte Pragmatiker als überflüssigen Ballast empfinden, ist in Zeiten zunehmender Orientierungslosigkeit wichtiger denn je. Eine Vision ist das Bindeglied einer erfolgreichen Kampagne und damit auch der Werbung. Unabhängig davon, ob sich die Partei in der Opposition oder der Regierung befindet. Die politischen Schritte müssen *Sinn* ergeben über ihre konkrete Bedeutung hinaus. Einen *Sinn* auf dem Weg zur „Great Society", zum „Modernen Deutschland" oder „New Britain".[13]

Wer keine Vision hat, hat kein Ziel.

Wer kein Ziel hat, hat keinen Plan.

Wer keinen Plan hat, kann keine Orientierung bieten.

Wählersegmentierung: Wie man heute wen erreicht

Damit die einmal formulierte Botschaft auch überall verstanden wird, muss sie so kommuniziert werden, dass alle Empfänger ihre Freude daran haben.

Hierfür müssen
• keine Inhalte aufgegeben
• keine Programme verändert
• keine Unwahrheiten erfunden werden.

Die Kampagne muss nur die Sprache sprechen, die verstanden wird, denn der Empfänger gestaltet die Botschaft.

Moderne Wahlkämpfe – dies gilt für Clinton/Gore ebenso wie für Blair und Schröder – haben es verstanden, auf veränderte Bedingungen einzugehen. Zur

---

12 Popkin, Samuel: The reasoning voter, Chicago 1991, S. 212 ff.; siehe auch: Popkin, Samuel: Campaigns that matter, in: McCubbins, Mathew D. (Hrsg.): Under the watchful eye: Managing presidential campaigns in the television era, San Diego 1992.

13 Eine Notwendigkeit, die auch New-Labour-Vordenker Anthony Giddens anmahnt: „Pragmatismus ist gut, aber zugleich bedarf es einer Vision von der Gesellschaft, die man anstrebt." Siehe vollständiges Interview in: Die Zeit, 21. 2. 2002, S. 8. Den Wert von Werten und gesellschaftlichen Visionen hat etwas spät auch Gerhard Schröder entdeckt: „Schröder entdeckt die weichen Themen" in: Neue Zürcher Zeitung, 21. 2. 2002, S. 1.

Folge hatte das nicht nur eine gewonnene Wahl, sondern in allen drei Ländern deutlich höhere Wahlbeteiligungen als bei den vorangegangenen Wahlen.[14] Offenbar haben mehr Menschen als zuvor verstanden, worum es ging. Insofern gehört ein effektiver Wahlkampf zu den Grundlagen einer demokratischen Gesellschaft, nämlich der verständlichen Kommunikation zwischen Politiker und Volk.[15]

Politik ist Kommunikation. Das Formulieren von Politik, das innerparteiliche Werben um Mehrheiten, die Vermittlung der Inhalte an Meinungsführer und schließlich die Überzeugung der breiten Öffentlichkeit mit Hilfe aller zur Verfügung stehenden Medien nehmen heute den größten Teil der Zeit eines Spitzenpolitikers in Anspruch. Ein Politiker wirbt permanent und steht wie alle Kommunikatoren vor dem Problem der medialen Aufsplitterung unserer Gesellschaft. Musste man vor nicht einmal fünfzehn Jahren nur drei Fernsehkanäle beliefern, sind es heute dreißig. Ähnliches gilt für Radiostationen, Printmagazine und das Internet. Es gibt heute „Stars", von denen die große Mehrheit der Bevölkerung noch nie etwas gehört hat. Will ein solcher Szenestar seine Ruhe haben, muss er nur eine seiner Szene fremde Kneipe aufsuchen, und kein Mensch dreht sich um.

Die Wähler einer Partei wie auch die Käufer einer großen Marke sitzen in allen möglichen unterschiedlichen Kneipen und haben aus ihrer Sicht herzlich wenig gemein. Wer nach durchzechter Nacht aus dem heißesten Club der Stadt fällt, hat jedoch das gleiche Problem wie die Bäckerin, die gerade ihren Laden aufschließt und den Abend zuvor „beim Günther noch 'ne Runde kegeln" war: Beide dürfen wählen, und beide transpirieren.

Damit sind sie schon mal für Deos und Parteien interessant, haben einen gemeinsamen Nenner.

Wer für sein Deo und für seine Partei werben will, muss zu beiden Zielgruppen Zugang finden und sie überzeugen, ohne unglaubwürdig und anbiedernd zu wirken. Leider reicht das allein aber nicht aus, da die Menschen auch innerhalb ihrer Milieus immer unberechenbarer werden. Gefördert durch eine Entwicklung, die die politische Kommunikation bereits seit Jahrzehnten kennt und beachtet, nämlich die Auflösung der klassischen Milieus, die schwächere Bindung an das soziale Umfeld, an Kirchen, Gewerkschaften oder geographische Gegebenheiten.

War es in den siebziger Jahren nicht weiter schwer, das Wahlverhalten eines evangelischen Stahlarbeiters mit IG-Metall-Mitgliedsbuch aus Bottrop vorauszu-

14 Siehe hierzu auch Stauss, Frank: Die intelligente Kampagne: Clinton/Gore 1992, in: Perspektiven ds 2/1993, S. 102f, sowie zum Wahlkampf 1998 in Deutschland: Stauss, Frank: Demission der Inhaltstrottel, in: Friedrich-Ebert-Stiftung (Hrsg.): Berichterstattung zwischen Medien-Realität und Wirklichkeit, 3. Mainzer Mediendisput, Mainz 1999, S. 96ff.

15 Zur Sprachentwicklung der ersten Clinton/Gore-Kampagne siehe Raban, Jonathan: Die Bill Clinton- Kampagne, in: Lettre International, Nr. 19, 1992, S. 12–20.

sagen, so ist das heute auch nicht schwer. Es gibt aber immer weniger evangelische Stahlarbeiter mit IG-Metall-Mitgliedsbuch aus Bottrop. Dafür gibt es immer mehr faktisch Religions- und tatsächlich Gewerkschaftslose, bei denen es schwer fällt, sie einzuordnen und ihr Wahlverhalten vorauszusagen.

Hinzu kommt, dass die Wähler heute gegen Atomkraft und für Kampfeinsätze sein können, den WWF unterstützen, aber trotzdem eine neue Startbahn wollen, an die Rente nicht mehr glauben und trotzdem klaglos ihren Beitrag zahlen. Relativer Wohlstand und Überfluss führen im Konsumverhalten zu vergleichbarem Verhalten.

Die Markenkommunikation spricht vom hybriden Verbraucher. Der kauft morgens bei Aldi ein und geht abends für 150 Euro essen, zahlt 70 Euro für Tina Turner und findet 30 Euro für die Expo zu teuer. Er zappt zwischen Trash hin und her und wechselt dann zum „heute journal", holt sich Detailinformationen aus dem Web und sucht nach dem jüngsten Flugzeugcrash ganz schnöden Katastrophenjournalismus. Er kauft heute dies und morgen das, guckt morgen hier und übermorgen dort rein. Er hat von allem zu viel. Und dementsprechend verhält er sich. Kurz und gut: Man kann mit vielem rechnen, aber mit ihm nicht.

Das könnte einem egal sein. Aber er wählt und wäscht.

Eine moderne Kampagne spielt daher auf allen Kanälen, sucht den Kontakt bis in die kleinste Nische und über alle zur Verfügung stehenden Kommunikationswege. Gekaufte Werbung hilft dabei, z. B. mit Anzeigen in zielgruppenaffinen Titeln, Kinospots für Jugendliche oder dem Beschreiten neuer Wege im mobilen Marketing.

Wichtig ist dabei, dass jede Aussage zu dem definierten Markenkern passt, die zentrale Botschaft der Kampagne unterstützt und unter der gemeinsamen Vision Platz findet. Denn über allem steht die Marke mit ihrem großen, alles vereinenden Kampagnendach.

Die personifizierte Marke: der Kandidat

Politische Werbung – ein Wahlkampf überhaupt – ist immer personalisiert. Heute nicht mehr oder weniger als immer. Eine unpersonalisierte Wahlkampagne hat es noch nie gegeben. Es hat noch nie eine unpersonalisierte Wahl gegeben. Schließlich werden ja auch Menschen gewählt. Personen verkörpern Politik, machen sie lebendig, glaubwürdig oder unglaubwürdig. Das ist Chance wie Risiko zugleich.

Ein Spitzenkandidat wird in einer politischen Kampagne immer uneingeschränkt die Hauptrolle einnehmen. Umso wichtiger ist es, dass er ein Grundverständnis für die Kampagnenführung entwickelt und rechtzeitig in alle wichtigen Entscheidungsprozesse eingebunden wird. Ein Kandidat muss sich wohl fühlen in seiner Kampagne, denn er trägt schließlich auch die Hauptverantwortung für Sieg oder Niederlage. Gleichzeitig sind aufgrund der beschriebenen Rahmenbedingungen auch die Ansprüche an Spitzenkandidaten gewachsen. Ein erfolgreicher Politiker ist heute gleichzeitig ein erfolgreicher Kommunikator.

Was seine Kommunikationsfähigkeit betrifft, muss ein Spitzenkandidat heute alles leisten, was auch die politische Werbung auf unterschiedlichsten Wegen bietet:

Integration	die unterschiedlichsten Menschen erreichen und vereinen
Vision	den Weg vorgeben
Konfrontation	Abgrenzung vom politischen Gegner
Motivation	Momentum erzeugen

Für die politische Werbung heißt das, dass die Komponenten Partei, Kandidat und Botschaft glaubwürdig zueinander passen müssen. Zwischen der gekauften Werbung und der öffentlichen Darstellung von Partei und Kandidat in den Medien darf kein Bruch entstehen. Werbung muss glaubwürdig kommunizieren, stimmig sein und Stimmung machen.

Alles fließt: von der Positionierung zur Werbung

Die kreative Umsetzung einer Kampagnenbotschaft ist die Kür einer Kampagne. Hier zeigt sich, welche Qualität die betreuende Agentur tatsächlich hat und welche Weitsicht die Kampagnenverantwortlichen in der Partei beweisen. Eine Kampagne ist immer nur so gut wie die Agentur, die sie entwirft, und wie der Kunde, der sie zulässt.

Wenn alle von Anfang an auf der gleichen Basis arbeiten, kann die Arbeit fließen, und die Ideen werden kommen. Eine solide erarbeitete Basis ist jedoch die Grundlage jeder erfolgreichen Kampagne. Dies spricht auch für das Einschalten einer Agentur mindestens zwölf Monate vor dem Wahltag. Denn für die tumultartigen Zustände während eines Wahlkampfes ist nichts wichtiger als eine gemeinsam erarbeitete Grundlage, an der sich immer wieder alle orientieren können. Wenn es sein muss, auch mehrmals täglich. Passt diese Maßnahme in unser Grundkonzept, stimmt dieses Plakat überein mit dem Stil, den wir für unsere Kampagne vereinbart haben? Alle bewegen sich sicherer auf festem Boden.

Im richtigen Rahmen können Ideen entstehen, die weit über das eigentlich angesprochene Publikum hinaus Wirkung erzielen. Ein Kinospot der SPD im Wahlkampf 1998 schaffte es, durch die Ausstrahlung in zahlreichen Nachrichtensendungen so viele Zuschauer zu erreichen, wie es im Kino niemals möglich gewesen wäre. Vor allem aber sorgte die Berichterstattung über den modernen und unterhaltsamen Film für Momentum zugunsten der SPD in den Reihen der wichtigen Meinungsbildner. An diesem Beispiel zeigt sich auch die mögliche Innovationskraft von Werbung für eine Kampagne. Werbemittel selbst werden zum Gegenstand der Berichterstattung und damit zu Politik. Ziel jeder Werbeagentur ist es heute, mit einzelnen Werbemitteln für zusätzliche Aufmerksamkeit in den Medien zu sorgen. Helmut Kohls „Politik ohne Bart" gegen Rudolf Scharping 1994 wurde redaktionell ebenso aufgegriffen wie 2001 das Plakat für die Berliner SPD, das einen fröhlichen Rentner mit der Aussage „Berlin muss sparen. Sparen wir uns erst mal die CDU" zeigt.[16] Beide Plakate demonstrieren, wie man mit dem doch sonst wenig glanzvollen Medium die Tonalität einer ganzen Kampagne prägen kann. Der Gegner wird zwar angegriffen, aber auf so sympathische Weise, dass er sich nicht wehren kann. Gleichzeitig fügten sich beide Plakate in ihre jeweiligen Kampagnenkonzepte. Die CDU wollte Helmut Kohl als noch lange nicht verbrauchten, humorvollen Kanzler darstellen, die SPD ihre Sparkompetenz und die überfällige Ablösung der CDU thematisieren. Beide Kampagnen machen ihren Punkt und Politik ein wenig Freude.

---

16 Das CDU-Plakat 1994 stammt von der Agentur von Mannstein, Solingen, der SPD-Kinospot „Enterprise" 1998 von KNSK/BBDO, Hamburg, das SPD-Berlin-Plakat 2001 von BUTTER., Düsseldorf.

Nicht vergessen: Wähler wecken!

Der Wähler hat andere Sorgen, als zu wählen. Den „disinterested Interest",[17] den die Öffentlichkeit der Politik entgegenbringt, gilt es so aufmerksamkeitsstark zu wecken, dass Politik für die Menschen eine Bedeutung bekommt. So sehr, dass sie aufstehen und ihre Stimme abgeben. Bei einigen hält das Interesse nur wenige Tage an, bei anderen ein Leben lang. Kampagnen müssen heute lärmender, lauter, werblicher und immer professioneller werden, um die Mauer der Informationsflut durchbrechen zu können. Sie müssen jeden Kommunikationskanal nutzen und ebenso im Internet surfen wie mit einer rührseligen Geschichte in der Yellow Press auftauchen. Sie müssen Dialogfähigkeit signalisieren, gleichzeitig die Richtung vorgeben und Inhalte symbolisieren. Sie müssen Botschaften in individuelle Zielgruppensprachen übersetzen, ohne die Botschaft zu wechseln. Nicht zuletzt muss der Kandidat in der Lage sein, die Botschaft glaubhaft zu personifizieren und zu kommunizieren. Kampagne und Kandidat müssen vereinfachen und Orientierung bieten in einer orientierungslosen Welt. Es ist das „big picture", das am Ende zählt.

Kampagnenverantwortliche dürfen sich nicht scheuen, die Erkenntnisse der Markenkommunikation zu nutzen. Im Gegenteil. Wer es nicht tut, missachtet wichtiges Wissen. Ebenso muss der Werber den Unterschied zur Markenkommunikation erkennen und achten. Dann können gemeinsame Kampagnen entstehen, die neue Maßstäbe setzen und letztendlich allen zugute kommen. Auch den Wählern, die von platten Parolen befreit werden und auf neuen Wegen politische Inhalte vermittelt bekommen.

Wenn alles passt, dann kann Werbung helfen, die letzten fehlenden Stimmen zu sammeln, kann Regierungen stürzen oder sie im Amt halten, Ideen popularisieren und Geschichte schreiben. Werbung kann dann endlich sein, was ihr von der Öffentlichkeit immer wieder abgesprochen wird und was sie und ihre Macher doch so gerne einmal wären: wirklich wichtig.

---

17 Diese treffende Beschreibung des Wählerzustandes zu Beginn einer Kampagne stammt von Berelson, Bernard; Lazarsfeld, Paul; Mc Phee, William: Voting: A study of opinion formation in a presidential campaign, Chicago 1954, S. 27–30. Eine ‹bersicht über die Klassiker der amerikanischen Wahlforschung bietet: Bürklin, Wilhelm: W%ohlerverhalten und Wertewandel, Opladen 1988, S. 49 ff.

Detmar Karpinski, Olaf Uthmann

Mit Volldampf Richtung Kanzleramt

Politische Werbung in Deutschland – Eine Positionsbestimmung

Gestartet.

Hatte Alexander Niemetz (*ZDF-heute journal*) noch seine Schwierigkeiten, die Bilder vom Parteitag der SPD im April 1998 zu kommentieren (Oscarverleihung?), so wäre er heute bei vergleichbarem Anlass weit weniger erstaunt. Denn Tatsache ist, dass sich die gesamte politische Kommunikation in den letzten vier Jahren enorm verändert hat. Allen voran die politische Werbung. Was 1998 aus dem Munde von Franz Müntefering noch wie ein freimütiges Geständnis klang: „Werbung ist für mich ein Handwerk und ich bekenne mich dazu, dass man für Politik werben muss", ist heute zur Selbstverständlichkeit des politischen Wahlkampfalltags geworden: Alle politischen Parteien (mit Ausnahme der PDS) haben sich für den Bundestagswahlkampf 2002 die professionelle Unterstützung einer klassischen, auf Produktwerbung spezialisierten Werbeagentur gesichert.

Nicht ohne Grund. Die erfolgreiche Zusammenarbeit der SPD mit der Hamburger Werbeagentur KNSK während der Bundestagswahl 1998 wird in der Öffentlichen Nachbetrachtung als Epochenbruch in Sachen politischer Kommunikation in Deutschland gewertet. Als Beleg mag neben dem Wahlsieg gelten, dass gerade der politische Gegner, der den Wahlkampfstil der SPD 1998 mit heftiger Kritik überzog, 2002 selbst mittels einer erstmals öffentlich inszenierten Agentursuche, die Auswahl der Agentur bereits zum Teil ihrer Wahlkampfstrategie machte. Bekanntlich schaltete die CDU im Branchenfachblatt „werben & verkaufen" eine Anzeige, um eine geeignete Agentur für den kommenden Wahlkampf zu finden, auf die sich immerhin 130 kleinere und größere Agenturen meldeten.

Verspätet.

Festzustellen bleibt: Politische Werbung ist in Deutschland auf dem Vormarsch. Das war nicht immer so. Aus mehreren Gründen bestand zwischen Politik und Werbung ein erhebliches Maß an Vorbehalten und merklicher Distanz dem Anderen gegenüber. Für Parteien galt es als anrüchig, politische Botschaften mit Kommunikationsstrategien aus der kommerziellen Produkt- und Imagewerbung

231

auf dem öffentlichen Markt positionieren zu wollen. Wo sich der „mündige Bürger" mit Fakten und Argumenten auseinandersetzen sollte, befürchtete man unverbindliche Produktversprechungen oder gar manipulative Werbepsychologie. Dementsprechend vertraute man auf die Arbeit kleinerer, regional eng mit der Partei verbundener Werbeagenturen, mit den bekannten Resultaten. Der überforderte Wähler wurde entweder mit minutenlangen Monologen aus dem Wahlprogramm traktiert oder musste hölzerne Einwegkommunikation mit so vielsagenden Botschaften wie *„Fit für Europa"* (CDU 1999) oder *„Sicher in die Zukunft"* (Kohl 1994) über sich ergehen lassen.

Wohl auf Grund dieser Entwicklungen hielt sich auch die Werbebranche ihrerseits von den politischen Kunden samt deren kreations- und ideenarmen Kommunikationsritualen fern. Eigentlich eine unnötige Aversion, aber erst in jüngster Zeit sind diese Bedenken und falsch verstandenen Positionsbeschreibungen ins Rutschen geraten.

Der Ruf der Parteien nach professioneller Kommunikationsberatung wächst und gleichzeitig entwickeln die Agenturen das Interesse, nah an den Zentren der politischen Macht zu agieren und mit aufmerksamkeitsstarken Kampagnen diesen Bereich der öffentlichen Kommunikation neu zu definieren. Dabei haben Politiker, Werber und zumindest ein Teil der Journalisten (die anderen neigen eher zur stereotypen Kulturkritik) gelernt und akzeptiert, was lange Zeit verpönt war: Werben, Verkaufen und Inszenieren sind wichtige und berechtigte Instrumentarien der politischen Kommunikationsarbeit.

Geblendet.

Politische Werbung steht immer vor der Herausforderung, dass der Bürger/Konsument von den Parteien in ihrer Darstellung sowohl Klarheit, Unterscheidbarkeit, Prägnanz und Authentizität fordert, aber auf mediale Inszenierungen und werbliche Stilisierungen misstrauisch reagiert oder gar Manipulation wittert. Die Personalisierung, Emotionalisierung und Inszenierung, als Amerikanisierung der politischen Kommunikation gebrandmarkt, wird als unangemessene und irreführende Anbiederung der Politik an die Medien gedeutet. Gegen diese Sichtweise sprechen aber zwei schlichte Argumente.

Erstens: Es kann gar keine Politik ohne Kommunikation geben. Diese Erkenntnis ist so alt wie die Politik selbst. Denn entgegen anders lautenden Meinungen steht fest, dass die emotionalisierte und vereinfachte Darstellung von Politik kein originäres Produkt der heutigen Mediengesellschaft ist. Parteien sind grundsätzlich auf Zustimmung und Legitimation durch den Wähler/Bürger angewiesen und müssen sich und ihre Positionen in der Öffentlichkeit präsentieren und rechtfertigen. Folglich spielte und spielt Politik immer zeitgleich auf zwei Bühnen: auf der Bühne der Herstellung von Politik (Sachebene) und auf der der Darstellung von Politik (Kommunikation).

Zweitens: Zum Glück versuchen Parteien auch mittels Unterstützung von professionell arbeitenden Werbeagenturen ihre Darstellung zu optimieren. Denn es ist wichtig, politische Botschaften zu emotionalisieren, Programme mit bestimmten Politikern zu verbinden und politische Unterschiede in komplizierten Sachauseinandersetzungen auf ein dem Durchschnittsbürger verständliches Maß zu reduzieren. Denn um dem qua Verfassung erteilten Auftrag der Mitwirkung am politischen Willensbildungsprozess überhaupt gerecht werden zu können, müssen Parteien sich in der alltäglichen Informationsflut die nötige Aufmerksamkeit der Medienkonsumenten sichern. Aber in der heutigen Informationsgesellschaft ist Aufmerksamkeit sicherlich die knappste Ressource.

Als wäre das nun nicht schon Aufgabe genug, hat sich auch das für die politische Kommunikation maßgebliche Medienumfeld komplett gewandelt. Schaut man sich heute eine Ausgabe der Tagesschau von vor 25 Jahren an, erlebt man oft Mitschnitte von minutenlangen parlamentarischen Debatten oder ebenso langen Interviewpassagen. Heute dagegen fordert der globalisierte Meinungs- und Informationsmarkt vom Politiker die Fähigkeit, innerhalb von weniger als 30 Sekunden eine Diskussion über einen politischen Sachverhalt, die vielleicht monatelang in unzähligen Ausschüssen und Gremien geführt wurde, pointiert zusammenzufassen.

Vereinfachung, Pointierung und Prägnanz sind gefordert, um in den zunehmend komplexer werdenden Strukturen des politischen Zirkus zu bestehen. Hier können Erfahrungen aus der klassischen Markenwerbung helfen, die Botschaften wieder näher an den Konsumenten/Wähler zu bringen. Denn was nutzen die besten Ideen, wenn sie keiner kennt?

Erschwert.

Hinzu kommt, dass angesichts der tief greifenden Veränderungen, die die Mediengesellschaft für die politische Kommunikation mit sich bringt, die Parteien vor besonderen kommunikativen Herausforderungen stehen. Aus dem Zerfall traditioneller Parteibindungen resultiert eine Verschärfung der Wettbewerbssituation für die Parteien. Die „goldenen Zeiten" politischer Parteien zeichneten sich noch durch hohe Stammwähleranteile und ein stabiles, weitgehend berechenbares Wahlverhalten aus. Nun sehen sich die Parteien im Zuge gesellschaftlicher Modernisierung mit einer deutlichen Labilität von Parteibindungen und Parteineigungen konfrontiert. Die Stimmabgabe erfolgt nicht mehr auf Lebenszeit; vor allem junge Wähler erwarten eine Gegenleistung, einen Nutzen für ihren Stimmentscheid. Folglich entscheiden sich Wähler zunehmend situations-, nutzen- und zweckorientiert. Mehrheiten und somit auch Zielgruppen für die politische Kommunikation rekrutieren sich aus sehr unterschiedlichen „Wähler-allianzen"; also einer sehr heterogenen Situationsgemeinschaft, die über den Wahltag hinaus als eher brüchig einzuschätzen ist.

Als „Modernisierungsdilemma" beschreibt Ulrich Sarcinelli die veränderte

Situation, in der sich politische Parteien nun wiederfinden: Als eigentliche Mitgliederpartei müssen sie sich verstärkt an Logik und Gesetzmäßigkeit der Mediengesellschaft orientieren, am schwankenden Markt öffentlicher Meinungsbildung. Das Angebot auf dem politischen Markt ist wettbewerbsorientierter geworden, und Parteien, welche es nicht schaffen, sich als glaubwürdige, vertrauenswerte „politische Marke" zu positionieren, werden nicht wahrgenommen bzw. auch nicht gewählt. Wer hier bestehen will, muss sich auch am Professionalitätsmaßstab der kommerziellen Werbung messen lassen.

Gekonnt.

Die 1998 von KNSK gestaltete Werbekampagne für die SPD verdeutlicht den Grad an Professionalität, den politische Werbung in Deutschland mittlerweile erreicht hat, und markiert im Jahre 2002 die Messlatte für die übrigen Werbetreibenden. Von dem tagesaktuellen Plakat-Event über den perfekt inszenierten Parteitag bis zu den Kinofilmen räumte diese Kampagne gründlich mit den vorherrschenden Plattheiten der politischen Werbung auf und entwickelte neue, intelligente und witzige Formen der Wählerkommunikation.

Warum soll man für große Ziele nicht auch mit großer Werbung antreten? Der von KNSK geprägte Stil der politischen Kommunikation vertrat auf eine sehr selbstbewusste Art und Weise den Anspruch einer Oppositionspartei, Regierungsverantwortung übernehmen zu wollen. Und zwar nicht mit abgehackten Stammelsätzen, sondern mit einer freundlichen, direkten Sprache, die Zugang zu den alltäglichen Lebenswirklichkeiten der Menschen hat. Denn nicht den intellektuellen Dialog zwischen Partei und Wähler, sondern verständliche Kampagnen, in denen Sach- und Personalentscheidungen zugespitzt werden, belohnt der Wähler mit seiner Stimme. Mit dem Ergebnis, dass die politische Werbung in Deutschland insgesamt ein positiveres und freundlicheres Gesicht bekommen hatte und eine neuartige Transparenz in die politische Kommunikation eingeführt wurde.

Die Professionalität der Kampagne spiegelt sich in der Qualität der Arbeiten (Anzeigen, Plakate, Spots) wider, aber ebenso auf der alltäglichen Arbeitsebene. Ein einfaches Beispiel: Die für die Inszenierung von Parteitagen wichtige Rückwand wurde früher parteiintern gestaltet und selbst produziert. Heute treffen sich bei gleichem Anlass die Kreation der Agentur, ein Bühnenarchitekt, ein Bühnenbauer und der Produzent, um das bestmögliche Ergebnis zu erzielen.

Aber das eigentliche Erfolgsrezept des SPD-Wahlkampfes 1998 lag darin begründet, dass der Kunde SPD die Kompetenz und Verantwortung für die werbliche Betreuung der Agentur überließ. Denn was nützt eine kreative Werbeagentur, wenn sich der Kunde nicht beraten lässt und Kreativität und Veränderung keine Chance haben? Nicht allein die Tatsache, dass die SPD mit KNSK eine auf Markenartikel spezialisierte Werbeagentur unter Vertrag hatte, war die eigentliche Neuheit und Besonderheit in der politischen Kommunikation des Bundestagswahlkampfes 1998. Der Mut lag darin, sich auch beratungsfähig und -willig zu verhalten und in einem offenen Dialog zwischen Agentur und Kunden die Empfehlungen der Agentur zu realisieren. Nur so war es möglich, eine Partei wie einen klassischen Markenartikel zu bewerben und gleichzeitig die Besonderheiten politischer Werbung/Produkte zu berücksichtigen.

Herausgefordert.

Grundsätzlich spricht erst einmal nichts dagegen, eine Partei als eine Marke zu betrachten und zu versuchen, sie dementsprechend zu positionieren und zu bewerben. Denn was bei CocaCola und McDonald's als Voraussetzung für den Erfolg gilt, ist auch für Parteien relevant: Wenn die Produkte nicht halten, was sie versprechen, ist die Werbung unglaubwürdig und dem Produkt/der Partei nur schädlich. An dieser Stelle kann man dann getrost mit dem Mythos aufräumen, dass gute Werbung in der Lage ist, einfach alles und jeden zu verkaufen. Richtig ist vielmehr, dass Werbung als Katalysator einen bestehenden Trend verstärken oder diesem den richtigen „Spin" verleihen kann. Unmöglich aber ist, gegen einen Trend oder eine vorherrschende Stimmung werblich erfolgreich zu sein. Wie könnte denn auch eine Anzeige in einer Tageszeitung glaubwürdig erscheinen, wenn etwaige redaktionelle Artikel im direkten medialen Umfeld das Gegenteil berichten? Kein Sorge also: Die Urteilsfähigkeit des mündigen Bürgers wird nicht unterlaufen. Eher im Gegenteil.

Entscheidend ist wie bei klassischen Marken auch, dass Inhalt und Botschaft zusammenpassen müssen. Das Kapital einer Marke liegt in dem Vertrauen, das Konsumenten dem Produkt entgegenbringen.

Vereinfacht gesagt, liegt die zentrale Aufgabe einer Werbeagentur darin, Menschen überhaupt für Politik zu interessieren. Das ist die Voraussetzung, um in einem zweiten Schritt bei Wahlen die politische Mehrheit für eine Partei zu erringen. Das mag bescheiden klingen, stellt sich aber angesichts des zunehmenden Desinteresses an der Politik – und den Parteien insbesondere – als schwierig dar.

Die Herausforderung liegt darin, komplexe politische Programme auf zentrale Aussagen zu reduzieren, sie durch emotionale Aufladung verständlich zu machen und mit dem jeweiligen Politiker glaubhaft zu verbinden. Um dies zu erreichen, ist es erforderlich, eine einheitliche Kommunikationsstrategie zu entwerfen, die nicht auf Einzelaktionen basiert, sondern mit dem Blick auf das zu erreichende Ziel konzipiert ist. Da kann ein Blick auf die Markenartikel hilfreich sein. Denn genau wie bei der Markenwerbung kann man Glaubwürdigkeit nur in langfristig und strategisch aufeinander abgestimmten Kommunikationsetappen erreichen. Da ein erfolgreicher Markenaufbau in erster Linie Zeit benötigt, lässt sich nun mal eine Wahl auch nicht in sechs Wochen gewinnen.

Hierin liegt dann auch eine weitere Schwierigkeit politischer Werbung: Man hat keine Zeit. Ein Jeep ist und bleibt ein Jeep, der Markt und die Wettbewerber können sich über Nacht gar nicht so fundamental ändern, als dass sich an dem eigentlichen Markencharakter etwas ändern könnte. Nicht so in der Politik, wo politische Produkte durch aktuelle Ereignisse einer permanenten Veränderung unterzogen sind, zumal Politik per se ein öffentliches Ereignis ist. Politische Kommunikation muss auf das Tagesgeschehen blitzschnell antworten und oft auf Zuruf arbeiten. Gute Kampagnen sind deshalb so flexibel, um auf Veränderungen reagieren zu können. Eine wirkliche Gewissheit, vor plötzlichen Veränderungen sicher zu sein, kann man erst haben, wenn am Wahlsonntag um 18 Uhr die Wahllokale schließen.

Eine weitere Schwierigkeit politischer Werbung liegt darin, dass mit einem vergleichsweise kleinen Etat ein ungleich höheres Kommunikationsziel erreicht werden soll: alle relevanten Wählergruppen zu erreichen. Da sich eine Volkspartei heutzutage aber sehr heterogenen Zielgruppen aus sehr unterschiedlichen Bevölkerungsschichten gegenübergestellt sieht, ist es nicht nur finanziell unmöglich, alle anzusprechen.

Ein Ausweg aus dieser misslichen Lage liegt in der gestiegenen Nachfrage der politischen Medienberichterstatter nach Bildern. Somit konzentrieren sich Parteien verstärkt darauf, Medienereignisse zu generieren, um über eine Sekundärkommunikation, die nichts kostet, die notwendige Reichweite zu erzielen. Man erinnere sich nur an die Auftaktanzeige der SPD, um den Kanzlerkandidaten der Union öffentlich zu begrüßen. („Endlich: Der Kandidat der CDU/CSU ist da. Leider nicht im Bild, weil zu weit rechts.") Die einmalig in einer Regionalausgabe der Bildzeitung geschaltete Anzeige war anschließend in diversen Zeitungen und Magazinen (Spiegel) abgedruckt, und der Kandidat Stoiber selbst befand diese für interessant genug, sie sonntagabends auch noch einem Millionenpublikum bei Sabine Christiansen zu erklären.

Ebenso wichtig sind auch die sog. „Guerilla-Plakate", die nur in geringer Auflage produziert und veröffentlich werden. Mit ihnen bietet sich die Möglichkeit, ironisch, schnell und intelligent auf politische Veränderungen oder Aktionen der Konkurrenz zu reagieren. Folglich sind die Medienvertreter zu einer exklusiven Zielgruppe politischer Kommunikation geworden und dienen als wichtige Multiplikatoren. Dies ist nur verständlich, da dort auch die klassische Pressearbeit einer Partei ansetzt, um mit eigenen Themen die politische Agenda zu bestimmen und den Gegner unter Druck zu setzen. Oder mit den Worten von Franz Müntefering: „Wenn du vorne im Angriff spielst, kannst du hinten keine Tore bekommen."

Inhaltliches Angebot und die Form der Präsentation müssen übereinstimmen, und eine Partei, die mit einer dezidierten Innovations- und Modernisierungskompetenz antritt, muss dies auch werblich formal ausstrahlen. In der Tat treten die Parteien in der Mediengesellschaft lediglich als ein Anbieter unter vielen an und sollten sich hier möglichst professionell präsentieren, um den Standards zu genügen, die ihnen die Medien gesetzt haben. Vor allem die jungen

Wähler, von Peter Glotz als „coole Rezensenten" mit hoher medialer Kompetenz beschrieben, entlarven nichts schneller als Kommunikation, die den Wähler nicht ernst nimmt.

Verschärft.

Leider entscheiden Politiker über die Arbeiten der Agentur noch zu oft aus dem Bauch heraus oder auf der Basis von Empfehlungen aus den Landesverbänden, was die Gestaltung einer einheitlichen Kampagne erschwert. Der Professionalisierungsgrad der Wahlkampfzentrale der SPD ist hier sicherlich eine Vorbild, denn die dort geschaffenen Entscheidungswege und -strukturen garantieren klare Zuständigkeiten, koordinierte Aktionen und schnelle Entscheidungen.

Aber auch aus einem anderen Grund ist und bleibt die Planbarkeit politischer Kommunikation eine fundamentale Herausforderung bei der Konzeption politischer Kampagnen. Zwar begleitet die empirische Marktforschung die Kampagne vom Briefing bis zum Test, ähnlich wie bei Markenartikeln auch, jedoch liegt das eigentliche Problem in der Natur der Sache: Der Einfluss von Partei und Agentur auf das, was die Bürger von der Kampagne wahrnehmen, ist relativ gering, weil das Produkt sich permanent verändert, also die politischen Themen und die dazugehörigen Politiker. Das Produkt Politik ist in seinem konkreten Gebrauchswert nur sehr schwer zu bestimmen, mal abgesehen von wenigen Ausnahmen. Denn im Prinzip geht man mit einem Wahlprogramm, mit konkreten Zielvorstellungen der politischen Gesellschaftsgestaltung ins Rennen und schaut nach der Wahl, erst anhand der tatsächlichen Machtverteilung, was sich als Kompromiss mit anderen Parteien, gesellschaftlichen Verbänden und Interessenvertretungen überhaupt realisieren lässt.

So verdichtet sich, neben den inhaltlichen Positionen, die Kategorie Glaubwürdigkeit zur zentralen Figur in der politischen Kommunikation. Hier hat die politische Werbung ihre ganz eigene Achillesferse: Sie muss Aufmerksamkeit erregen, darf ungewöhnlich, witzig, emotional und ironisch sein, politische Werbung darf jedoch niemals unseriös oder inhaltsleer sein, oder gar den Gegner verunglimpfen.

Verstanden.

Die Diskussion, ob Politik Werbung braucht, gleicht einem Kampf gegen Windmühlen, gegen imaginäre Gegner. Politik kommt nicht umhin, sich einer veränderten Medienlogik zu stellen. Die Zusammenarbeit von Parteien und Werbeagenturen ist nicht mehr und nicht weniger als eine – offensichtlich überzeugende – Antwort auf die Modernisierungstendenzen in unserer heutigen Gesellschaft und den daraus resultierenden Problemen für die Partei: weniger Stammwähler, mehr Wechselwähler, die Mediatisierung politischer Kommunikation und die Professionalisierung der Politik.

Formen der Emotionalisierung, Inszenierung und Personalisierung sind legitime Mittel der politischen Kommunikation. Das Gerücht, dass diese Entwicklung einer Entpolitisierung des politischen Diskurses Vorschub leistet, ist falsch. Denn gerade die SPD-Kampagne von 1998 hat bewiesen, dass die inhaltliche Konzentration auf zentrale politische Botschaften nicht zwangsläufig mit einer Verflachung der politischen Debatte einhergeht. Eine Allensbach-Umfrage aus demselben Jahr hat belegt, dass, entgegen vielfacher Kritik, der Wahlkampf 1998 politischer war als der vorherige. Die Kunst liegt darin, die Mittel optimal zu dosieren. Politische Werbung schließt politische Inhalte nicht aus, sondern versucht sie lediglich verständlich zu transportieren.

Die Bürger sind sehr wohl in der Lage, zwischen gelungener und plumper, vereinfachender oder unsachlicher Inszenierung und Emotionalisierung zu unterscheiden (siehe die Reaktion auf das „Fahndungsplakat" von Laurenz Meyer zur Rentendiskussion oder die Diskussion über das Abstimmungsverhalten aller Parteien bei der Bundesratsentscheidung über das Zuwanderungsgesetz). Wenn die politische Werbung intelligent und witzig den Nerv der Zeit trifft, tut sie mehr für die politische Willensbildung und das Interesse an Politik (vor allem bei politisch prinzipiell desinteressierten Zielgruppen) als Dutzende von Parteiprogrammen und Bundestagsdebatten zusammen.

Insofern markiert das gestiegene gegenseitige Interesse von Politik und Werbebranche lediglich einen Prozess nachholender Modernisierung, wobei die Rollenverteilung zwischen Agentur und Kunden hinsichtlich der Festlegung der politischen Inhalte und der Setzung der Schwerpunktthemen klar bleibt: Hier ist die Agentur Dienstleister und „Erfüllungsgehilfe". Aber auch angesichts dieser Rollenverteilung bleibt genug kreativer Freiraum für einen der mit Sicherheit aufregendsten aller Etats in Deutschland. Denn wenn die Wahlkampfmaschine erst einmal angelaufen ist, ist dieser Job an Dynamik, Spannung, Schnelligkeit durch nichts zu übertreffen.

Die Autoren

Donna Brazile, Vorsitzende des „Democratic Party's Voting Rights Institute" (VRI), einem Institut der Demokratischen Partei, das sich mit dem Wahlrecht in den USA beschäftigt. Sie war Wahlkampfmanagerin des Präsidentschaftswahlkampfes 2000 Gore-Lieberman, ist ein langjähriges Mitglied der Parteizentrale der Demokraten, dem Democratic National Committee (DNC), und eine erfahrene politische Strategin.

Andreas Dörner, PD Dr. phil., geb. 1960, Studium der Sozialwissenschaften und Germanistik; von 1989 bis 1994 wissenschaftlicher Mitarbeiter am Lehrstuhl für Politikwissenschaft (Prof. Rohe) an der Universität GH Essen; Promotion 1994; seit 1994 wissenschaftlicher Mitarbeiter am Institut für Politikwissenschaft der Otto-von-Guericke-Universität Magdeburg; Habilitation 1999; in den Jahren 2000–2001 Vertretung des Lehrstuhls für Politikwissenschaft an der Bergischen Universität GH Wuppertal. Arbeitsschwerpunkte: Politische Theorie, Politische Kultur- und Kommunikationsforschung, Vergleichende Politikwissenschaft mit dem Schwerpunkt Angelsächsische Länder. Buchveröffentlichungen u. a.: Literatursoziologie. Literatur, Gesellschaft, Politische Kultur, Opladen: Westdeutscher Verlag 1994 (Mit L. Vogt), Sprache des Parlaments und Semiotik der Demokratie. Studien zur politischen Kommunikation in der Moderne, Berlin–New York: de Gruyter 1995 (hrsg. mit L. Vogt), Politischer Mythos und symbolische Politik. Sinnstiftung durch symbolische Formen am Beispiel des Hermannsmythos, Opladen: Westdeutscher Verlag 1995 (Taschenbuchausgabe Reinbek: Rowohlt 1996); Politische Kultur und Medienunterhaltung. Zur Inszenierung politischer Identitäten in der amerikanischen Film- und Fernsehwelt, Konstanz: UVK 2000; Politainment. Politik in der medialen Erlebnisgesellschaft, Frankfurt/M.: Suhrkamp 2001; Wahl-Kämpfe. Betrachtungen über ein demokratisches Ritual, Frankfurt/M.: Suhrkamp 2002 (hrsg. mit L. Vogt).

Ludgera Vogt, Dr. phil., geb. 1962, Studium der Sozialwissenschaften, Pädagogik, Germanistik und Kunstpädagogik an der Universität Essen; zur Zeit wissenschaftliche Assistentin am Institut für Soziologie der Universität Regensburg. Arbeitsschwerpunkte: Soziologische Theorie, Politische Soziologie, Kultursoziologie, Soziale Ungleichheit und Bürgergesellschaft. Buchveröffentlichungen: Literatursoziologie. Literatur, Gesellschaft, Politische Kultur, Opladen: Westdeutscher Verlag 1994 (mit A. Dörner); Ehre – archaische Momente in der Moderne, Frankfurt/M.: Suhrkamp 1994 (hrsg. mit A. Zingerle); Sprache des Parlaments und Semiotik der Demokratie, Berlin/New York: de Gruyter 1995 (hrsg. mit A. Dörner); Zur Logik der Ehre in der Gegenwartsgesellschaft. Differenzierung – Macht – Integration, Frankfurt/M.: Suhrkamp 1997; Hauptwerke der

Soziologie, Stuttgart: Kröner 2000 (hrsg. mit D. Kaesler); Identitäten in der modernen Welt, Wiesbaden: Westdeutscher Verlag 2000 (hrsg. mit R. Hettlage); Wahl-Kämpfe. Betrachtungen über ein demokratisches Ritual, Frankfurt/M.: Suhrkamp 2002.

Mark J. Penn, Präsident der US-amerikanischen Politikberatungsfirma Penn, Schoen und Berland, die vom Time Magazine als „Masters of Message" betitelt wurde. Vor allem durch seine Rolle als Meinungsforscher und politischer Berater Bill Clintons in der Wiederwahlkampagne 1996 wurde er bekannt. Ein paar Jahre später glänzte er als Chefstratege der erfolgreichen Senatskampagne von Hillary Clinton. Zudem verfügt er über internationale Kampagnenerfahrung.

Doug Schoen, Dr. phil., Miteigentümer von Penn, Schoen und Berland, war 1996 vom amerikanischen Verband der Politikberater zum Meinungsforscher des Jahres gewählt worden. Auch er war an der Seite seines Partners Mark J. Penn maßgeblich in die strategische Ausrichtung der Clinton Kampagne involviert. Seine Erfahrung als politischer Berater konnte er in zahlreichen internationalen Kampagnen beweisen, unter anderem in Griechenland, der Türkei, Israel, auf den Philippinen und in der Dominikanischen Republik.

David M. Farrell, Prof. Dr. phil., geb. 1960, Inhaber des Jean Monnet Chair in European Politics an der University of Manchester. Er studierte Politikwissenschaft an der National University of Ireland, Dublin, und am European University Institute, Florenz. Seine Forschungsschwerpunkte: Europäisches Parlament, Wahlsysteme, Parteien und Wahlkampf; Mitbegründer und -herausgeber der Zeitschrift Party Politics. Veröffentlichungen u. a.: Do Political Campaigns Matter? Campaign Effects in Elections and Referendums, London/New York: Routledge 2002 (Hrsg. gemeinsam mit Rüdiger Schmitt-Beck); Political Parties in Democratic States, Oxford: Oxford University Press 2002 (im Erscheinen; Hrsg. gemeinsam mit Ian Holliday und Paul Webb); Electoral Systems: A Comparative Introduction, London/New York: Palgrave 2001; Party Discipline and Parliamentary Government, Columbus/OH: Ohio State University Press 1999 (Hrsg. mit Shaun Bowler und Richard S. Katz); Comparing Electoral Systems, Herts.: Prentice Hall 1997; Electoral Strategies and Political Marketing, London/New York: Palgrave 1992 (Hrsg. mit Shaun Bowler).

Philip Gould, Studium an der London School of Economics und der Sussex University. Er war 1997 am legendären Wahlsieg der Labour Partei als Meinungsforscher und strategischer Berater Tony Blairs beteiligt. Während dieser Zeit führte er über 300 Fokus-Gruppen Befragungen durch. Er veröffentlichte ein Buch über die Modernisierung der Labour Partei und zahlreiche weitere Artikel.

Stanley B. Greenberg, Vorsitzender der Greenberg Quinlan Research Inc., Studium an der Miami und Harvard University. 1980 gründete er seine Firma - nach seiner Lehrtätigkeit an der Yale University. Dort erhielt er auch seinen Ph. D. Greenberg war Umfragespezialist und Strategieberater in zahlreichen internationalen Wahlkämpfen, tätig unter anderem in den Kampagnen von Bill Clinton, Al Gore, Tony Blair, Nelson Mandela, Ehud Barak und Gerhard Schröder.

Anna Greenberg, Vizepräsidentin der Greenberg Quinlan Research, Inc., studierte an der Cornell University und der University of Chicago. Sie unterrichtete an der John F. Kennedy School of Government der Harvard University zu den Themen: öffentliche Meinung, Umfragen und deren Methodik. Bei GQR war sie Beraterin zahlreicher Themen- und Personenkampagnen.

Detmar Karpinski, geb. 1959, begann seine Karriere 1977 mit einer Ausbildung zum Werbekaufmann in Düsseldorf bei Troost Campbell Ewald. Nach Stationen als Texter und anschließend als Creative Director bei Scholz & Friends und Baader, Lang, Behnken in Hamburg wechselte er 1990 als Geschäftsführer Creation zu BBDO nach Düsseldorf.
Seit 1992 ist Detmar Karpinski Gesellschafter und Geschäftsführer Creation Text KNSK Werbeagentur GmbH in Hamburg. ADC-Mitglied seit 1985.

Olaf Uthmann, geb. 1973, Studium der Fächer Politikwissenschaft, Geschichte und Angewandte Kulturwissenschaften in Münster. Ende 2000 Examensabschluss mit dem Thema: SPD als Marke. Strategische Markenpositionierung im Prozess der Politikvermittlung. Seit Anfang 2001 als Kundenberater für die Hamburger KNSK Werbeagentur GmbH tätig und seit Oktober 2001 Mitarbeit in der Wahlkampfzentrale der SPD als Kundenberater von KNSK.

Bo Krogvig, Partner und Senior Berater bei Norna Kommunikation AB, einer schwedischen Beratungsagentur, die sich auf Kommunikation, Strategie und Kampagnen spezialisiert hat. Norna und seine Mitarbeiter haben mehr als 30 Jahre Erfahrung in gesellschaftlichen Kommunikationsprozessen. Krogvig war zwischen 1984 und 1994 Leiter für Information und Kampagnen bei der sozialdemokratischen Partei in Schweden. In mehr als 35 Ländern war er Politikberater auf allen Kontinenten – außer Australien und der Antarktis. Er hat mehr als zehn Premier- und Ministerpräsidenten und mehr als fünfzehn Oppositionsführer in Strategie und Kommunikation beraten. Zwischen 1995 und 1997 war er Präsident der „International Association of Political Consultants (IAPC)".

Michael Kronacher, geb. 1954, ist Mitinhaber der Odeon Zwo Werbeagentur mit Sitz in Berlin und Hannover. Die auf institutionelle Kommunikation spezialisierte Agentur hat die Kampagnen für Gerhard Schröder seit dessen

Anfängen in der Landespolitik betreut. Der Autor berät u. a. den niedersächsischen Ministerpräsidenten Gabriel, den ver.di-Vorsitzenden Bsirske und den Bundeskanzler im Bundestagswahlkampf 2002.

Matthias Machnig, geb. 1960, Bundesgeschäftsführer der SPD, Staatssekretär a. D., wichtigste Publikationen u. a. Der rasende Tanker: Analysen und Konzepte zur Modernisierung der sozialdemokratischen Organisation, (Hrsg.) zusammen mit Hans-Peter Bartels, 2001; Sicherheit im Wandel, (Hrsg.) zusammen mit Franz Müntefering.

Jennifer Laszlo Mizrahi, Präsidentin und Gründerin der US-amerikanischen Politikberatungsfirma Laszlo Associates Inc., die Bill Clinton, Al Gore, Dutzende US-Senatoren und über 160 Kongressabgeordnete beraten hat. Zudem konnte sie in zahlreichen Themenkampagnen für unterschiedliche Verbände, darunter American Cancer Society, Ford Foundation und National Education Association, ihre Kommunikationserfahrung einbringen.

Dick Morris, geb. 1948, Wahlkampfberater von Bill Clinton, Veröffentlichungen u. a. Behind the Oval Office: Getting reelected against all Odds, 1998; The new Prince: Machiavelli updated for the 21st. Century, 1999; Power Plays: Win or Lose – How History's great political Leaders play the game, 2002.

Albrecht Müller, Diplom-Volkswirt, 1968 Ghostwriter von Bundeswirtschaftsminister Karl Schiller und damit im Kontakt zum Wahlkampf 1969. Ab 1970 war er Leiter der Abteilung Öffentlichkeitsarbeit der SPD und verantwortlich für den Wahlkampf 1972; Anschließend Leiter der Planungsabteilung im Bundeskanzleramt. 1987 bis 1994 war er Mitglied des Bundestages. Heute ist Müller freiberuflich als Autor, Unternehmens- und Politikberater tätig. Zudem ist er Autor einer Studie zur Bundestagswahl 1998: „Von der Parteiendemokratie zur Mediendemokratie".

Peter Radunski, geb. 1939, Studium der Rechtswissenschaften, Geschichte, Romanistik, und Politische Wissenschaft in Berlin, Bonn und Straßburg. In seinen zahlreichen Funktionen, unter anderem als Leiter des Referats für politische Grundsatzfragen im CDU Landesverband Hessen, Leiter der Öffentlichkeitsarbeit der Bundesgeschäftsstelle und späterer Bundesgeschäftsführer der CDU, wirkte er in zahlreichen Landes-, Bundes- und Europawahlkämpfen mit. Gastprofessuren und Lehraufträge am Otto-Suhr-Institut, der Susquehanna University in Pennsylvania (USA) und an der Universität Innsbruck. 1991 bis 1999 war Radunski Senator für Wissenschaft, Forschung und Kultur des Landes Berlin. Seit April 2000 ist er Senior Consultant bei Publicis Berlin.

Andrea Römmele, geb. 1967, PD Dr. phil., ist wissenschaftliche Mitarbeiterin am Mannheimer Zentrum für Europäische Sozialforschung (MZES) der Universität Mannheim. Sie studierte in Heidelberg, Berkeley, Berlin. Promotion 1994, Habilitation 2001. Forschungsinteressen: politische Kommunikation, Wahlkampfkommunikation sowie vergleichende Parteienforschung. Wichtigste Publikationen: Unternehmensspenden in der Wahlkampf- und Parteienfinanzierung. Die USA, Kanada, die Bundesrepublik, Deutschland und Großbritannien im internationalen Vergleich. Baden-Baden: Nomos, 1995; Public Information Campaigns and Opinion Research. A Handbook for the Student and Practitioner. London: Sage 2001 (zusammen mit Hans-Dieter Klingemann); Direkte Kommunikation zwischen Parteien und Wähler. Professionalisierte Wahlkampftechnologien im internationalen Vergleich. Opladen: Westdeutscher Verlag (im Erscheinen).

Ulrich Sarcinelli, Prof. Dr., geb. 1946, Professor für Politikwissenschaft an der Universität Koblenz-Landau, Campus Landau, Leiter des Frank-Loeb-Instituts Landau an der Universität, 2002 Gastprofessur an der Universität Zürich. Publikationen u. a.: Öffentlichkeitsarbeit der Parlamente. Baden-Baden 1994; (Hrsg. zusammen mit O. Jarren und U. Saxer): Politische Kommunikation in der demokratischen Gesellschaft. Ein Handbuch mit Lexikonteil. Opladen/Wiesbaden 1998; (Hrsg.) Politikvermittlung und Demokratie in der Mediengesellschaft. Beiträge zur politischen Kommunikationskultur (Bd. 352 der Schriftenreihe der Bundeszentrale für politische Bildung). Bonn/Opladen/Wiesbaden 1998; (Hrsg. zusammen mit J. Falter u. a.) Politische Kultur in Rheinland-Pfalz. Mainz 2000, Mediendemokratie im Medienland: Inszenierungen und Themensetzungsstrategien im Spannungsfeld von Medien und Parteieliten am Beispiel der nordrhein-westfälischen Landtagswahl 2000 (Hrsg. zusammen mit Heribert Schatz).

Alexander Geisler, geb. 1975, cand. M. A., wissenschaftliche Hilfskraft im Projekt „Mediendemokratie im Medienland?" am Institut für Politikwissenschaft der Universität Koblenz-Landau, Campus Landau.

Rüdiger Schmitt-Beck, PD Dr. phil., geb. 1956, wissenschaftlicher Leiter am Zentrum für Umfragen, Methoden und Analysen (ZUMA), Mannheim, derzeit Gastprofessor an der Universität Zürich. Studium der Soziologie, Politikwissenschaft und Psychologie in Mannheim, wissenschaftliche Tätigkeiten an den Universitäten Mannheim und Heidelberg. Seine Forschungsinteressen: Politische Kommunikation, Wählerverhalten, politische Partizipation und soziale Bewegungen, politische Kultur im internationalen Vergleich. Veröffentlichungen u. a.: Do Political Campaigns Matter? Campaign Effects in Elections and Referendums, London/New York: Routledge 2002 (Hrsg. gemeinsam mit David M. Farrell); Politische Kommunikation und Wählerverhalten. Ein internationaler Vergleich, Wiesbaden: Westdeutscher Verlag 2000; Die Friedensbewegung in der Bundesrepublik Deutschland, Opladen: Westdeutscher Verlag 1990.

Frank Stauss, geb. 1965, Dipl. Politologe, geschäftsführender Gesellschafter und Kreativchef der Düsseldorfer Werbeagentur BUTTER. Studium der Politischen Wissenschaft in Heidelberg, Washington (GWU) und Berlin (OSI), war 1990–91 Fulbright-Stipendiat in den USA und 1992 Staff Assistant der Clinton/Gore-Kampagne. Seit dem Berufseinstieg bei der US-Agentur DMB & B ist er als Werbetexter für klassische Markenartikel, aber auch immer wieder im Bereich der politischen Kommunikation auf Bundes- und Landesebene tätig. Zuletzt war er mit der werblichen Betreuung der Kampagne von Klaus Wowereit und der Berliner SPD im Herbst 2001 beauftragt.

MIX
Papier aus verantwortungsvollen Quellen
Paper from responsible sources
FSC® C105338

If you have any concerns about our products,
you can contact us on
ProductSafety@springernature.com

In case Publisher is established outside the EU,
the EU authorized representative is:
Springer Nature Customer Service Center GmbH
Europaplatz 3, 69115 Heidelberg, Germany

Printed by Libri Plureos GmbH
in Hamburg, Germany